SHUIYUN SIZHOU
——SHIJIE WENHUA YICHAN SUITANG DAYUNHE TONGJIQU SIXIAN DUAN

水韵泗州

——世界文化遗产隋唐大运河通济渠泗县段

中共泗县县委、泗县人民政府◎主编

张 甦◎编著

时代出版传媒股份有限公司
安徽文艺出版社

图书在版编目（CIP）数据

水韵泗州：世界文化遗产隋唐大运河通济渠泗县段 / 中共泗县县委，泗县人民政府主编；张甦编著. -- 合肥：安徽文艺出版社，2024.11

ISBN 978-7-5396-8078-1

Ⅰ．①水… Ⅱ．①中… ②泗… ③张… Ⅲ．①通济渠－文化遗产－介绍－泗县 Ⅳ．①K928.42

中国国家版本馆 CIP 数据核字(2024)第 080498 号

出 版 人：姚　巍
责任编辑：张　磊　　　　　　　装帧设计：张诚鑫

出版发行：安徽文艺出版社　www.awpub.com
地　　址：合肥市翡翠路 1118 号　邮政编码：230071
营 销 部：(0551)63533889
印　　制：安徽新华印刷股份有限公司 (0551)65859551

开本：710×1010　1/16　印张：18.25　字数：270 千字
版次：2024 年 11 月第 1 版
印次：2024 年 11 月第 1 次印刷
定价：68.00 元

（如发现印装质量问题，影响阅读，请与出版社联系调换）

版权所有，侵权必究

编委会

总策划：李光超
总顾问：王汝娜　邱　磊
学术顾问：余敏辉　蒋晓春　陈　超　张　伟
主　　任：祖　巍
成　　员：张　军　巩　彪　万　涛　史　宇
　　　　　柏立勤　吴德山　刘兴品　张永平
　　　　　苌　荣　陈献忠　袁　浩　张　莹
　　　　　张　甦　荀大为
统　　稿：张　甦
编　　务：荀大为　邓　会
摄　　影：吴天元
出版统筹：刘姗姗　张　磊

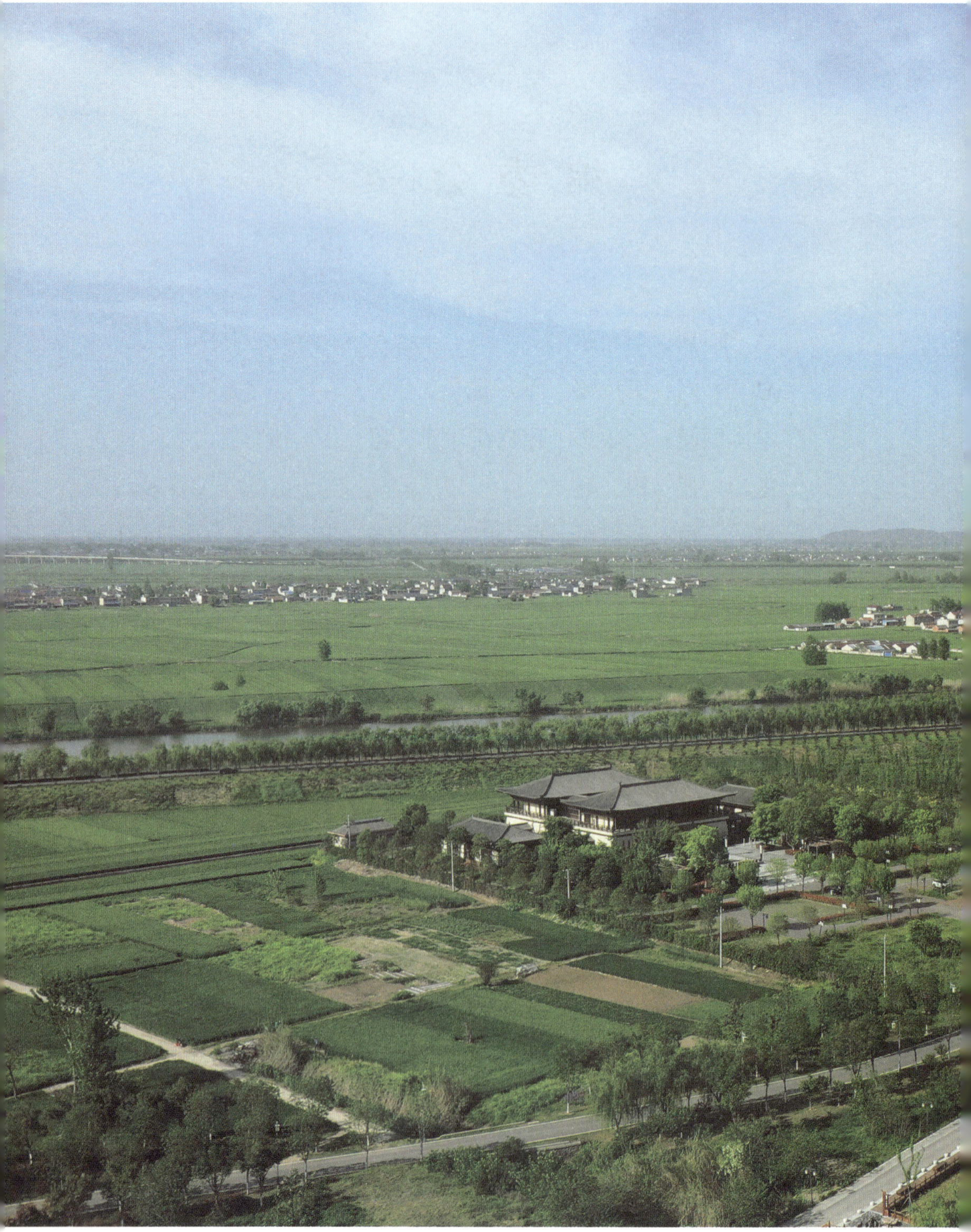

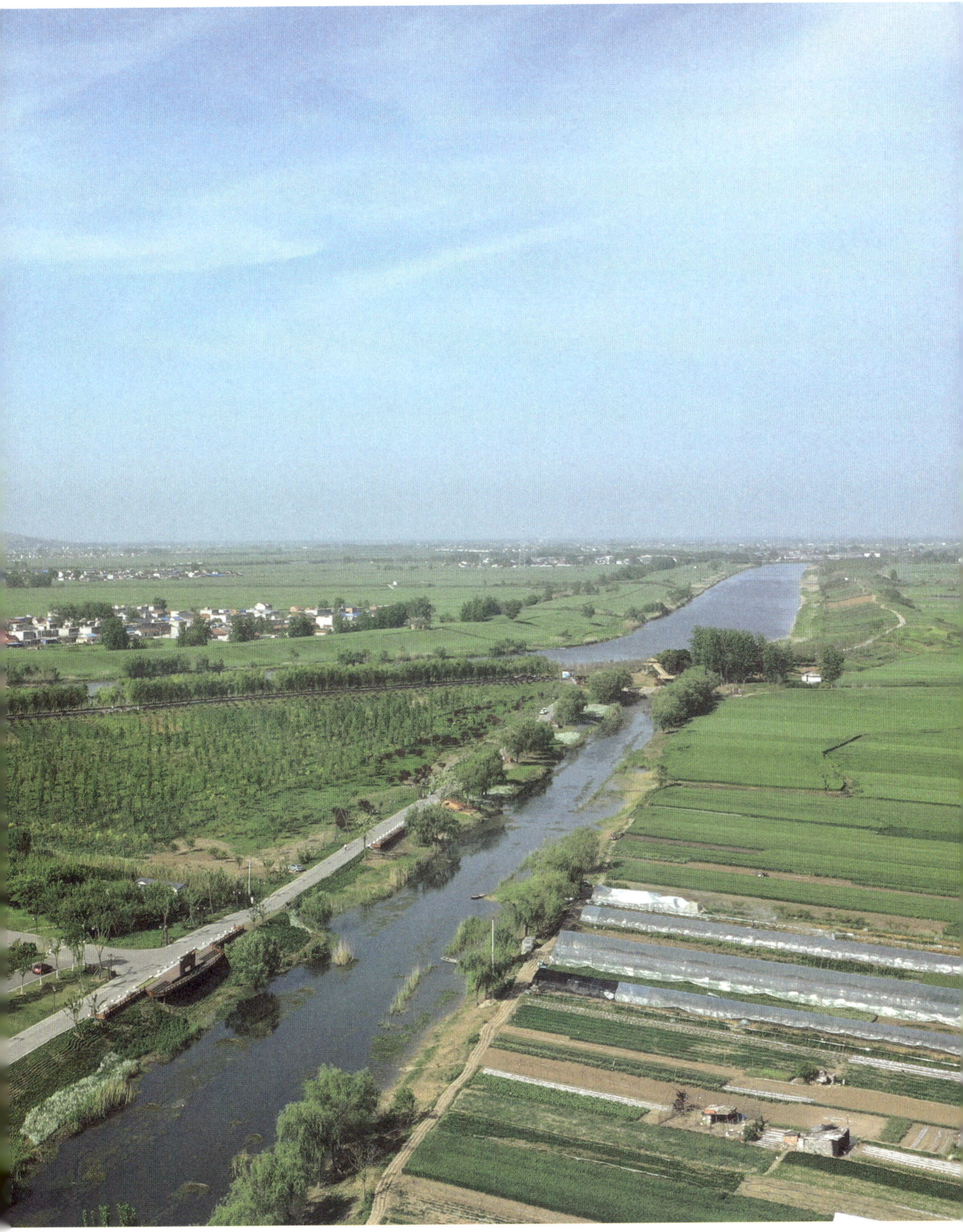

目　录

序　　　　　　　　　　　　　　　　　　　　　　　　　　001

绪言　运河名城泗县概览

第一节　泗县历史沿革　　　　　　　　　　　　　　　　002
第二节　泗县大运河的申遗与研究　　　　　　　　　　　007

第一章　泗县大运河的历史变迁

第一节　泗县大运河的历史沿革　　　　　　　　　　　014
第二节　泗县大运河与泗州迁治　　　　　　　　　　　028

第二章　泗县大运河的遗存与现状

第一节　泗县大运河的本体遗存　　　　　　　　　　　042
第二节　泗县大运河的附属遗存　　　　　　　　　　　050
第三节　泗县大运河的重要节点遗存　　　　　　　　　058

第三章　泗县大运河的考古与发现

第一节　泗县大运河的考古发掘与认识　　065
第二节　泗县大运河出土的漕运残碑　　084
第三节　泗县大运河出土的镇水石兽　　094

第四章　泗县大运河沿线的文物古迹

第一节　古建筑　　104
第二节　古遗址　　124
第三节　古墓葬　　133
第四节　近现代革命文物保护单位　　152

第五章　泗县大运河沿线的非物质文化遗产

第一节　传说故事　　161
第二节　民间曲艺　　173
第三节　传统技艺　　184
第四节　传统民俗舞蹈　　189
第五节　传统饮食　　192
第六节　运河诗文　　196

第六章　泗县大运河沿线的自然资源和文博场馆

第一节　蟠龙山　　　　　　　　　　　　　　　　　　216
第二节　石龙湖　　　　　　　　　　　　　　　　　　223
第三节　文博场馆　　　　　　　　　　　　　　　　　228

第七章　泗县大运河文化遗产的保护、传承与利用

第一节　泗县大运河文化遗产保护、传承与利用建设现状　　245
第二节　泗县大运河文化遗产保护、传承与利用的价值　　　251
第三节　泗县大运河文化遗产保护、传承、利用的原则与策略　258

后记　　　　　　　　　　　　　　　　　　　　　　　276

序

时光荏苒,岁月如梭。

自 2014 年 6 月,包括隋唐大运河、京杭大运河和浙东运河在内的中国大运河申遗成功至今,转眼间已经过去了十个年头。

在这十年里,2017 年 6 月,习近平总书记做出重要批示,指出大运河是祖先留给我们的宝贵遗产,是流动的文化,要统筹保护好、传承好、利用好。2019 年 5 月 9 日、2021 年 8 月 8 日,《大运河文化保护传承利用规划纲要》《大运河国家文化公园建设保护规划》先后向社会公开,大运河这个与万里长城比肩的人类文明工程从此站上新时代的舞台。

在这十年里,作为省内第三处、皖北唯一的世界文化遗产,被誉为"承上启下、连贯东西,蕴含着中华民族悠远绵长的文化基因和安徽地域文化特质"的大运河安徽段已成为该地区"走得出、立得住、叫得响"的核心文化品牌之一。目前,沿线文物保护利用工作得到加强,生态环境保护趋势向好;文化和旅游产业快速发展,新业态新产品不断出现;跨区域统筹协作意识不断提升,合作项目日益增多,大运河安徽段文化保护传承利用迎来历史上最好时期。

在这十年里,我与世界文化遗产通济渠泗县段结下了不解之缘。继 2013 年 9 月我与淮北师范大学张秉政教授共同发起"行走隋唐大运河"文化考察活动,首次以研究者身份近距离感受了"通济渠泗县段是隋唐大运河的活态遗址,是保存最为完好的河段之一,流淌千年而不干涸,成为研究隋唐大运河的重要'活化石'",此后我又多次去实地考察调研,一再见证了这条流淌在时光

水韵泗州——世界文化遗产隋唐大运河通济渠泗县段

里的"历史文化长廊"所发生的巨大变化：一是还河于民，持续推进有水河段水污染治理提质增效，保持"长治久清"；二是还岸于民，不断开展运河沿线环境综合整治，再现"亲自然"风光；三是还景于民，水岸联动，形成人文与康体、生态相嵌景观廊道；四是还河于城，把活水遗存段蝶变为最美"城中河"，谱写城水相融、人水和谐的幸福图景。

在这十年里，我无论有多忙多累，对大运河安徽段文化遗产研究从来没有懈怠过。除了主持了多项省部级课题，我陆续在《安徽日报·理论版》发表了《安徽大运河文化遗产如何"活"起来》《加快建设大运河国家文化公园》等系列文章，撰写了《创建大运河国家文化公园"安徽模式"》《关于推进我省大运河文化带（大运河国家文化公园）建设与皖北乡村振兴融合发展的建议》等多份咨政报告，得到省领导肯定性批示；除了主持编制《大运河国家文化公园（安徽段）建设保护规划》外，还出版了《从"地下"走出的辉煌——世界文化遗产视野下的隋唐大运河安徽段》《推开隋唐大运河史的一扇窗——世界文化遗产点柳孜运河遗址》《长三角大运河文化建设和明清徽商研究》等多部专著。

据我所知，"一条大运河，半部华夏史"，其中最为著名、最有影响的，当属有着"一河水，几世繁华"美誉的隋唐大运河，举世闻名的京杭大运河即是在隋唐大运河基础上"加工"而成的。作为重要的交通纽带和经济命脉，通济渠与隋、唐、宋王朝的兴衰变迁休戚相关，且无论是从规模、长度还是从地理位置上讲，在整个隋唐大运河系统中都占据重要地位。不过非常遗憾的是，它早已成为"深埋地下的辉煌"，且与我们的现代生活也已经渐行渐远了。

据悉，泗县县委、县政府认真贯彻落实习近平总书记关于大运河文化保护传承利用的重要指示批示精神，落实中办、国办印发《大运河文化保护传承利用规划纲要》《长城、大运河、长征国家文化公园建设方案》等文件要求，坚持胸怀"国之大者"，高站位推动、高标准保护、高品位传承、高效率利用，将大运河文化带和大运河国家文化公园建设纳入县级发展战略,要求以敬畏之心、珍爱之情、扎实之举,保护好文化遗产,传承好历史文脉,建设好精神家园。

在庆祝中国大运河申遗成功十周年之际,泗县县委宣传部更是把大运河文化作为哲学社会科学重点研究课题,要求着眼现实关怀,回望历史深处,立足工作实际,既通过有组织的科研,在"协同创新"上下功夫,又强化问题意识,打响"世遗"文化牌,做好"融入""结合""转化"大文章,真正把学问做到人民的心坎上。而这部《水韵泗州——世界文化遗产隋唐大运河通济渠泗县段》的编辑出版,可以说是正逢其时、非常迫切、尤为必要。

这部书的编写者都是运河文化研究专家,他们站得高、看得远、想得深,既重视理论的研究,更重视实践的探讨,力图找寻出一条遗址保护、展示利用与民生改善、城市发展相融合的道路,做到在保护中发展,在传承中利用。因此,从某种程度说,这是一部称得上填补大运河泗县段文化遗产研究的空白之作,它较好地诠释了"一切有价值、有意义的文艺创作和学术研究,都应该反映现实、观照现实,都应该有利于解决现实问题、回答现实课题"。通览全书,不难发现它有三个方面特点:

一是知行合一,学以致用。该书致力于"让收藏在博物馆里的文物、陈列在广阔大地上的遗产、书写在古籍里的文字都活起来",不仅把增强主体性、原创性作为深层自觉,持续推进学术理论创新,而且尝试以更高站位、更大格局、更宽视野,坚持问题导向,综合施策,精准发力,对大运河泗县段文化遗产保护利用工作提出了一系列具有针对性、前瞻性、可操作性的意见建议,是一部读史以明智、知古以鉴今的经世之作。

二是内容翔实,搜罗丰富。该书系统介绍、考证、分析和论述了大运河泗县段历史沿革、遗产构成、文化遗存,以及如何推动文旅深度融合发展等问题,不仅广泛引用史书、方志、诗文和笔记等文献材料,并对近些年来若干重要考古发掘成果予以翔实阐述,而且还参考引用了众多现当代学者的研究成果,是

水韵泗州——世界文化遗产隋唐大运河通济渠泗县段

一部全面系统、宏富精深,兼具政治性、思想性、学术性、可读性的集大成之作。

三是图文并茂,通俗易懂。该书以学术研究为基础,以贴近大众读者为旨归,注重学术性和可读性相结合,不仅深入挖掘大运河泗县段的历史价值及其精神内涵,结合时代要求继承创新,而且不断赋予泗县大运河文化以新的时代内涵和现代表达形式,让具有"人文性、历史性、广泛性"的运河文化走出象牙塔,走进寻常百姓家,是一部具有历史穿透力、文化感染力、精神感召力的通俗普及读物。

当然,本书也有不足和有待改善的地方,如对大运河泗县段考古发掘成果如何解读好,文化内涵和特点如何总结好,尤其是如何让大运河文化遗产"活"起来,大运河文化旅游"火"起来,还有进一步探讨的必要;在语言优美凝练、富于文采方面还要进一步下功夫,也只有这样才能沉淀出更多"叫好又叫座"的精品力作。

当下,积极探索创建"安徽模式",推动大运河文化带和大运河国家文化公园走在全国前列,真正实现"让古运河重生",并成为"运河两岸人民的致富河、幸福河",既是千载难逢的历史机遇,也是责无旁贷的时代重任,需要我们大家共同努力。

淮北师范大学副校长、安徽省大运河文化研究中心主任 余敏辉
2024 年 4 月 1 日

绪言
运河名城泗县概览

泗县位于安徽省东北部,黄淮海平原南端,地处苏皖两省四县交界地带,地近沿海,背靠中原,位于北纬33°16′~33°46′,东经117°37′~118°10′之间,与江苏徐州、宿迁接壤,地处长三角一体化发展、中部加速崛起、淮河生态经济带三大国家战略叠加区,是安徽的东北门户。全县总面积1857平方千米,总人口96.13万人,辖15个镇、3个街道办事处、1个省级经济开发区(泗县当涂现代产业园)。①

泗县环境优美,自然、人文景观异彩纷呈。平旷的原野,纵横的河流,冠带般的岛状山群,分别自东北、西南向中部逶迤延伸,构成泗县的基本地域地貌。县城北枕屏山,赤山、朱山、老山、邢山屹立于东北,鹿鸣山、阴陵山障于西南,素有"山川瑰异,毓秀结精"之美誉。濉河、石梁河、隋唐大运河通济渠泗县段蜿蜒萦回于城郭楼宇之间,把古城装点成秀丽的皖北水乡。

第一节　泗县历史沿革

一、史前至先秦

泗县历史十分悠久,早在远古的旧石器时代,这片区域就有人类活动的足迹。20世纪50年代,中国科学院古人类学专家杨钟健、吴汝康、贾兰坡等人在泗洪县②引河南岸发现了距今四五万年的更新世晚期的古人类化石,即著名的下草湾人遗址,这也是迄今淮河下游地区发现的最早的古人类化石遗

---

① 本文数据来自泗县人民政府网站。
② 泗洪县历史上长期属于泗县,近代为泗县下辖青阳镇。1955年3月,为加强洪泽湖管理,安徽省所属泗洪、盱眙与江苏省所属萧县、砀山交换,泗洪县划归江苏省管辖。

存。① 在随后的半个多世纪,考古学家在该地区陆续发现了多个地点、多个年代的古生物化石,包括植物、软体动物、脊椎动物,特别是古猿及古人类的化石②,充分证实了该区域生物的多样性。下草湾古生物化石群的发现说明,远古时期的泗县地区气候温暖湿润,许多动物在这里生存繁衍。这里同样也为远古人类提供了适宜的环境,在四五万年前,泗县地区就已经有了人类活动的迹象。

随着人类文明进程的发展,在泗县地区更是发现了众多的遗址,能够明确证实为新石器时代的即有将近20处之多。这些遗址出土了大量陶器、石器和兽骨,反映了古时泗县先民的生产情况和生活状态。在泗县新石器遗址中,最早的为苗圩遗址,相当于大汶口文化早期③。该遗址发现的夹云母陶、折腹处施戳点纹和乳钉的折腹鼎、三足钵、圆锥形鼎足等,均与兖州王因等同类遗存相似④。相当于大汶口文化中期遗址的泗县东古堆遗址,其地面遗存的敛口钵、外红内黑的盆口沿、交错三角纹腹片具有鲜明的本地特色。而大汶口文化晚期和龙山文化时期⑤的遗址较多,其中大郭、张集、大魏、娄园等龙山文化早晚期遗址多达14处,并且许多遗址出土的器物具有从大汶口文化晚期延续的特征⑥。

---

① 新雨:《江苏最早的人类》,《江苏教育》1981年第1期,第23页。
② 蒋功成、李才生、滕寿玉:《从下草湾化石群看洪泽湖地区中新世时期的生物多样性》,《地质学刊》2013年第2期,第169—172页。
③ 大汶口文化是分布于黄河下游一带的新石器时代文化,因山东省泰安市岱岳区大汶口镇而得名。其文化年代距今6500—4500年,延续时间2000年左右。
④ 中国社会科学院考古研究所:《山东王因——新石器时代遗址发掘报告》,科学出版社,2000年。
⑤ 龙山文化泛指中国黄河中、下游地区新石器晚期的一类文化遗存,因首次发现于山东省济南市历城县龙山镇(今属济南市章丘区)而得名,年代距今4500—4000年。
⑥ 张小雷、张伟、何钰婧:《安徽泗县新石器时代晚期至商周遗址调查报告》,《东方考古》2013年,第418—470页。

|水韵泗州——世界文化遗产隋唐大运河通济渠泗县段

夏商时期,泗县属于淮夷统治区域,相传尧封禹为夏伯,在此建邑,始名夏丘。据《竹书纪年》记载,禹分天下为九州,封伯翳[①]之子若木于徐,泗属徐州。商沿夏制,泗亦属徐州。西周初期,行分封之制,泗属青州区域。西周后期,徐国势力强大,一度成为九夷盟主,直至周敬王八年(前512),徐国被吴所灭,前后历经四十余君。春秋前期,泗县为宋国所属,周赧王二十九年(前286),齐、魏、楚三国"灭宋而三分其地"[②],楚得沛地,泗为楚国管辖。《史记》卷七十八《春申君列传》载,"(楚)考烈王元年(前262),以黄歇为相,封为春申君,赐淮北十二县"[③],泗属其中。

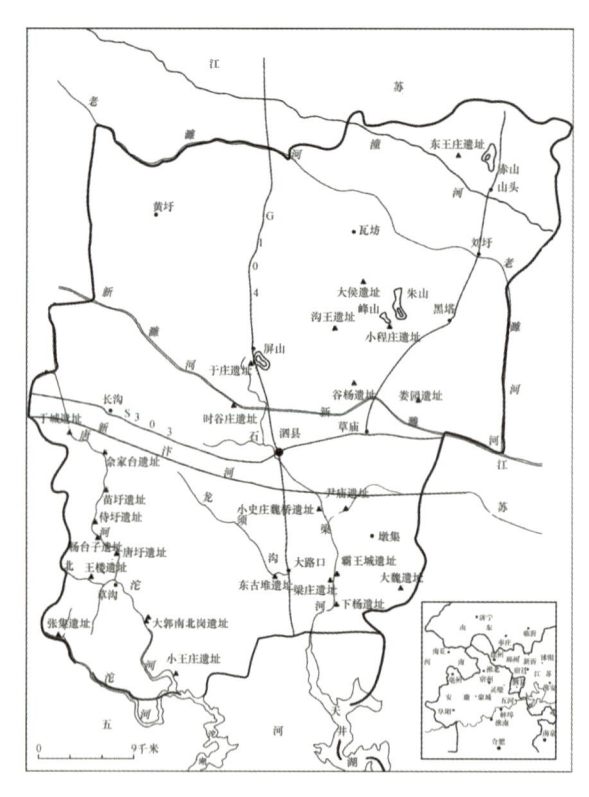

泗县新石器时代至商周遗址分布图

[①] 伯翳:即伯益,舜时东夷部落的首领,相传曾协助大禹治水而有功。
[②][③] 司马迁:《史记》,中华书局,2011年。

二、秦汉及今

秦国自秦孝公时,任用商鞅进行变法改革,推行郡县制,泗境设为僮县(治所大概为今泗县山头镇潼城村),所属的区域初属薛郡,后改属泗水郡。西汉时期,地方上实行郡国并行之制,于泗置夏丘县,属沛郡。汉景帝六年(前151),封楚元王子刘富为红侯,立红侯国(治所大概为今五河县申集镇),亦属沛郡。汉武帝元狩六年(前117),置临淮郡,改属之。王莽当政,废红侯国为虹县,此或为泗为虹县之始。新莽时期①,虹县改为贡县。颜师古曰:"虹,亦音贡。"东汉复名虹县,泗先后属下邳国、僮侯国、夏丘县。三国至魏晋南北朝时期,国家动荡,政权尤为混乱,行政区域更迭频仍,泗属汝阴郡、下邳国、淮陵郡、侨置②下邳郡、侨置南彭城郡、临潼郡、夏丘郡、仁州、潼州等诸州郡。北周静帝大象二年(580),并朱沛郡的高平县并置泗州,此为泗州设置之始③。

泗州建置不久,隋朝建立,仍袭前名,隋开皇十八年(598)复为夏邱县④,隶下邳郡。唐武德四年(621),"分夏邱置虹县"⑤;贞观八年(634),"以虹县属泗州,移治夏丘故城(今五河县境内)",此为泗州与虹县行政隶属之始。开元二十三年(735),泗州徙治临淮,隶属河南道,虹县属之。在唐代前期,虹县一直统属于泗州管辖,作为江淮流域的漕运要道,长期发挥重要交通作用。唐中后期,随着通济渠漕运功能的不断提升,埇桥地位日益凸显,作为汴水东西运输之咽喉,经济和战略地位日益突出。"宿州,本徐州符离县也,元和四年(809),以其地南临汴河,有埇桥为舳舻之会,运漕所历,防虞是资。又以蕲县

---

① 新莽时期即西汉末年权臣王莽所建立的新朝(9—23),仅存一代。
② 魏晋南北朝时期,战乱频发,诸朝遇有州郡沦陷敌手,则往往暂借别地重置,仍用其旧名,称为"侨置"。
③ 李吉甫:《元和郡县图志》,中华书局,1983年,第230页。
④ 唐初复置夏丘县,为避孔子讳,改夏丘为夏邱。
⑤ 方瑞兰:《泗虹合志》,黄山书社,2011年,第37页。

北属徐州,疆界阔远,有诏割符离、蕲县及泗州之虹县置宿州,取古宿国之名也。"①因宿州建置,虹县在宿州和泗州之间,隶属更迭反复。大和四年(830),复属泗州。七年(833),再属宿州,治于虹县。五代时期,泗州为南唐所据,属清淮军,而虹县仍属宿州。五代时期,沿袭唐制,隶属宿州未更。

北宋时期,虹县初为宿州所属,后为楚州管辖。宋元祐七年(1092),虹县属淮南路,宋金战争,为废墟者达六十年。南宋初期,宋金战争迭乱,泗州地属分界更易往复。及至南宋绍兴十二年(1142),割泗州予金。大定六年(1166),划虹县重属泗州。宋金时期,虹县长期隶属泗州。及金至元,虹县行政区划较为稳定,长期为泗州所属。元代至元十三年(1276),复属宿州。

有明一代,虹县政权几未变更,自明洪武四年(1371)起,一直隶属凤阳府。及至清雍正二年(1724),泗州升为直隶州,并虹县入泗州。乾隆四十二年(1777),移泗州州治于虹县,虹县被降为虹乡。民国元年(1912),废泗州,改为泗县,直属安徽省。民国二十一年(1932),泗县为安徽省第七区首席县。民国三十七年(1948)10月,全县解放,泗县属皖北行署宿县专区②。1955年3月,为加强洪泽湖管理,安徽省泗洪被划属江苏省管辖,即今江苏省泗洪县。1956年,泗县改属蚌埠专区,1961年复属宿县专区。1999年5月宿县专区撤地设市,泗县属宿州市至今。

纵观泗县历史上的行政区划沿革,尤其是隋唐以来,虹县在宿州和泗州之间的区划调整,一直都与大运河的演变有着密切关系。宿州与泗州地理位置相连,作为通济渠(唐中后期称为汴河)下游的重要城市,虹县在漕运方面交通地位凸显,其行政变迁受社会经济因素影响较大。而在明代以后,泗州与虹

---

① 李吉甫:《元和郡县图志》,中华书局,1983年,第228页。
② 民国三十八年(1949)4月29日,以泗南县、泗宿县的大部分区域,洪泽湖管理局,泗阳县龙集、界集区等地合并正式建立泗洪县,属江淮区,后改属皖北行政公署宿县专区。

县的区划关系则主要受政治因素影响。有明一代,虹县主要为凤阳府所属。凤阳府作为明太祖朱元璋的龙兴之所,有明一代倍受统治阶层的重视,作为江淮地区的第一行政区域,凤阳府一度统领江淮五州十三县,使之在明代成为淮河流域的政治、经济、交通、文化中心。[①] 虹县作为凤阳府的管辖区域,也保持着较为稳定的行政结构。清代,由于大运河漕运等诸多因素影响,泗州城没于洪泽湖底。自清乾隆四十二年(1777)泗州迁治于虹县,虹县遂降为虹乡,直至民国元年(1912)泗州废除,虹县作为泗州州治所在共135年。

历史上泗县长期作为运河漕运交通的中转城市,其城市历史沿革与发展一直与运河密切相关。自隋唐以来的一千余年间,泗县作为中国大运河南北交通运输重镇,一直具有十分重要的历史地位,可以说,大运河对泗县区域发展演变产生了至关重要的作用和影响。

第二节　泗县大运河的申遗与研究

2014年6月22日,中国大运河成功入选《世界文化遗产名录》,通济渠泗县段(后文皆称泗县大运河)名列其中,成为皖北第一张世界文化遗产名片。在长达八年的申遗之路上,泗县这个曾经一度被忽视的运河古城,走过了一段不平凡的申遗路程,焕发出新的活力和生机!

中国大运河是世界上开凿时间最早、规模最大、线路最长、延续时间最久的运河,是中国古代劳动人民创造的一项伟大的水利工程。大运河肇始于公元前486年,吴王夫差开凿邗沟,迄今已逾2500年。它由隋唐大运河、京杭大运河和浙东运河构成,全长2700千米,沟通了黄河、海河、淮河、长江、钱塘江

---

① 李强:《明清以来凤阳城市地位的历史变迁》,《合肥师范学院学报》2018年第1期,第25页。

等五大水系,横亘大半个中国,对沟通我国南北经济、促进文化交流、巩固国家统一、加强民族团结和中外往来方面发挥了极其重要的作用。基于中国大运河的历史文化价值,大运河申遗的呼声一直未断,早在2005年12月,有着"运河三老"之称的著名学者郑孝燮、罗哲文、朱炳仁即以《关于加快京杭大运河遗产保护和申遗保护》为题,联名向18个运河沿线城市市长致信,呼吁加快京杭大运河的申遗工作。2006年3月,58位全国政协委员联名向全国政协十届四次会议提交了《应高度重视京杭大运河的保护和启动申遗工作》的提案,标志着国家层面的中国大运河申遗之路的开始。从中可以看出,早期大运河的申遗工作是以京杭大运河为考虑对象的,而对其前身的隋唐大运河则未有考虑。直到2007年6月,在北京召开的大运河保护及申遗工作协调会上,才将安徽、河南所在的隋唐大运河纳入其中,至此拉开了中国大运河申遗的序幕。2007年12月,由全国政协副主席徐匡迪带队的大运河考察团来皖考察,也开启了安徽大运河的申遗之旅。泗县大运河作为安徽仅存的"活态"遗存,自然成为重要的运河文化遗产,开始了申遗历程。我们通过回顾泗县大运河申遗大事记,了解一下泗县大运河的申遗经过:

2007年12月,全国政协副主席徐匡迪来皖考察大运河保护工作。

2011年,隋唐大运河安徽泗县段被列入中国大运河申遗预备名单。

2011年9月,泗县文物局制作"通济渠故道泗县段(隋唐大运河)"申报第六批省级文物保护单位文本,并于2012年6月21日被省政府公布为省级文物保护单位。同时,上报国家文物局申报国家级文物保护单位。

2011年12月至2012年2月,泗县文物局委托宿州市水利局测绘勘察大队启动对大运河故道28千米沿线两岸200米范围内的地形测绘工作。

2012年4月,隋唐大运河安徽泗县段被正式列入中国大运河申遗名单。

2012年5月至7月,为了解大运河故道基础情况,泗县委托安徽省考古研究所对大运河故道泗县段进行考古发掘工作。该项考古工作历时3个月,科学揭示了隋唐大运河通济渠泗县段的历史文化价值,详细了解了运河的结构状态,为运河申遗工作提供了基础支撑。

2012年6月28日,由中国文物保护基金会和泗县县政府举办的"隋唐大运河文化遗产保护暨古泗州文化保护论坛"在泗县隆重召开。与会专家有中国文化遗产研究院原院长张廷皓,中国文物保护基金会理事长、国家文物局原副局长马自树,中国民族建筑院副会长李先逵,安徽省考古研究所副所长宫希成等国内外知名专家20多人。与会的有中央电视台、安徽电视台、中新社等电视及平面媒体13家。各位专家对泗县大运河保护及申遗工作给予了充分肯定,并提出了诸多建设性意见。如张廷皓提出绿色申遗、节约申遗、安民申遗、一体申遗;中国人民大学历史系教授毛佩琦提出让文物保护造福民众,让老百姓参与大运河保护与申遗;社科院考古研究所原所长张忠培提出"维持现状、只减不增、长远规划、确定目标、分步实施",这些理念对我们的申遗工作给予了极大的启迪。这次论坛的成功举办,提高了大运河申遗的舆论宣传,指明了申遗工作的方向,找出了存在的问题,取得了丰硕的成果。

2012年8月21日,为高效开展大运河申遗工作,泗县成立"大运河泗县段保护申遗工作办公室",从自然资源、水利、文旅、住建等部门抽调专人,专职从事大运河申遗工作。

2012年12月,泗县启动大运河泗城东段沿线环境整治工作,重点拆除占压运河本体的厕所、猪圈、违章建筑等。

2012年12月3日,泗县委托安徽省考古研究所对大运河泗城东段的考古勘探工作全面启动,历时近1个月,详细了解大运河泗城东段的历史堆积、古河道、河堤的保存现状。

2013年3月2日,泗县大运河清淤修复工程正式启动。

2013年6月8日,世界遗产日"研古瓷·忆运河·开新篇暨当代陶瓷艺术家运河瓷研讨会"在江西景德镇召开,泗县提出"研究运河文化、宣传保护理念、共谋泗县发展"的大运河城市发展理念。

2013年7月27日,"隋唐大运河文化遗产保护论坛"在安徽省泗县隆重召开。此次论坛是继2012年6月28日召开的"隋唐大运河文化遗产保护暨古泗州文化保护论坛"和2013年6月8日在景德镇举办的"研古瓷·忆运河·开新篇暨当代陶瓷艺术家运河瓷研讨会"之后,由中国文物保护基金会与泗县人民政府联合举办的第三次运河论坛,目的是在中国大运河申遗工作基础上,提升隋唐大运河文化遗产保护的社会宣传,加强泗县城市水文化的宣传,增加市民参与文化遗产保护的自觉意识和对故乡热土的珍爱之心。

2013年8月26日,泗县完成全部运河节点展示碑和遗产区、缓冲区界桩及运河节点展示碑安装工作。

2013年9月2日,泗县大运河与新濉河交叉口景观亭建设主体工程全部完工。

2013年9月3日至16日,泗县完成大运河遗产标识系统景观石选取、雕刻、设立等工作。至此大运河文化遗产标识系统完备。

2013年9月21日,联合国教科文组织委托国际古迹理事会韩国籍专家姜东辰一行对我县大运河泗城东段进行实地考察,详细查看泗县运河现状,并对泗县运河管护等相关情况进行了解。通过现场查看,专家组一行对泗县运河的真实性、完整性给予了高度评价。

2014年6月22日下午,在卡塔尔多哈召开的联合国教科文组织第38届世界遗产委员会会议,审议通过中国大运河项目和中国、哈萨克斯坦、吉尔吉斯斯坦跨国联合申报的丝绸之路项目列入《世界遗产名录》。至此中国大运河申报世界文化遗产项目成功。

回顾泗县大运河的申遗历程,可以看出,泗县在中国大运河申遗过程中所付出的劳动与努力,为大运河安徽段的申遗工作做出了突出贡献。对于泗县在大运河申遗中所做出的突出成绩,《人民日报》专门发表了《安徽泗县在大

2013年9月21日，联合国教科文组织专家组一行考察大运河泗县段

运河申遗中崛起》一文，予以肯定：

  2013年9月，作为2014年大运河申遗项目，大运河泗县段顺利通过联合国教科文组织现场考察，运河泗县段自然风貌和遗址保护工作更是得到了联合国教科文组织的高度肯定。

  承载着千年华夏文明的大运河赋予泗州丰富而悠久的文化内涵，使这个皖北水城到处洋溢着人文气息。运河文化的保护和挖掘让泗县人民在更加珍惜这一文化瑰宝的同时，更愿意秉承"淳朴、开放、包容、创新"的运河文化，促进区域经济及运河城市的跨越式发展，建设自己的幸福家园。近年来，该县明确提出了"水韵泗州·运河名城"城市品牌建设目标，与时代的脉搏同步，与国家的改革发展同步，站在这个全新历史起点上铸就着新时代的运河情·泗州梦。

由于自然、历史等诸多原因,隋唐大运河通济渠自南宋时期已趋于废弃,及至今日,通济渠绝大部分河道已尘封地下,历史风貌早已难觅踪迹。而受地理位置和气候因素的影响,泗县大运河却能够得以幸存,自宋、金之后依然发挥着区域性的河道运输和水利灌溉功能,成为隋唐大运河中保存最为完好的河段之一,使我们可以依稀窥探千余年前的隋唐大运河的历史风貌,可谓弥足珍贵,因而也被一些大运河研究专家称为隋唐大运河的"活化石",以至于在大运河申遗期间,一位来泗县考察的专家发出了"泗县大运河故道里的一瓢水堪比京杭大运河里的一河水"这样的赞叹。作为隋唐大运河通济渠仅存的两段有水河道之一,泗县大运河流淌千年而得以延续,至今依然保存着较为完好的隋唐大运河的原始风貌,对隋唐大运河的研究具有尤为突出的价值和影响。

泗县大运河作为隋唐大运河通济渠段为数不多"活态遗址",具有十分重要的自然和历史价值。随着大运河申遗工作的开展,泗县大运河也开始逐渐走进了人们的视野,重新得到重视和关注。但由于历史、自然等因素的制约,关于泗县大运河文化的梳理和研究还较为匮乏。通过对泗县大运河文化资源的挖掘,我们能够更为深入地了解泗县大运河的历史文化内涵,更为深刻地认识到它的价值和魅力,这将有助于进一步促进泗县大运河文化遗产的保护传承与利用工作。

第一章 泗县大运河的历史变迁

| 水韵泗州——世界文化遗产隋唐大运河通济渠泗县段

隋代结束了中国历史上持续数百年的动乱局面,国家基本统一和稳定。为促进国家政治和经济的发展,早在隋文帝时期,国家即已着手进行大运河的开凿和疏浚。其后,隋炀帝杨广继位,开始了全国性的大规模的运河开凿与疏浚。隋大业元年(605),隋炀帝继位伊始,即命尚书右丞皇甫议"发河南、淮北诸郡民,前后百余万,开通济渠"①。通济渠西段起自东都洛阳西苑,引谷水、洛水,东循阳渠故道,由洛水注入黄河,自洛口到板渚,是利用黄河的自然河流;东段起自板渚,引黄河水走汴渠故道,注入淮水。通济渠经荥泽入东汉汴渠故道,至开封后,与古汴渠分道折向东南,流经商丘、永城、濉溪县(柳孜)、宿州、灵璧、泗县,经泗县进入江苏泗洪县,折向东南,至江苏盱眙入淮,成为贯通黄河与淮河、长江水系的重要通道。泗县大运河则为隋唐大运河通济渠段的重要组成部分。②

第一节　泗县大运河的历史沿革

由于历史原因,安徽境内大运河通济渠除泗县段以外,其余河道尽皆湮没。泗县大运河也成了大运河安徽段唯一一段有水河道,具有十分重要的地位和价值。目前,隋唐大运河通济渠在安徽省境内的长度约为180千米,自河南省商丘市流入安徽省淮北市、宿州市,进入江苏省宿迁市泗洪县。泗县境内水系发达,新濉河、新汴河、唐河、石梁河贯穿县域,其上可达河南商丘、江苏徐州,下可通江苏洪泽湖水域,是连接江淮的重要交通要道。作为一座拥有近两千年历史的皖

---

① 魏徵等:《隋书》卷三《帝纪·炀帝上》,中华书局,2000年。
② 关于通济渠的线路流径,学界至今存在多种争议,本书主要基于近些年的考古调查和发掘结果,遂采用此说。

北古城,泗县历史文化底蕴较为深厚,其境内佘家台遗址、杨台遗址、程台遗址、下杨遗址等新石器遗址多达17处,至今仍保存有较为完好的楚汉相争的墩集霸王城遗址和汉代潼城遗址。隋唐以后,大运河通济渠泗县段所处的泗州、宿州更是运河沿线重要的商贸重镇,一直发挥着南北物资转运的重要职能。

虽然历经岁月洗礼,但是大运河通济渠泗县段至今仍有河道遗址约47千米,其中运河原始有水故道约28千米,依然保持着较为原始的历史风貌。经过一千多年的历史变迁,其河道仍然流淌贯通,在隋唐大运河通济渠段具有十分突出的历史文化价值。其中,自泗县广播电视台向东,至与新濉河交汇处的约5.8千米河段,于2014年6月22日被联合国教科文组织列入中国大运河世界文化遗产段之中,成为大运河通济渠段7处世界文化遗产点(段)之一。泗县大运河存续千年,在历史上发挥着重要的作用,关于其历史沿革,不同时期的历史文献多有记载,现简而述之。

一、先秦时期

由于史料缺失,关于泗县大运河的水系源流,我们已很难窥知。赵东先生根据《水经注》和《泗虹合志》等相关史料,认为泗县大运河西段主要是利用了古蕲水的水道,而东段主要利用了古潼水和古睢水的河道。其中古潼水的河道由于被运河截断之后变为南北两段河道,南潼河因为城南二十里河道中央的巨大石梁而更名为石梁河,北潼河因为主体部分被古汴河利用,余下部分后来慢慢被世人遗忘,至今在泗县东北部的个别乡镇还有古潼河的残存河道和旧称。泗县东北部位于郯庐断裂带的赤山段上,远古时期曾发生过剧烈地震,形成了较为独特的地形地貌。此处的两个台地影响了古潼水的走向,同时也决定了泗县大运河在泗县县城以东河段的河道走向。[1] 对于泗县大运河的水

---

[1] 赵东:《隋唐大运河泗县段与古潼水的变迁》,《蚌埠学院学报》2020年第4期,第115—119页。

系源流,此可为一种推测,可待后期更多的考古发现与研究,以厘清其水系源流和历史面貌。

二、隋唐时期

泗县大运河属于隋唐大运河通济渠东段南线的一段渠道,可能源于古蕲水、古潼水和古睢水等水系,也与春秋战国时期所开凿的鸿沟水系关系密切,从而沟通荥水、济水、淮水、颍水等诸多水系,组成了纵横交错的水路网络,对我国先秦时期的政治、经济、社会发展产生了较大的促进作用。[1] 两汉至魏晋南北朝时期,国家对鸿沟水系不断进行疏通和利用,废续更迭,直至隋朝建立,倾举国之力,进行了规模宏大的大运河开凿,使之成为纵贯东西南北的交通大动脉。公元581年,杨坚建立了统一的隋朝。为了加强国家统治,促进国家经济发展,开皇四年(584),隋文帝杨坚命令宇文恺开挖漕渠运河,其"东发潼关,西引渭水,因藉人力,开通漕渠"[2]。其后,隋文帝又命人开凿了山阳渎,奠定了隋朝大运河开凿的基础。隋炀帝继位之初,为了加强对中国南方地区的政治统治,进行南北军事物资的转运,

隋朝运河示意图

---

[1] 史念海:《论济水和鸿沟(上)》,《陕西师范大学学报》(哲学社会科学版)1982年第1期,第70—77页。

[2] 魏徵等:《隋书》,中华书局,1973年,第63页。

第一章　泗县大运河的历史变迁

开始了全国范围内的大运河开凿,泗县境内的大运河故道即为隋唐大运河通济渠的一部分。

唐朝建立后,随着国家经济重心的不断南移,运河的经济功能日益突出,而在大运河的管理和使用方面,主要对隋朝开凿的大运河进行简单的疏浚和维护,借以发挥漕粮和物资运输功能,使其成为维系唐王朝经济发展的重要交通命脉。唐朝是我国历史上较为繁荣的一个王朝,社会经济高度发达,大运河的经济功能和价值得到持续发挥。随着大运河漕运功能的不断提升,泗县大运河所处区域作为南北陆路交通之枢纽,同时也是隋唐大运河通济渠东西运输之咽喉,具有突出的经济和战略地位。有鉴于此,唐元和四年(809),唐王朝从徐州和泗州各划出一部分属邑于埇桥设置宿州,辖符离、蕲县(原属徐州)、虹县(原属泗州),"宿州,本徐州符离县也,元和四年,以其地南临汴河,有埇桥为舳舻之会,运漕所历,防虞是资。又以蕲县北属徐州,疆界阔远,有诏割符离、蕲县及泗州之虹县置宿州"[1]。行政区域的调整,极大地加强了泗县运河城市的经济地位,对于保障江淮地区的运河物资运输起到了重要作用。

同时,为保障泗县大运河的河道运输功能,对该河道的治理和疏浚,历史文献也曾有明确记载。《旧唐书·本纪第九·玄宗下》载:"齐澣请开汴河下流,自虹县至淮阴北合于淮,逾时而功毕。因弃沙壅旧路,行者弊之,寻而新河之水势涼急,道填塞焉。"[2]《旧唐书·齐澣传》亦载:"淮、汴水运路,自虹县至临淮一百五十里,水流迅急,旧用牛曳竹索上下,流急难制,澣乃奏自虹县下开河三十余里。"这里的虹县即是今天的泗县区域。据史书所载,泗县至临淮的河道水流湍急,行舟困难,于是在泗县东新开辟一条河道通入清河,继而入淮。只是后来因河水险急,难以通行,这段河道没有能够长久维系,但也从侧面反

---

[1] 李吉甫:《元和郡县图志》,中华书局,1983年,第228页。
[2] 转引自井红波:《唐代汴河流域社会经济发展与环境问题研究》,安徽师范大学硕士研究生论文,2007年。

映出泗县大运河河段在隋唐大运河南北交通要道上的重要位置和作用。随着唐王朝的日趋衰落,尤其是安史之乱以后,国家难以维持对汴河①的常态化疏浚,河道漕运功能一度废弃。唐代末期,淮南节度使杨行密为阻止朱温南下进攻,曾决汴河以阻之。一直到五代周世宗时,随着国家经济的恢复和发展,对汴河进行重新疏浚,运河航运功能才稍有恢复。

三、宋元时期

公元960年,北宋王朝建立,定都开封,为了维护和巩固国家的政权,建构以京城为中心的运河交通网络,成为国家建设的一项重要举措,其中以汴河为主要经济运输命脉的运河漕运成为维系北宋王朝统治的经济生命线,并逐步发展成为北宋国家物资转运的主要通道。汴河上承开封,下通至泗县东南的泗州,注入淮河,沟通江南。泗县地区作为由汴入淮的交通枢纽,成为连接中原和江南地区的主要水上交通要道,成为南北物资转运的重要运河节点城市。

宋初为通过运河进行南北物资转输,专设转般之法,即于运河沿线重要节点城市储存物资,再由专船转运京师。泗县所在的泗州作为淮河与汴河的节点所在,曾专设转般仓以储运物资,承担着将江南物资转运至京师的重要职能。据《续资治通鉴长编》记载,北宋立国之初即规定,"江浙所运,止于淮泗,由淮泗输京师",由此可见泗县在宋代漕运中的重要交通位置。为了保障漕运的畅通,作为沟通南北的重要交通卡口,宋代对大运河通济渠泗县段进行多次疏浚,史书上也有相关的记载。据《宋史》记载,在对通济渠段疏浚过程中,泗县段因运河河道坚硬,难以疏浚,专门募民进行开修。

北宋末期,国力衰微,对运河的疏浚维护也难以维系。南宋初期,宋金交战,为了阻止金国通过水路南下入侵,南宋朝廷不惜自决运河,建炎二年

---

① 通济渠在唐宋时期亦称为汴河。

第一章　泗县大运河的历史变迁

北宋漕运四渠示意图

(1128)，宋高宗赵构命令"杜充决黄河，自泗入淮"①。此后，黄河经常顺流南下，汴河流域饱受侵扰，同时由于战乱频仍，疏于维护，运河逐渐废弃。南宋绍兴九年(1139)，郑刚中曾沿汴河西行，在其《西征道里记》中即有对汴河情景的记载："十四日……宿虹县。城因隋渠为壕，潴水深阔，城具楼橹。虹西诸邑，往往皆城，虹独坚密，豫贼盖自此为边也。隋自虹以上为陆，木已丛生，县以东水接淮口。"②其后三十年，宋孝宗乾道五年(1169)，大臣楼钥出使金国，在其《北行日录》中也有记述："己丑十二月二日癸未，晴，风。车行八十里，虹

---

① 脱脱等：《宋史》，中华书局，1977 年，第 459 页。
② 郑刚中：《西征道里记》，顾宏义、李文整理标校：《宋代日记丛编》，上海书店出版社，2013 年，第 645 页。

县早顿……饭后乘马行八十里，宿灵璧。行数里，汴水断流。……三日甲申，晴，又六十里宿宿州。自离泗州，循汴而行，至此，河益堙塞，几与岸平，车马皆由其中，亦有作屋其上。"①

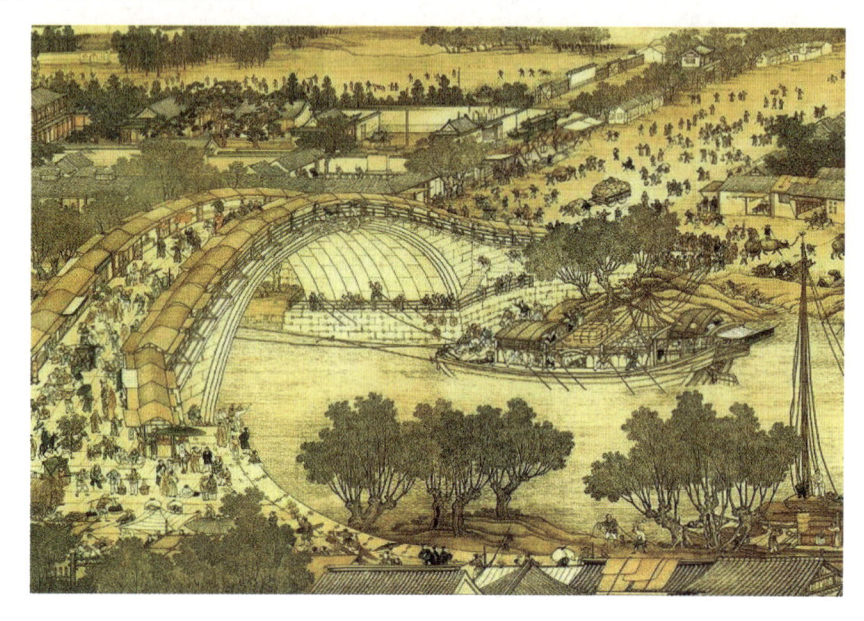

《清明上河图》局部

　　北宋灭亡以后，泗县沦为金国统治区域。作为宋金两国的交界处，泗县大运河还承担着一定的物资转运的职能，并成为宋金两国商贸往来的中转站。在此期间，由于通济渠运输需要，为调节运河水位，金国曾对泗县境内的长直沟进行了疏凿和维护。据《金史》载："时又于灵璧县潼郡镇设仓都监及监支纳，以方开长直沟，将由万安湖舟运入汴至泗，以贮粟也。"②据此可知，泗县大运河由于其特殊的地理位置，其河道功能并未随着北宋的亡国而趋于废弃，在一段时间内，还发挥着区域性的河道物资转运的功能。因此，金国才在与泗县

---

　　① 楼钥：《北行日录》，顾宏义、李文整理标校：《宋代日记丛编》，上海书店出版社，2013年，第1215页。

　　② 脱脱等：《金史》卷二十七《河渠志》，中华书局，2000年。

毗邻的潼郡镇设仓储粮,为保障大运河通济渠泗县段的水运畅通,在泗县境内开辟了长直沟运河(泗县虹灵沟运河),从泗县长沟北侧的万安湖引水作为运河的补给水源,借以保障国家的漕粮运输。①

综上所述,有宋以来,泗县作为汴河与淮河相接的重要节点城市,在维护北宋王朝经济贸易往来方面发挥着重要的交通作用。随着北宋经济的发展,泗县大运河也一直得到有效的管护。但到了南宋初期,随着统治中心的南移,通济渠的漕运功能逐步丧失,而泗县大运河由于特殊的地理位置等原因,仍然保留着之前运河的一些功能,依然发挥着重要作用。同时,由于其向东还与淮河相连,水利功能得以延续,因此并未完全丧失运河的功用和价值。元代,随着京杭大运河的开通,打破了以往运河漕运的路径格局,通济渠基本失去了其原有的功能,但泗县大运河与京杭大运河依然得以沟通,及至明清时期,还保留着地方水运和生活生产功能。

金、南宋黄汴淮示意图

---

① 安作璋:《中国运河文化史》,山东教育出版社,2006年,第773页。

四、明清时期

明清时期,运河的漕运功能主要依托京杭大运河维系,明太祖朱元璋曾专设漕运司督理漕政。景泰初年,朝廷开设漕运总督一职,主要是对大运河漕运事宜进行管理。虽然此时的隋唐大运河通济渠已基本没有了漕运的功能,但由于泗州地处淮河、运河交汇口,是重要的水路交通枢纽,明清两代一直保持着对泗州境内水道的治理维护,泗县境内的运河故道也始终未曾湮废。明万历年间,虹县县令伍元正曾加以疏浚:"城内汴河一道,穿泮池而东,长二百八十丈。明万历四十四年,虹令伍元正以城内河道淤塞,城外水冲射反跳,乃于水口筑石坝以堵截其流,开通东西水关,浚深内河,就河道凿泮池,使河水往来无滞。由是,潼、汴二水之赴于虹者,会城西,穿城中,出东水关南绕,复迤逦而西注,始旋转而东流。其详载于学宫碑记。今虹城为泗城,一州一县之风气于兹关锁。而城外石坝无存,内河淤塞如故,愿与留心民瘼者熟筹之。"[①]清代康熙年间的《虹县志》记载:"汴水,由虞姬墓,经阴陵、鹿鸣二山,入州境,穿城东注。土人谓西关外为西汴河,东关外为东汴河。西汴与长直沟合……至天井湖入淮。东汴,至马公店四十里,与谢家沟合……会临淮归洪泽湖。""泗旧州与虹县,皆跨汴而城,其上游灵璧、宿州亦然。今旧州久沉于淮,汴河故道不可复寻。灵璧以上形迹淹没,唯虹城东西,河身尚存。"[②]可见,泗县大运河河道在南宋以后一直未有大的变动,至明清时期,泗县大运河还能够长期保留着运河的原始面貌,并发挥着一定的功能和作用。

五、民国至今

民国时期,泗县大运河河道走向基本未有变动,我国现代历史地理学创始人之一史念海先生在其《中国的运河》一书中论及通济渠的河道沿革与变迁,

---

① 方瑞兰:《泗虹合志》,黄山书社,2011年,第55页。
② 方瑞兰:《泗虹合志》,黄山书社,2011年,第37页。

第一章　泗县大运河的历史变迁

曾专门提到泗县大运河这段保存较为完好的运河河道,并认为早期的通济渠流径,由泗县而入淮。[①] 新中国成立后,为加强对淮河流域的水利治理,泗县于 20 世纪 50 年代进行新濉河的开凿,在此期间,从泗县水口魏以下河段均在泗县大运河原始河道的基础上进行拓宽和加深,该段河道遂成为新濉河的一部分,而泗县大运河其他河段在新中国成立后业已失去了运输功能,成为沿河居民生活、灌溉的一条河道。其间,位于泗县老县城内穿城而过的运河河道,在 20 世纪 60 年代已经淤塞,后被填平,并在此之上修建了穿城道路,而泗县大运河的历史文化也逐渐被遗忘,只是偶尔发现的一些河道遗物,才能唤起人们的一点回忆。

此外,部分学者也对其稍有关注。据 1984 年中国唐史学会唐宋运河考察队在泗县考察期间日记记载,考察队曾对当时长沟区的运河居民戚家堂进行了采访,他除见到了运河河床中出土的黑釉高底瓷碗和纺锤形的壶各一只以外,还提及了早在 1972 年,泗县大运河河道即已发现一艘沉船的情况。据老戚介绍:"1972 年,当时的长沟公社组织社员疏浚小汴河[②],在宗邓大队小时庄前,靠古汴河河床的南侧,离地表四米深的砂姜层里,挖到一条木船。船身长九至十米,有前后舱,呈东西方向,在靠东面的船舱里有五个人头骨,别的没见到什么东西。以后在这条船的附近又挖到船跳一块和一些碗壶之类。船帮已朽,底尚完整,除去表面一层腐朽,里面木质还是好的。运回来后,用它做了三合门。"[③]因当时文物保护意识较为淡薄,这一发现没有得到关注和重视。考察队对于泗县大运河遗存的重大发现,也显出了激动的心情,以至于作为考察队成员的河南史学会的谢照明同志惊叹道:"不少史学著作都说汴河早为黄泛

---

① 史念海:《中国的运河》,陕西人民出版社,1988 年。
② 对泗县大运河故道的称谓,当地人一直沿用唐宋时期的名称,称其为小汴河。
③ 中国唐史学会唐宋运河考察队:《唐宋运河考察记》,陕西省社会科学院发行室,1985 年,第 104 页。

淤塞,已荡然无存。事实上汴河还在,且有灌溉之利,我们考察队可以郑重宣布,这是重大发现。"①

2002年6月,为深入调查隋唐大运河通济渠路线以及沿线的运河文化遗存,安徽大学会同安徽省文物局考古研究所、安徽师范大学、淮河水利委员会等单位组建了隋唐大运河通济渠遗址考察队,对濉溪、灵璧、宿州、泗县以及泗洪县境内通济渠遗址进行了为期12天的野外调查和考察。其中对泗县唐河闸、泗县境内汴渠西段遗存故道、邓庄、长沟镇刘圩村、义井村、泗县县城西关、泗县县城北关、汴河故道南堤1.5千米(小魏庄、大王园、康庄、叶庄、五里庙)、十里井、枯河头等地进行了深入调查,②为通济渠线路走向研究提供了诸多资料。

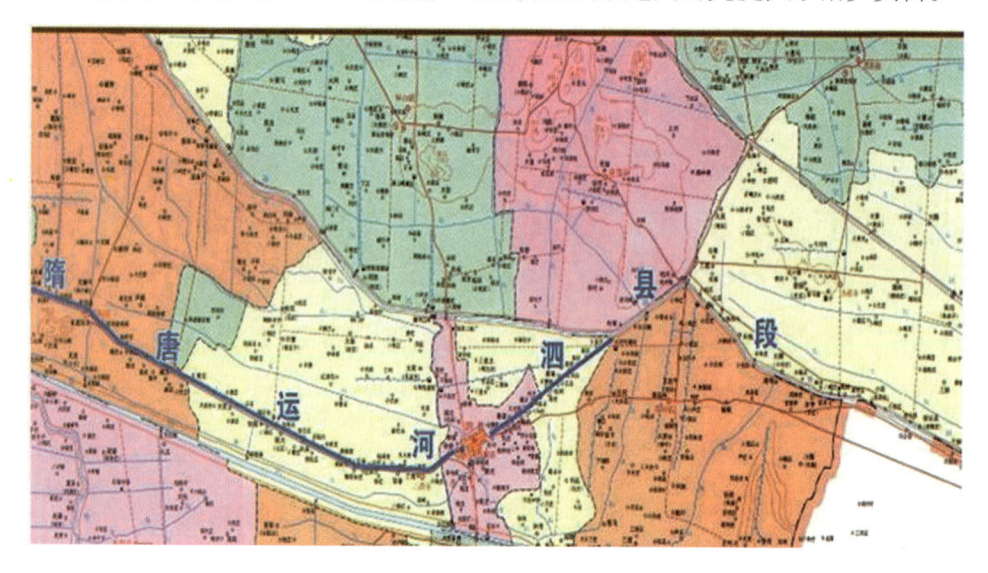

隋唐运河泗县段流径示意图

得益于中国大运河的申遗工作,泗县大运河才重新进入人们的视野,焕发

---

① 中国唐史学会唐宋运河考察队:《唐宋运河考察记》,陕西省社会科学院发行室,1985年,第101页。
② 周怀宇:《通济渠遗址考察述论——通济渠路线新辨》,《第二届淮河文化研讨会论文集》,学术界杂志社,2004年,第89—97页。

出新的生命和活力。目前,泗县大运河的河道走向基本与现 303 省道(泗永公路)重合,自灵璧县虞姬镇进入泗县境内,向东流经泗县长沟镇、泗城镇、草庙镇,至江苏省泗洪县青阳镇境内折向东南,注入洪泽湖。泗县大运河作为通济渠重要的有水遗存段,不仅保留了较为原始的河道风貌,而且整个水系至今尚是活态流通,其西段与泗县唐河相通,在泗县县城境内与石梁河相接,注入环城河,向南与新汴河水系相连,向东与新濉河汇通,整个泗县境内的河道水系,循环相接,形成了一个完整的活态水系,这也是泗县大运河延续至今的重要原因。

泗县大运河城东段

大运河泗县段能够延续至今,既与其地理位置相关,同时也与泗县丰富的水系有重要关系。张永平、程堂义二先生在《隋唐运河泗县段缘何千年不衰》一文中曾有专述,笔者亦表赞同,兹录如下:

其一，汴河在历史上是泗县境内的主干泄洪河道。据《灵璧县志》载："汴渠之在灵璧者，西至宿州界，东至虹县界，横亘南北之中，唐宋时江淮漕运由此以达京师，南渡后废而不用，河床遂与堤平，今河身之内田庐官民并处，永无复开之理。"江苏江阴人贡震，乾隆十七年曾任灵璧县令，政绩卓然。据贡震著文曰："古之濉为汴之支流，今则汴为濉之支流矣。"从贡震所云可以看出，汴河从开挖直至乾隆十七年（1752）以前，在灵璧和泗县境内一直是主干河道，濉河只是汴河的支流。后来，随着人为地理形势的变化，汴河在泗县境内的主干地位逐渐被濉河取代，汴河遂成为濉河的支流。据史料记载，当时泗境的主干河道一是北潼河，二是安河，三是汴河，四是石梁河（又称南潼河）。这种主、支流位置的变化，使得汴河的河道运输等功能得到了一定程度的缓解，为它以后能够保存下来依然发挥灌溉、泄洪作用奠定了基础。

其次，汴河是泗县人赖以生存的母亲河、生命河。汴河作为泗县境内的主要泄洪干道，与人民的生命财产安全息息相关。在洪水泛滥、水利滞后的封建时代，泗县作为泽乡水国，汴河在泄洪排涝上担负着重要使命。它是泗县人民赖以生存的母亲河、生命河。由于汴河具有不可限量的存在价值和使用价值，这使得历代官府从为民生免灾计这个角度考虑，不得不对汴河呵护有加，长期的洪水冲刷和不断的人工疏浚，才使汴河在泗县境内畅通无阻，千年不衰。

还有，汴河虽变为支流但依然畅流不息。由于兴修水利造成的地貌的改变，使汴河的主干地位逐渐被濉河取代。正如贡震所云："古之濉为汴之支流，今则汴为濉之支流矣。"尤其是新中国成立以后，新濉河、唐河、邓沟、黄沟、民利河的开挖，使灵璧北部五湖之水经渭桥、老鹳脖入泗境后几乎被分流殆尽，使汴河流域的苟家沟、犁沟、羊城湖相继圈为农田。尽

第一章　泗县大运河的历史变迁

管如此,汴河、长直沟(虹灵沟)依然担负着濉河以南、唐河以东以及汴河两岸的内涝排水泄洪任务。正因为这样,汴河在新中国成立后进行的四次疏浚,确保了它支流畅通的重要地位。尤其是汴河被唐河所截,唐河水通过汴河流入泗城西城河的水几乎长年流淌不息。东汴河被濉河占道截流后,其两岸之水依然注入汴河西流,东城河水注入石梁河,经天井湖入淮。

最后,汴河一直蓄水较深且发挥灌溉之利。现在的汴河泗县段除固有水外,还有唐河、濉河、新汴河可为之提供给水源。汴河蓄水一直保持在 2 米至 4 米之间。20 世纪七八十年代,汴河沿途曾建有 30 余座电灌站,为农业灌溉发挥作用。目前,电灌站虽然废弃不用,但是两岸的移动机灌农业依然靠汴河提供水源。

可见,泗县境内的汴河之所以历千年生命不息,且发挥灌溉之利,其主要原因是汴河在泗县历史上地位重要,令民之所赖,官之所系,是历代官府为民生计不得不对汴河实施"一用二护三疏浚"的必然结果。①

此外,余敏辉先生认为,金元以来"在泗县境内,汴水与人民的生计息息相关,历代执政者多数都尽力加以疏浚,以发挥它的泄洪和灌溉作用。正因如此,泗县境内的汴水故道至今基本完好。新中国成立后,政府对西汴河以宽 30 米,深 6 米,底宽 4 米,坡比 1∶2 的统一标准进行全面整修。当然,使用统一标准疏浚河道,汴水故道各段在不同程度上状态发生了变化。由于这种历

---

① 张永平、程堂义:《隋唐运河泗县段缘何千年不衰》,《合肥日报》2014 年 11 月 28 日。转引自余敏辉:《从"地下"走出的辉煌——世界文化遗产视野下的隋唐大运河安徽段》,安徽人民出版社,2016 年,第 234—235 页。

史的原因,汴河在泗境历经千年老而不衰"①。

第二节　泗县大运河与泗州迁治

泗县作为淮河流域分界线上的重要城市,在历史上经历过频繁的行政区域调整。隋唐以后,泗县行政区划主要在宿州和泗州之间更迭变动。其行政区划调整一方面与自然因素的变化有关,另一方面则深受大运河河道功能变迁的影响。尤其是清朝前期,清政府不断地对皖北地区进行大规模的行政区域调整。而泗州也因为清初运河的治理政策,逐渐沦为河下之城,最终淹没于洪水之中,至今仍陷于洪泽湖底。其后,清政府经多方考量,最终于乾隆四十二年(1777),将泗州州治移于虹县(今泗县),奠定了今天泗县老县城的城市格局,对泗县社会经济文化的发展产生了重大影响。

一、清代泗州与虹县的区划情况

(一)"刷黄保漕"与泗州沉沦

泗州在清前期,原统辖盱眙、天长二县,后增辖五河县,隶属凤阳府,是皖北地区重要的军事和经济重镇,《泗州志》称其为"北枕清口,南带濠梁,东达维扬,西通宿寿,江淮险扼,徐邳要冲,东南之户枢,中原之要会","天下无事,则为南北行商之所必历;天下有事,则为南北兵家之所必争"。由于地处淮河、运河和长江交汇口,泗州是南北漕粮运输的重要枢纽,其地南临淮水,西近汴河,被称为"水路都会"。鉴于泗州重要的地理位置,为保证淮河漕运畅通,明清两代均采取了大量措施对泗州境内水道进行治理。明隆庆四年(1570),河道总理潘季驯提出了"筑堤束水,以水攻沙"的治水策略,此举通过对黄河两

---

① 余敏辉:《从"地下"走出的辉煌——世界文化遗产视野下的隋唐大运河安徽段》,安徽人民出版社,2016年,第235页。

岸加筑堤防,把黄河上游泥沙不断带到下游,以期起到"刷黄保漕"之效。由于长期泥沙淤积,导致黄河、淮河、运河交汇处的清口河床不断抬高,下游淤塞不通,逐渐聚集在洪泽湖一带,使之曾为悬湖。及至清代,泗州地区水患愈演愈烈,而朝廷对淮河和运河的水患治理仍多沿袭潘氏之法,未做根本性调整,导致黄河下游淤积日甚,灾患日加。加之黄淮以下的两岸河道淤塞,泥沙俱下,渐淤渐厚,势不可当,清代黄淮下游几淤成平地,"清口与烂泥浅尽淤","洪泽湖底渐成平陆"①。此外,明清两代不断加筑洪泽湖高家堰大堤,堤坝所筑日多,堤面不断加高,堤岸线不断延伸,以至于洪泽湖不断扩大,而泗州城渐成孤岛,悬于湖中,随时有倾覆之险。加之泗州地势低洼,黄淮水患频繁,据统计,仅崇祯二年(1629)至康熙二十四年(1685),前后57年间,泗州水患便达16次之多。②据《泗州志》记载,康熙十九年(1680)六月,淮河下游地区连续70多天大雨,"淮大溢,外水灌注如建瓴,城内水深数丈,樯帆往来可手援堞口。嘻,甚矣哉,官若浮鸥,民皆抱木而逃,自是城中为具区矣"。至此,千年泗州城不复存在。泗州城的最后淹没,与明清时期的"刷黄保漕"治河方略密切相关,更是高家堰大规模修筑以来洪泽湖迅速扩张的必然结果。③

(二)泗州区域变迁与"裁虹并泗"

泗州沉沦之后,至泗州移虹,前后历时97年,其间,对于泗州州署的兴建人们一直争议不断,或议建制于五河,但因五河河流汇聚,亦有倾覆之忧,此议未得采纳。对于泗州的州治建设,旋因争议不断,新的州署始终未能有效建设。雍正二年(1724),经两江总督查弼纳奏请,"查凤阳一府所属泗州、宿州、

---

① 靳治豫:《靳文襄公(辅)奏疏》,台北文海出版社,1967年,第26页。
② 陈业新:《历史地理视野下的泗州城市水患及其原因探析》,《学术界》2020年第5期,第167—175页。
③ 胡阿祥:《围绕京杭大运河之"蓄清刷黄保漕"的反思——以淮源、洪泽湖、高家堰、泗州城为例》,《学海》2018年第5期,第152—159页。

寿州、颍州、亳州共五州，……再泗州去府虽不及二百里，而界连淮扬，湖水广阔，相近之盱眙、五河、天长三县，水路险要，最多盐枭出没，应将泗州改为直隶，而以盱眙、天长、五河三县归其管辖，则统属相连呼应，自灵（璧）重湖深山，稽查更易"。是年九月，清政府批准查氏所请，升凤阳府泗州为直隶州，将凤阳府所属五河划归泗州，泗州的地理影响进一步加强，行政管理要求也在不断提升。泗州虽然升为直隶州，但其州署建治问题却仍没有得到解决，而择城建治则成为地方政府面临的无法避免的难题。乾隆二十四年（1759），安徽巡抚尹继善上疏，"（泗州）寄居盱眙以来，官民相安已久。且泗城本在州之极南，相距盱眙二里，中隔一河，济渡甚便"，奏请"将泗州即于盱眙驻扎"。① 尹抚奏议得到了朝廷的允准，同时拨银万余两在盱山之麓兴衙建署，但后期因为建设靡费之巨，并未能有序实施，泗州新署仍建治未定。乾隆四十二年（1777），安徽巡抚闵鄂元经过详加考查，向朝廷上奏《裁虹并泗疏》，详加奏述泗州移治虹县的必要性和可行性：

窃照安徽所属之直隶泗州……缘康熙十九年间淮水决堤，将州城及文武衙门仓库沉没水中……今则州城尽入于水，所有济渡之头铺河与洪泽湖相通，水面宽阔，风浪甚险，非得顺风不渡。凡官吏稽查缉捕、勘验催征及小民之诉状、纳粮，守风待渡，往往守候武各官，隔数十里之河面，遥为治理，均多不便……查有凤阳府属之虹县，本系邑小事简，与泗州壤地毗连，臣愚见，将虹县一缺裁去，一切版图民赋均归并泗州管理。即将虹县之城改为泗州直隶州之城，则衙署仓库坛庙一切可不改移，而且两州县合并为一，其地方之广袤，田赋之多寡，较之安属六安、凤阳、合肥等各州县亦属相等，并无鞭长莫及之虑。

---

① 何绍基：《重修安徽通志·卷十七·舆地志·建置沿革〔一〕》，光绪刻本。

第一章 泗县大运河的历史变迁

奏疏中首先奏明泗州沉没及州治现状,对泗州所处位置、所辖县域情况进行简要分析,进而表述了泗州沉没后百姓因水患流离失所,不得不迁徙别处,而州衙一应人员也"或借民房,或住试院"的无奈现实。而数十年间,针对泗州州治建设情况争议不断,其间"或议于双沟建城,或议于包家集设治,迄无定居",这一悬而未决的问题极大地影响了泗州地方行政管理。奏疏同时把前任巡抚尹继善关于泗州州署衙建于盱眙的原委加以禀奏,针对泗州的情况,闵氏根据个人的实地考察及分析判断,否定了泗州建治盱眙的提议。泗州原与盱眙仅有一河之隔,本来地缘相近,往来甚是方便,但是由于泗州沉陷,近百年来,洪泽湖水面不断外扩,形成汪洋大泽。由于地理环境的巨大变化,泗州的境况在行政管理方面弊端凸显,诸如稽查盗匪、征收赋税、办理民政等诸多管辖不便的局面,而乾隆时期皖北地区各种灾害频发,对当地社会经济发展的影响巨大且深远,[①]州署建设对于维护地方政治经济的稳定已迫在眉睫。根据上述泗州辖属情况,在现有泗州境内难以选择合适的建治之所,所以泗州周边相邻属县便成为考虑范畴。鉴于虹县地域面积较小,且与泗州地域毗邻,具有密切的地域关联性,泗州移治虹县便成了较为可行的行政区划调整之选。另外,奏疏中对泗州迁虹之后行政区划设置管理、州署建设、赋税征收等提出相关建议,并总结了"裁虹并泗"的诸多裨益。闵氏奏疏,语言精练准确,通俗流畅,论据实在,说服力强,特别是以利国利民的主旨和雄辩的道理,体现其立足实际、以民为本的家国情怀,最终说服了朝廷,推翻前任巡抚之议,也改变了朝廷原有的决定,得到了朝廷的批准,结束了泗州 90 余年的寄居历史,泗州移治虹县得以有效实施。

[①] 郭睿君:《乾隆时期皖北地区灾荒及其危害》,《安徽广播电视大学学报》2014 年第 3 期,第 120—124 页。

泗县博物馆内有一块"移泗州治记碑",系清乾隆四十五年(1780)所刻,碑文为乾隆四十三年(1778)直隶泗州知州张佩芳撰,清代著名书法家、湖北巴东县知县梁巘所书。碑刻记载了泗州移虹前后的历史事件,尤其是对于泗州和虹县产生了诸多积极影响,两地百姓有感闵氏之恩德,于是"士民请曰:移治三年矣,两地之人称便,皆抚军之赐,乞为文记之"。泗州移治虹县,对于当时皖北地区政治、经济和文化的发展,均产生了重要促进作用,"故以虹为泗,不劳力,不动众,泗故乐有虹,虹亦乐为泗也,盖其于泗也无涉淮逾湖之险,其于虹也有去远即迩之逸,法天有善于此者矣"。此碑即为记述该历史事件而立。"移泗州治记碑"原砌于县衙大堂后墙上,后置于泗县文庙大成殿内,2016年泗县博物馆建成开放后,将其移置其间进行展览,现已成为泗县具有重要历史价值的文物。

二、"裁虹并泗"区划变迁原因

泗州迁虹的直接原因是泗州沉没于洪泽湖,前文已稍作论述,建城复置成为迫切所需。然其迁治经过,尚有可究之处。

(一)凤阳府行政区划的演变影响

有明一代,由于凤阳府特殊的政治地位,备受历代明朝诸帝的重视。洪武七年(1374),明太祖设置凤阳府,一方面,出于军事原因考虑,当时天下初定,政权不稳,北方尚未完全统一,凤阳扼守江淮之间,地理位置十分重要。另一方面,凤阳群山众多,易守难攻,且地处中原腹地,水陆发达,承接南北,成为明初统御中原的政治要塞。[1] 其后,明太祖不断加强对凤阳府的营建,及至明末,凤阳府统领颍州、泗州、宿州、寿州、亳州、凤阳县、临淮县、怀远县、定远县、五河县、虹县、霍邱县、蒙城县、盱眙县、天长县、灵璧县和太和县等,[2]俨然成

---

[1] 宋玉珠:《明清时期安徽地区行政区划变迁》,《哈尔滨学院学报》2014年第9期,第110—113页。

[2] 李贤、彭时等:《大明一统治》,台联国风出版社,1965年,第252页。

为淮河流域之首府。这种局面一直延续到清朝初期。明清易制,凤阳府的政治影响一落千丈,而其统辖过多,既有鞭长莫及之弊,也不利于清廷的政治管辖和统治。随着清初安徽设省,皖北经济不断发展,亳州、颍州、泗州的地位日益凸显,清初统治者不断加强对皖北尤其是凤阳行政区域的调整。雍正二年(1724),升凤阳府所属颍州、泗州、亳州为直隶州,将凤阳府颍上、霍邱、蒙城、太和、盱眙、天长分属颍、泗、亳三直隶州,凤阳府辖县大大减少。雍正十三年(1735),经安徽巡抚王纮奏请,升直隶颍州为颍州府,皖北的政治格局变为二府一直隶州,凤阳府一府独大的政治格局被打破,凤阳的政治影响不复存在,其作为皖北政治中心的地位逐渐发生转移。同时,清乾隆时期,皖北州县也在不断调整,乾隆八年(1743),临淮县罹患水灾,城垣倾塌,后因建设靡费,财力不支,乾隆十九年(1754),裁撤临淮,划归凤阳所属。此外,早在雍正十一年(1733),析寿州而置凤台县。① 由此可见,清代皖北区划的调整具有一定的普遍性和广泛性,涉及府、州、县,因而凤阳府虹县归属直隶泗州既有清廷政治层面的大环境影响,也受泗州州署无从建设的现实状况所迫,泗州与虹县的区划调整在政治层面已无甚阻碍。

(二)泗州与虹县特殊的地理位置

我国的政区一般受行政中心、政区边界、辖境幅员、行政层次等四个因素制约②,泗州与虹县的地理位置则与这些要素关系紧密。随着凤阳府政治中心的日渐衰落,其对所辖区域的管理也控驭不足,在辖域治理、税赋征缴和公文往来方面的诸多不便日益显现。随着泗州升为直隶州,而辖盱眙、天长、五河三县,如闵鄂元奏疏所言"州治寄寓盱境,远隔河湖,声息难通",而其区域"东西广七百八十里,南北袤五百五十里",十分广阔,而此时的洪泽湖由于自

---

① 陈业新:《清代皖北地区行政区划及其变迁》,《清史研究》2010年第2期,第73—85页。
② 邹逸麟:《中国历史人文地理》,科学出版社,2001年,第54—55页。

然、人为等原因,已是"淮水汇归,纵横三百里矣",这样广阔的湖面阻隔,必然导致各种地域管辖问题。清中后期,康乾盛世渐趋衰弱,国家政治稳定性不复从前,"皖北各地盗匪之风甚炽,成为闻名遐迩的盗匪之薮",阶级矛盾不断上升,加之皖北连年灾荒,社会动荡,基层统治问题层出不穷。加强政治统治,维护地方安定,是地方统治者亟待解决的现实问题,所以便利的交通优势成为区域变迁至关重要的考虑因素。而虹县毗邻泗州,南与泗州、五河相邻,然其却仍隶属凤阳府,与泗州和凤阳形成犬牙交错之势,对于虹县、泗州、凤阳府而言,均存在诸多不便,这与古代政区划分所秉持的"山川形便"原则背道而驰,泗州移虹较好地符合因势而为的地理情况。泗州与凤阳、泗州与虹县的特殊地理位置,成为其行政区划调整所考虑的主要因素。通过泗州与虹县的区域调整,泗州的行政区域渐趋完整,而无以往隔空管辖之弊,行政统属,政令合一,在政治、经济和社会层面都具有切实好处,加强了区域的融合,促进了社会的发展。

（三）泗州与虹县长期的社会历史渊源

在我国古代社会,男耕女织的小农经济是国家的主要生活形态,人民具有十分强烈的安土重迁的传统观念,一城一域之民历来都有浓厚的乡土情结,非经战乱和自然环境变化等不得已的原因,民众很难主动迁徙。泗州与虹县历史上长期存在隶属关系,早在贞观八年(634),"以虹县属泗州,移治夏丘故城(今五河县境内)"[1],此为泗州与虹县行政隶属之始,且二者同属淮河流域,民风习俗无异。随着清朝一系列的行政区划调整,原凤阳所属颍、亳、宿、寿、泗诸州日渐发展,区域社会文化体系不断成熟,构成清代的淮河流域文化,皖北诸府、州、县的地域文化认同日渐加强,社会融合度普遍较高。虹县地近齐鲁,民风淳朴,《虹县志》记述,"虹之俭朴,本夏后遗风,犹为近古",其"俗尚俭啬,

---

[1] 方瑞兰:《泗虹合志》,黄山书社,2011年,第37页。

不事雕镂",一脉同源的历史渊源大大减少了泗州与虹县的地域隔阂,使二者能够很好地融合,泗州移治也能够较好地维护地域稳定,减少匪衅事端。对于地域演变发展而言,因山川形势是一大原则,其根本目的则是稳固政权统治,维护地区安全。泗州匪乱频繁,而虹县地域规模相对较小,境内行政管理较为单一,结合泗州和虹县的地理、政治、社会、历史等因素,两相合一,既能有效满足泗州建治之所需,同时又不会带来区域变迁所产生的民众地域融合纠纷,此亦为地域划分之所虑。对于泗州行政区划的调整,社会因素是其中重要的一个考量,泗州与虹县历史渊源极深,泗州迁治虹县,既是出于统治需要,也是加强地域管理的有效方式,官民两相得利。同时,泗州与虹县社会习俗相通相近,对于两地官民而言,移泗于虹免除了"情乖意离"的人情生疏,因而自然而然地形成"迨至事已定,居已奠,夫犹孜孜于鞫谋。盖移此以就彼,必使彼之亦乐有此……凡以为民而已"的两利局面。

(四)泗州移虹的僚属建置

行政区划的调整必然带来一系列的建设问题,泗州自旧城沉没以来,90余年屡议兴建,然旋建旋止,政府财力不足是重要的一方面。在泗州移虹之前,安徽前任督臣尹继善奏请将泗州移治到盱眙驻扎建城一议得到朝廷允准后,该州的文武卫署、坛庙、监库等项均动工筹建,然而由于地方财力难支而最终延搁作罢。此前安徽废临淮县而入凤阳府亦有一定的经济原因。虹县建县已久,衙署建置本有一定基础,闵氏吸取前任建议教训,考虑详密,泗州移治虹县的州署办公均利用虹县现属各司场地,既避免了兴修之费,也免除了泗州移治的经济困扰。据《泗虹合志》所载,泗州移虹后,泗州州署即利用虹县县署,其学正署、训导署、吏目署、营千总署、试院等皆利用虹县旧署,极大地减少了泗州建署的靡费。此外,为加强对泗州辖域的管控,清政府在对泗州行政区划的调整过程中,通过对州、县的左贰官(副职官员)移驻外派等[①],加强对地方行政管控。"乾隆四十二年,新设州判驻扎半城",该处距离泗州110里,位于洪泽湖边。此举加强了因州治迁移而造成的管控疏漏,有效减少了因"私盐出没,奸匪潜匿"所带来的地方治安压力。在行政区划变更过程中,为加强统治,派驻贰官也是行之有效之法,既可以加强某一薄弱环节的统治力量,同时也可以避免重复设员的冗官之弊,一举而数得。此外,泗州与虹县的区域调整亦有其自身的特点,一改以前附郭之治,泗州移治虹县是"裁虹并泗"而非"迁泗入虹"。州县同属,衙署繁多,官员冗杂,权属交叉,既会产生人浮于事的局面,同时也加大了政府和百姓的负担。泗州迁至虹县,变虹县为虹乡,有效解决了州治迁移所带来的官吏行政管理问题,在地方控制方面减少了诸多人员安置问题。泗州移治,裁虹为泗,泗州区域的扩大并未带来职官设置的增加,反而优化了州、县之间的官僚设置,完善了统治机构的建设,强化了基层管理,产生了积极的社会影响,起到了实际的政治效果。

三、"裁虹并泗"的区划格局影响

明清时期,泗县城内的运河上自西向东有彰善桥、太平桥、三思桥、文渊桥、旌德桥五座桥梁,和东西水关连接。彰善桥北对城隍庙。城隍庙西邻子孙堂,东邻韩侯祠。太平桥北对小北门(现国防路北头),南通东西正街对三元宫。三思桥北对县衙(后为泗州州署),南通永泰门。州署西邻署厅,东邻文庙、文昌阁。文渊桥北对节孝坊,南通尚书祠、太山庙、三公祠、观音堂、东岳庙。旌德桥北对迎恩门,路东是养济院,路西是考棚,南通东西正街。东水关桥,东临城墙,北偏西邻延福庵、灶君庙、养济院,南通东城门(永济门)。东水关桥正南过东西街对广胤庵、郑公祠、释迦寺,经释迦寺香水桥过牛市巷,西对

---

① 孟义昭:《明清时期皖北地域文化的历史变迁》,《蚌埠学院学报》2014年第3期,第188—192页。

华王庙、青云庵、万寿宫,经小北门过城河,东临玉皇庙,经迎恩门过城河,东临城隍行宫。泗县城外的四个拐角设有四坛,西北社稷坛、东北北坛、西南山川坛、东南农坛。东西正街上在现虹都大厦和新华书店东头路间有尚书坊,乃明嘉靖二十七年(1548)知县吴庆隆为户部尚书陈翌而建。

泗州迁治虹县以后,行政格局基本沿用了虹县的旧有模式。作为泗州州署所在,它对虹县的社会、经济、政治、文化等各方面都产生了非常重要的影响。民国元年(1912)四月,废泗州州制,改称泗县,沿用至今。[①]

通过对泗州移虹的原因探究,我们可以了解泗州与虹县行政区域的演变。泗州沉沦与清代运河漕运治理密不可分,泗县老县城的城市格局则主要受大运河的影响,城市沿河而立,不断发展。及至今日,泗县新的城市格局仍是沿运河两侧不断发展壮大,这也是运河城市的主要特色之一。可以说,运河成就了泗县的繁荣与发展,对泗县具有深远的影响和意义。[②]

附:《移泗州治记》碑文

直隶泗州知州张佩芳撰

湖北巴东县知县梁巘书

泗州在省西北,辖天长、盱眙、五河。旧治在其疆域之南,淮水之北,去盱眙二里。康熙十九年,淮涨城圮,后建治盱眙山之麓。其所治乃在西北,悬绝淮、湖,远者至百五十里。虹属凤阳府,地小而高,邻于泗。乾隆四十二年,巡抚闵公以治隔淮、湖,控驭不便,虹最近泗,请裁虹为泗,版图、民赋一并于泗,而以其城为州治;又于泗之半城,增设州判一员。上从其请。

[①] 赵彦志:《汴河遗韵——大运河汴河宿州段文化遗产调查与研究》,黄山书社,2023年,第121页。

[②] 张甦:《从泗州与虹县行政区划变迁略谈清代"裁虹并泗"》,《宿州学院学报》2021年第10期,第1—4+14页。

四十五年，余由寿迁泗，士民请曰："移治三年矣！两地之人称便，皆抚军之赐，乞为文记之。"古者建国，必相形势之宜，所以勤民而出政也，上之于下，犹父母之于子，子而远于其亲，亲而不能煦噢其子，则情意乖离，不可一日为治。古之圣人，有因河患而屡迁者。当斯时，民皆安土重迁。一旦越山逾河，定居于千余里之外，故民之从之也难；迨至事已定，居已奠，夫犹孜孜于鞠谋。盖移此以就彼，必使彼之亦乐有此，诚以灾变之兴，不可以争，凡以为民而已。泗之为患，莫大于淮。然河未南趋，淮固不能病。泗，河遏于外，淮涨于内，斯

《移泗州治记》碑刻

第一章 泗县大运河的历史变迁

无岁不忧沉溺。有谓泗旧治徐，唐移之为非。今徐城已没水中，古志之不足恃如此。虹，故属泗；今越泗之五河，一百八十里而远属之凤，亦非虹之便。故以虹为泗，不劳力，不动众；泗固乐有虹，虹亦乐有泗也。盖其于泗也，无涉淮逾湖之险；其于虹也，有去远即弥之逸。法无有善于此者矣。或曰：虹北去河不二百里，使如异日之淮于泗，将如何？余曰：自河失故道，中原皆其糜烂之区。昔之人常欲大徙濒河之民，决堤防而导之，讫不能行，非一世之故已。且有天下之利害，有一郡之利害。不可以天下之害，废天下之利；尤不可以天下之害，

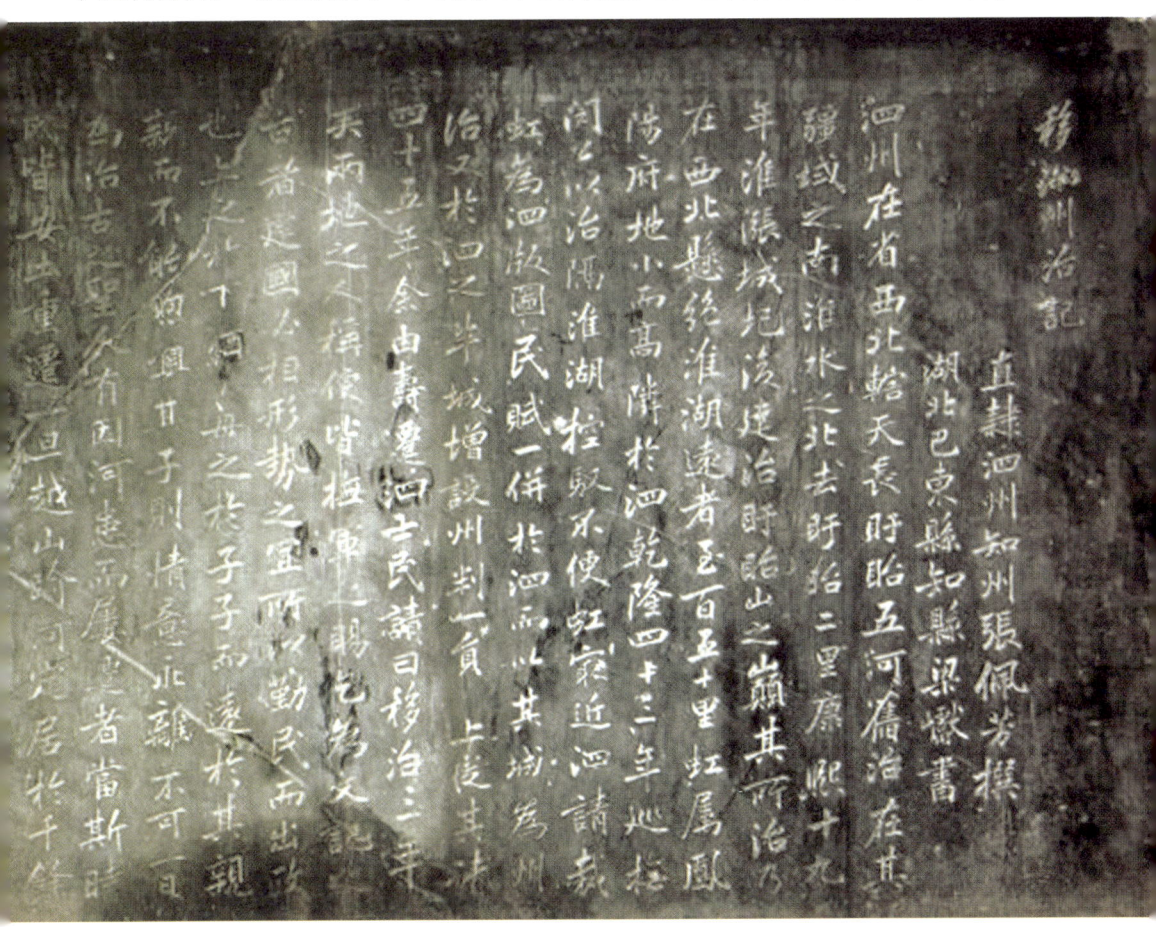

废一郡之利。况由公之所为推之,宁独一郡之为利害也与!①

大清乾隆四十五年十一月十五日立石
江宁王声远刻

---

① 方瑞兰:《泗虹合志》,黄山书社,2011年,第517—518页。

第二章
泗县大运河的遗存与现状

虽然已历经一千余年，但是泗县大运河仍保存着较为完好的原始风貌，形成了独具特色的运河水文景观，是运河活态价值的重要体现。泗县运河河道水系至今依然十分畅通，历史风貌比较清晰，运河沿线文化文物遗迹遗存丰富，堪称隋唐大运河通济渠段的"活化石"。此外，泗县大运河沿线普遍种植茂密的柳树、槐树，沿水河岸还有大量野生芦竹和芦苇，河道堤岸南北两侧生有大量野草，整个运河遗产区具有良好的郊野风貌。泗县大运河的活态文化遗产价值突出，不仅具有文化遗产的自然属性，也是泗县历史与文化的重要见证，而且目前仍然具有排洪、灌溉的使用功能，在现代社会生活中仍在发挥着作用。作为线性文化遗产，泗县大运河横贯泗县东西境域，沿线留存了较为丰富的文化遗存，彰显了厚重而丰富的运河文化内涵。

第一节　泗县大运河的本体遗存

一、泗县大运河河道遗存

泗县大运河是大运河安徽段的核心组成部分。由于泗县境内的大运河河道形态构成复杂，多年来对于泗县运河河道里程的表述多有出入。本文根据实地调查，在此做出说明。泗县境内的大运河通济渠故道遗址，西端从宿州灵璧县虞姬镇东虞姬墓附近与泗县长沟镇四河村交汇，进入泗县境内，自西向东分别经过长沟镇、泗城镇、开发区、草庙镇和黑塔镇，向东与江苏省泗洪县连接，进入江苏省境内，全长约47千米。大运河通济渠泗县段的河道形态总体上可分为三种存在状态，即古遗址段、故道段和旧址段。泗县大运河地下河道遗址主要由两段构成：一段是灵璧虞姬墓向东进入泗县长沟镇四河村境内至泗县长沟镇唐河口与泗县运河交汇处，该段约2千米，河道遗址为居民房屋所

第二章　泗县大运河的遗存与现状

泗县大运河航拍图

占;另一段是泗县老城区段,自泗县环城河西水关至东水关(东运口)处,约1千米,河道遗址现为穿城道路。这两段河道遗址现均埋没于地下,已不见通济渠河道遗迹形态。泗县大运河有水故道为泗县唐河口与运河交汇处至泗县运河与新濉河交汇处,全长约28千米。河道上口宽度在30—50米之间,深6—8米,坡比1∶2,水深在枯水季节为1.5—2米,淤泥深度为1—2米。其中,运河与唐河口交汇处向东与泗县环城河西水关相接,长度约22千米,当地百姓称这一段河道为西汴河。泗县环城河东水关(东运口)至泗县运河与新濉河交汇处,其长度约6千米,当地人称之为东汴河。该段运河故道自隋唐时期延续至今,河道走向基本未经过大的改造,南北河道坡岸均为土筑,保存完好,现仍发挥着排洪、灌溉的水利功能。由于泗县唐河口至环城河西水关的西汴河段在20世纪兴修水利时进行过大规模疏浚,河床底部遭受了不同程度的破坏,河口宽度也较原来狭窄很多,加之运河南岸的部分河堤已被泗永公路所占压,其完整度相对较低。而泗县环城河东水关至泗县运河与新濉河交汇处的东汴河段,由于保存相对较为完整,尤其是其东部的曹苗段河道,应该说基本保持了隋唐大运河通济渠的原始风貌,因此这6千米河段被列为中国大运河世

| 水韵泗州——世界文化遗产隋唐大运河通济渠泗县段

界文化遗产段,这也是隋唐大运河通济渠段仅存的两段有水的世界文化遗产段之一。此外,泗县大运河与新濉河交汇处向东流至江苏省泗洪县马公店,长度约 16 千米,与新濉河重合。该段大运河河道由于 20 世纪 50 年代新濉河治理时,在原泗县大运河河道的基础上进行了拓宽和加深,形成了新的河道和堤岸,河道遗迹已然无存,因此称之为泗县大运河故道延伸段。

泗县大运河的河堤遗存,依形态可分为城区运河和城郊运河两部分。城区运河主要自泗县新 104 国道向东至泗县赤山路桥段,长度约为 7 千米。由于历史原因,泗县大运河城区段的运河堤岸受城镇开发建设影响较大,建设的

泗县大运河城区段

楼房由泗县县城逐步延伸至运河周边,自泗县西二环路到泗县东二环路之间,河堤已基本建成为硬化驳岸,部分河段运河河堤相对较窄。城郊运河主要集中在大运河通济渠泗县长沟镇唐河口至泗县新 104 国道和大运河通济渠泗县赤山路桥以东至江苏省泗洪县交界处,该河段保存了较好的运河历史真实性和风貌完整性,目前仍基本保持自然驳岸状态,堤岸以生态农业景观为主。泗县大运河城郊段大部分南北河堤宽度在 5—7 米,运河岸线无村庄的河堤风貌环境保存较好。据现场调查结果,目前与泗县大运河河段直接关联的水系除唐河、石梁河、环城河、新濉河之外,主要沟渠还有红旗沟、大寨沟、虹灵沟和清

第二章 泗县大运河的遗存与现状

泗县大运河城郊段

水沟等,流域内汇水面积达 44.7 平方千米。泗县大运河河道水利工程有长沟镇马铺闸和泗城镇孙圩闸,占用岸线总长度 0.84 千米。由于泗县大运河沿河居民众多,岸线跨度很长,所以在运河上修建的桥梁众多,据不完全统计,有 47 处之多。

045

二、泗县大运河的水关及运口遗存

(一)唐河口

唐河口运河遗址位于宿州泗县长沟镇前刘庄自然村和上马铺自然村之间,是泗县大运河有水段的西端起点。20世纪七八十年代,为解决灵璧和泗县北部水患,当地从泗县草沟镇于城村向北新开挖一条南北水渠,取代原来老的唐河,老百姓习惯称之为新唐河。新唐河和泗县大运河的交汇点即为新唐河口运河遗址所在。该遗址以东为泗县大运河的有水河道遗存段,也是泗县大运河保存较好的有水河段之一,水面宽度在10米左右,河水深度在1.5米左右,目前仍然发挥着排洪和农田灌溉的作用。

在大运河申遗过程中,全国政协考察组、国家和省文物局的专家多次来到新唐河口遗址处进行调研和考察,一致认为此处是重要的大运河遗址点。为加强对该处大运河遗址保护工作,泗县文物局在泗县大运河新唐河口竖立了保护标志碑,并定期进行文物安全巡查。新唐河口运河遗址以东的运河河道在20世纪50年代和70年代进行了两次较大规模的疏浚,在疏浚的过程中,发现河道内遗存大量唐宋时期的陶器、瓷器、铜器等文物,据当地老人介绍,出土较多的是陶盆、瓷碗、瓷罐等生活用具,在河堤边还发现过沉船以及大量铜钱。

泗县大运河新唐河口遗址作为宿州市大运河地下遗址段与有水河道遗存

泗县大运河唐河口遗址

段的分界点,具有重要的历史价值。目前,这段遗址沿岸的居民沿河而居,部分河道北岸已被辟为了农田。通过近年来的考古调查,发现该段运河遗址范围内地表散落有唐代、北宋以及金元时期的陶器、瓷器残片,陶器多为灰黑陶,器型主要是陶盆;瓷器有黑釉、青釉、黑白釉、褐釉等,器型主要为碗、盏、瓶、罐等。2009年至2015年,中国文化遗产研究院、安徽省文物考古研究所等单位多次对该段大运河遗址进行考古勘探。勘探表明,该段大运河遗址除部分南堤被303省道占压外,中心河道和北堤保存完整,中心河道宽度为40米,北堤宽30米左右,整段大运河遗址保存状况较好。

(二)西水关

西水关,亦称西运口,即泗县大运河在泗县城西之入口。据《泗虹合志》载:"汴水由虞姬墓经阴陵、鹿鸣二山入州境,穿城东注。西关外为西汴河,东关外为东汴河。""城内汴河一道,穿泮池而东,长二百八十丈。万历四十四年……以城内汴河道淤塞,城外水冲反跳,乃于水口筑石坝以截其流,开通东、西水关,浚深内河,旧河道凿泮池,使河口往来无滞。由是潼、汴二水之赴于虹者,会城西,穿城东,出东水关南绕,复迤逦而西注,始旋转而东流。"此处西水关即为泗县古运河穿城而过的西汴河之终点。宋人郑刚中尝沿汴路西去陕西凤翔,留下一部记述沿途见闻的《西征道里记》,其中关于虹县的一段是这样说的:"虹县城因隋渠为

泗县城西水关旧址

壕,潴水深阔,城具楼橹。虹以西诸邑往往皆城,虹独坚密……隋渠自虹以上为陆,木已丛生,县以东水接淮口。"这表明了当时泗县县城的护城壕水与大运河也是连通的,与现在泗县老县城周围水道的形势是相符的。目前,泗县西水关旧址已被西关大桥覆盖,据当地老人回忆,早年西水关旧址为砖砌拱券式水门,宽3米,拱顶离地面2米,门内水道已为砖填塞,现已无法了解其旧有的水关面貌。

(三)东水关

东水关,亦称东运口,即泗县大运河在泗县城东之出口,现为泗县融媒体中心门前的新虹桥,是泗县大运河世界文化遗产段的西起点。据《泗县县志》所载,泗县运河"穿城东注",其中城区段约1千米的河道现已湮没无存。泗县西段的运河至护城河分流为二,一路沿泗县护城河南下经石梁河注入天井湖,一路沿环城河北转,东流至现在的新虹桥,再与大运河泗县东段相交,从而形成泗县运河与城河交汇的东运口,具有比较典型的运河城镇景观环境。

泗县大运河东运口作为泗县环城河的东水口与运河的交汇处,视野景观较为开阔。东运口北侧现已建设成为泗县漕运公园,是泗县老城区居民一处

泗县大运河与护城河交汇处

主要的休闲场所。

(四)运河与新濉河交汇处

泗县大运河与新濉河交汇处的运口,位于泗县城东约6千米原水口魏庄西侧。历史上由于黄河夺淮入海,运河沿线水患频仍。20世纪50年代,国家兴修水利,在开挖新濉河时,对泗县城东水口魏庄以东的河段进行了拓宽加深,自此,泗县水口魏庄以东至江苏省泗洪县境内的古运河河道被新濉河占用。水口魏庄以西的河段仍保持古运河的原始风貌。

泗县大运河与新濉河交汇处

泗县大运河与新濉河交汇处,作为泗县大运河世界文化遗产段的重要景观节点,形成了古运河与新时期人工运河交相辉映的自然景观。同时,新濉河与泗县大运河交汇处地势平坦、视野开阔,运河南北堤以生态农田为主,郊野生态景观保存完好。2012年以来,泗县持续对该节点进行环境整治和展示提升,现已建设了观光景观长廊、生态停车场、公共厕所、标识说明牌等设施。景观长廊形态自然古朴,对大运河通济渠泗县段遗产起到一定的展示作用。

作为大运河世界文化遗产段的延伸区域,泗县大运河与新濉河交汇处的运口已是一个重要区域点,对开发运河水上休闲娱乐项目,打造运河自然生态观光农业,展示泗县运河农耕文化、民俗文化等提供了一个非常充足的生态空间。

第二节　泗县大运河的附属遗存

大运河通济渠泗县段沿岸分布着较多遗迹,主要集中在大运河通济渠泗县段世界文化遗产段,其中重要遗迹有出土的景观石、菜园井、十里井、东八里桥、清代土地庙、清代龙王庙、皇道码头等,地域文化特色明显。

泗县大运河城东段沿岸主要文物遗迹遗存分布图

一、景观石

2013年3月,泗县在对大运河通济渠泗县段河道进行环境整治时,在运河与新濉河交汇处西150米至200米范围内发现一处景观石,位于宋代文化层中,为象形石类。其中最大的一块景观石,高152厘米,宽92厘米,造型奇特,纹路清晰,巉岩嶙峋,黑质白章,颇具神韵。据初步判断,该景观石属于灵璧石脉系,疑似宋代花石纲遗存。灵璧石文化发展由来已久,因其出自于安徽省灵璧县而得名,早在先秦时期的《尚书·禹贡》中即有"泗滨浮磬"之记载。及至宋代,石文化得到了较大发展,苏轼、米芾等一大批文人墨客都曾通过大运河水路北上,途经泗县至灵璧,采石把玩。北宋末年,宋徽宗痴迷于奇石,大造皇家园林,曾动用原本运输漕粮的船只运送奇石花木。这些船队十船为一纲,专职用于运送花石,因名"花石纲"。而当时征调的花石品种,"大率灵璧、太湖诸石,二浙奇竹异花",灵璧石被列为强征之首。至今灵璧境内现存有花石纲船队沿运河北上,行至此处而因河道狭窄难以通行,引起运输官兵哗变,掀翻船只于此的遗址,是大运河通济渠段一处重要的历史遗存。灵璧与泗县毗邻,是大运河通济渠沿线的商贸重镇,而大运河通济渠泗县段景观石的发现,也是灵璧石通过运河运送的一个见证。

泗县大运河出土的景观石

二、菜园井

唐宋时期,大运河沿岸居民以漕运为生。随着北宋的灭亡,通济渠的漕运功能也逐渐丧失。到了清代,泗县大运河河道由于年久失修,旱季时河水已不能保证农业生产灌溉的需要。为满足农业生产需要,沿岸菜农在运河曹苗段北岸修建这座水井用以灌溉菜园,故名菜园井。大运河通济渠引自黄河水系,其泥沙淤积较多,历史上曾长期进行疏浚。自明清以来,统治者长期奉行"刷黄济运"的治水策略,泗县所处的运河下游地区河道逐年淤积,而在河道疏浚治理的过程中,产生了大量的淤泥堆积于河岸两侧,形成了营养丰富的圩田地质,尤其适合种植蔬菜,且灌溉十分方便,便形成了大运河通济渠泗县曹苗段长期以来依靠运河种菜为生的生产习惯。此处也是大运河通济渠泗县段沿岸一处比较典型的水工遗存。

泗县大运河菜园井

三、十里井

十里井,因离泗县老城十里而得名,位于泗县大运河曹苗社区原曹苗村北岸,与菜园井相距较近。当地一直有"五里一座庙,八里一座桥,十里一座井"之说,民间流传的歌谣曰:"十里井,水甘甜,清水汨汨连龙泉。"据泗县地方史料记载,1877年北方大旱,"淮河竭、井泉涸、野无青草""运河龟坼,赤地千里,河中无勺水"。泗县旱情也十分严重,甚至出现了树皮、野草食尽而食土充饥的惨凄景象。在北方大面积出现严重干旱的背景下,当地居民凿井而出甘泉,救济了百姓,成为当地维系生计的命脉,一方面反映出大运河通济渠泗县段水系发达,水源充沛;另一方面也体现出当地百姓对运河维系生产生活的一种寄托与依赖,是运河与人生生相依所产生深厚情愫的一种反映。

泗县大运河十里井

四、东八里桥

东八里桥位于泗县大运河曹苗社区西段,据泗县地方志记载,其因距城八里而得名,具体始建年代不可考,地方志中曾记述在嘉庆年间(1796—1820)对其进行过维修。该桥为青石构筑的三孔石桥,规模较大,横亘于运河之上。旧时,该桥是一条通往泗州州城的东西官路上的重要桥梁,扼守着进出泗州城东关的咽喉要道,军事意义也非常重要。抗日战争时期,因在此作为据点进行抗战,炸毁了桥中间的石孔拱洞,后来在桥的一侧修建了便道,直到新中国成立以后,才填平中间的孔洞,恢复交通。大运河通济渠泗县段东八里桥所处的位置,为泗州旧城关隘所在,其原有规模已无法判断,但通过石构建筑镇水石兽的年代、风格可以推测该桥的规模,也可以间接反映出大运河泗县段曾经水上交通的通畅与繁华。

东八里桥所处位置是泗县大运河最为宽广的一处水域,河道堤坡保存较为完好,堤势平缓开阔,自然景观视野较好。此外,东八里桥北侧与搜箭沟相沟通,成为运河的一条补给水源,向北延伸至老山湖区域,沿线自然生态风貌相对完好。

泗县大运河东八里桥旧貌

五、清代土地庙

清代土地庙位于泗县大运河原曹苗村北岸,石质,高 90 厘米,宽 68 厘米,厚 60 厘米,左上方残缺,庙身左侧记载修建于清代嘉庆二十三年(1818)二月。土地庙又称土地公庙、福德庙或伯公庙,是民间供奉土地神的地方,多为民间自发建造的小型庙宇,属于分布最广的祭祀神坛。根据泗县地方民俗,附近村庄的百姓遇有丧葬之事均有"上庙"习俗,到该处举行"告庙"仪式,祭拜土地神,祈求逝者早日升天,并保佑生者平安无恙、福祉无边。土地庙是底层劳动人民最普遍信赖和作为精神寄托的土地神的安身之所,尤其是皖北,将土地神作为人与神沟通的信使,以寄托生死,有着浓厚的皇天后土的精神情结,是运河沿线农耕文化衍生的一种民间信仰。

清代土地庙遗存

六、清代龙王庙遗存

龙王庙是旧时专门供奉龙王的庙宇,以求龙王治水,保佑境内风调雨顺。泗县龙王庙位于泗县大运河曹苗村西段东八里桥对面的运河南侧,是当地百姓祈福祭拜的一个地方。每年二月初二，当地百姓在此祭拜龙神，祈求平安。中国自古以来就有崇龙信仰，而民间神话传说中将龙视作司水之神，各地通过建立龙王庙以祈风雨，保佑一方百姓。大运河沿线地区村落因水而生，龙王信仰更是普遍。

泗县地处淮河与汴河交汇的重要区域，长期以来，水患频仍，古泗州城即因水患而沉没于洪泽湖底，因此，大运河通济渠泗县段沿线对龙王的信仰更是浓厚。运河岸边的龙王庙也是运河民俗文化的重要见证，是对运河功能认识变化的一种反映。目前，该庙宇也仅存一座实质构件，坐落在树木和草丛之中。

清代龙王庙遗存

七、皇道码头

皇道码头位于大运河通济渠泗县曹苗段。此段运河蒲苇茂盛、水草丛生，当地老百姓叫它"皇道码头"。皇道即为皇帝专用水道，民间讹传为"皇到"。据当地民间传说，隋炀帝乘船经运河南下扬州时，曾在此处临时停泊驻留，后来该处成为运河上来往商船经临休息的一个码头。在泗县大运河曹苗段运河

第二章 泗县大运河的遗存与现状

皇道码头

清淤时,在此处发现各种陶器、瓷器、砖、铁锅等众多文物。2012年,安徽省文物考古研究所对该处进行了一次考古发掘,取得了诸多发现。

八、运河古槐

千百年来,在运河岸边种植古树,具有悠久的历史传统。古运河边的古树名木也是大运河沧桑历史的重要见证。大运河通济渠泗县段现存3棵古槐,均具有很长的树龄,或为唐宋时期所植。

1. 朱桥古槐。朱桥古槐挺立于泗县西环城河外,大运河通济渠泗县段北岸,与泗县运河西水关隔河相望。该槐树高10米,胸围3.6米,主干高2.7米。据林业部门鉴定,树龄已有千年之久,应为唐槐。据当地人传说,罗成曾经在树上拴过马。树旁有一石砌古井,井边有辘轳基石、石砌水槽。古槐虽历千年,依然葱郁,苍翠欲滴,被誉为"千里汴河第一槐"。由于朱桥古槐备受乡

057

邻呵护,加上生长在大运河畔,脚下还有一眼古井,有着得天独厚的条件,所以一直枝繁叶茂。此槐与古井相伴,当时应该是大运河畔人们生活居住地,或大运河边往来商旅休憩饮水之所。

2. 老武装部院内古槐。泗县老武装部院内的古槐,树高8.5米,胸围2.65米,树龄已有数百年之久,同样是运河岸边的古老名木,是泗县运河古老历史的见证。该处原是泗县的城隍庙所在地,与朱桥古槐隔西环城河相望,后城隍庙毁坏,成了老武装部所在地,距离穿城而过的大运河通济渠泗县河道遗址仅十数米。

3. 老泗中古槐。老泗中古槐,现位于泗县一小院内,原为泗县中学所在地,高7.3米,胸围2.4米,已有大约350年历史,为二级古槐。此槐因为处于泗县城里的最高位置,所以屡遭雷击,且痕迹明显。尽管如此,它依然高大参天。该处位于穿城而过的大运河通济渠泗县河道遗址南岸,邻近东水关,也是泗县运河岸边的重要古树名木。泗县中学为古虹县夏丘书院旧址。"十年树木,百年树人。"泗中古槐见证了莘莘学子的成长经历和苦读之辛,同时,古槐又为庇荫他们成为建设泗县、报效国家的栋梁之材而倍感欣慰。

第三节 泗县大运河的重要节点遗存

泗县大运河是运河入淮的重要节点,在千余年的历史进程中,留下了丰富的河道遗存,其中与大运河河道密切相关的长直沟、枯河头、通海村遗址等重要节点,都有着深厚的历史文化底蕴。

一、长直沟遗址

长直沟是泗县长沟镇境内运河故道的主要连接部分,即泗县后来的虹灵沟,北通渭桥,因具有既长且直的特点,故称长直沟。长直沟西起灵璧县潼郡集,经板桥、魏桥、苟家集,直抵泗县长沟镇,至秦桥关注入唐河,绵延近百里,是泗县运河故道与濉河、唐河沟通的重要河道之一。《泗虹合志》载:"长直沟在州西三十里,上接苟家沟,下入汴河,为灵、虹交界处。"①作为大运河泗县段故道的重要支流,对于长直沟开凿的时间尚未有统一明确的认定,《水经注》载:"涣水又东南经白石戍南,又经虹城南,洨水注之,水首受蕲水于蕲县,东南流经谷阳县,八丈故渎出焉。又东合长直故沟,沟上承蕲水,南会于洨。洨水又东南流经洨县故城北,县有垓下聚,汉高祖破项羽所在也。"②《汉书补注》亦载:"又东合长直故沟,蕲水支流,下入洨县。"洨水为淮河左岸支流,为沱河古称,原源于宿州东北古蕲水东南,经今灵璧、固镇、泗县入洪泽湖。洨县为汉武帝征和元年(前92)置,治垓下,今属灵璧县韦集镇东南。唐代诗人高适《东征赋》云:"登夏邱以寓目,对蒲隧而愁予。闻取虑之斯在,微长直而舍诸。宿徐县之回津,惟偃王之旧域。"夏邱、蒲隧、取虑、徐县皆为今灵璧、泗县、泗洪县一带的古地名,亦是通济渠故道的下游地域。宋金时期,由于通济渠治理需要,为调节水位,对长直沟进行了疏凿。据《金史》载:"时又于灵璧县潼郡镇设仓都监及监支纳,以方开长直沟,将由万安湖舟运入汴至泗,以贮粟也。"③《宋史》载:"九年正月壬午,刘瑾言:扬州江都县古盐河、高邮县陈公塘等湖、天长县白马塘沛塘、楚州宝应县泥港射马港、山阳县渡塘沟龙兴浦、淮阴县青州涧、宿州虹县万安湖小河、寿州安丰县芍陂等,可兴置,欲令逐路转运司选官覆按。从之。"④据泗县地方文史专家杨立峰先生考证,万安湖即今泗县长沟镇运河故道北侧的洋城湖。关于其文献记载有,《水经注》载:"睢水又东,与潼水故渎会。旧上承潼县(今泗县山头镇潼城村)西南潼陂,东北流,经潼县故城北,又东北经睢陵县,下会睢水。"唐李吉甫的《元和郡县图志》载:"潼陂,一名万

---

① 方瑞兰:《泗虹合志》,黄山书社,2011年,第47页。
② 陈桥驿:《水经注校正》,中华书局,2013年,第683页。
③ 脱脱等:《金史》卷二十七《河渠志》,中华书局,2000年。
④ 脱脱等:《宋史·志·卷四十九·河渠六》,中华书局,2000年。

安湖,周回二十里,在县北五里。"宋代郑刚中所著的《西征道里记》载:"绍兴乙未五月……十四日,马公店,通海镇,宿虹县……而县西北隅有湖,曰万安。东西百里,北南半之。"元代诗人王恽在《虹县道中渡长直沟》中写道:"望入睢宁接楚云,老婆山远界沟邻。小河河上淮东地,万顷黄芦不见人。"清《泗虹合志》载:"汴河,自汴梁东下,经宿州、灵璧,历州境长直沟集,东流至州城,分东西二汴,一归洪湖,一入淮。"①又载:"长直沟在州西三十五里,泗、灵交界,东西划然。乾隆二十二年,动帑浚渭桥南一带沟河,以泄灵邑五湖之水,所挑淤土即令筑堤岸上。时虹未并于泗,知县李允升督民兴修,于是虹东岸有堤。其河上承濉水,下通古汴;其堤起渭桥,讫长直沟集南,绵亘四十余里。先是濉水泛溢,老鹳巷、戚家庄诸保岁被淹浸,我疆我理②,只湖光一片,菱草万丛而已。自筑东堤,始成沃壤。厥田上上,伊谁之赐?民至今颂李令之德不忘也。"③

综上可知,长直沟具体位置虽不可考,但作为"故"沟,说明早在隋唐之前,长直沟已然存在,且已是古汴渠的重要支流。早在宋代,长直沟及相连的万安湖即已作为泗县运河的重要水源补给。宋金之际,两方政权南北对峙,战争时有发生,大运河通济渠所在的江淮地区一直是双方争夺的焦点。但此时的大运河通济渠故道已趋于湮没,但灵璧以下运河河道还具备一定的通航能力,为保障军需物资供应,金国结合通济渠故道的原有水系,可能在原有的长直沟水系基础上,进行了重新疏凿,沟通了濉河、唐河等水系,同时也可能借助万安湖水对运河河道进行水量补给。及至元代,长直沟已为虹县所属,并成为仍具通航作用的运河河道重要支流,因此一直得以延续。清代,长直沟仍作为大运河泗县段的重要支流,在调节水位方面,发挥着排涝、泄洪之功能。可见,长直沟长期以来都与大运河具有十分密切的关系,自隋唐以前一直延续至今。

---

① 方瑞兰:《泗虹合志》,黄山书社,2011年,第46页。
② 理:似应为"里",意为居民处。
③ 方瑞兰:《泗虹合志》,黄山书社,2011年,第108页。

即使北宋灭亡,进入金元时期,泗县大运河河道也依然发挥着重要作用,以至于金代统治者十分注重通济渠的河道治理和航运通畅,为了保障运河航运,重开与之相关的长直沟。长直沟由于和通济渠密切关联,在大运河沿线也逐渐发展起来,成为运河沿线的重要集镇,即今天泗县的长沟镇。

长直沟河道遗址

二、枯河头遗址

枯河头遗址位于大运河通济渠泗县旧址段,因与新濉河河道重合,现已难觅其运河旧迹,但它是泗县大运河河道遗址的一处重要节点。

枯河头遗址

20世纪80年代,中国唐史学会在对大运河考察后出版的《唐宋运河考察记》中记载:"泗县枯河头在公路北二里处,系一马鞍形的高坡地。由于地高水浅,舟行困难,据说隋炀帝路过这里时,用稷子拌香油铺在河底,两岸八百童男童女拉着,龙舟才划过去,所以当地流传着'隋炀帝下扬州,黍谷稷子拌香油'的民谣。"①在历史文献中,大运河汴河由于天气或者人为的原因,常常有河水浅涩、漕船无法通航的记载。由于大运河汴河在枯河头段地势较高,加上该处呈近90度大弯,遇上枯水季节,此处更容易水位下降,无法行船。1956年对大运河汴河（新濉河）枯河头段枯河大桥处拓宽时,曾于枯河头南挖出稷子数石,这似乎印证了关于枯河头的一些历史传说。

大运河通济渠作为一条人工运河,其最大的特点就是平直,很少有大的转弯,而枯河头是通济渠唯一一处几乎呈90度弯的地方。当年,大运河开凿到泗县时,由于东南一带多为地势较高的岗地,东面还有已经建成的虹县城,而县城北地势相对较为低洼,大运河不得不向东北方向偏转,从中间的洼地穿过,直奔东南而去。

三、通海村遗址

通海村位于泗县草庙镇,是泗县大运河东段的重要集镇,早在宋金时期即已专设通海镇。关于通海镇的设立时间,目前主要有两种说法,清光绪《重修安徽通志》记载其为金代设置,而宋代《续资治通鉴长编》中记载,北宋哲宗时期,兵部上书言:"江淮等路制置发运,淮南路转运,淮东钤辖、提点刑狱、提

通海村遗址

---

① 中国唐史学会唐宋运河考察队:《唐宋运河考察记》,陕西省社会科学院发行室,1985年,第101页。

举常平司奏请,以宿州虹县子仙埠为镇,徙通海镇巡检司于子仙镇,仍于本镇置场收税卖盐。"可知在北宋时期,通海镇即已设置,并在此设置有专门的收税和卖盐场所,通海镇已发展成为泗县地区一处重要的运河商贸场所。由于运河的废弃,现境内已无运河遗迹。传说古人曾于此处发现一碗口般大泉眼,从中涌出海螺等海产品,以为其泉通于海,故名通海。当然这只是一个颇具传奇的传说而已。从通海之名,可想而知,它与大运河的商贸往来相关。通海村毗邻通济渠,且地处虹县与泗州的中间位置,背靠运河大堤,商旅往来不绝,是大运河沿线一处重要的商旅中转站和商贸集散中心。近年来,在文物普查过程中,在通海村附近的地表上发现了众多的唐宋时期的陶瓷片,同时还发现了一些汉代墓群,由此推测,通海村至少在汉代以来就是一处人类聚居之所。而作为大运河通济渠泗县段的一处重要节点遗存,通海村也成为运河商贸往来的重要见证,给人以诸多历史遐想。

第三章
泗县大运河的考古与发现

大运河蕴含极其丰富的历史文化遗产,在中国乃至世界文化遗产中都占有重要地位,无愧于文化遗产宝库之称。隋唐大运河通济渠段作为开凿时间最早、功能作用巨大、文化遗存丰富的运河河道,历史文化价值尤为突出。然而由于各种历史文献记述不一,对通济渠河道的问题研究莫衷一是,泗县大运河作为为数不多的通济渠故道遗存,具有十分重要的考古研究价值。对泗县大运河的考古勘探与发掘,主要在2012年以后,为配合大运河安徽段的申遗工作而进行的。随后为配合泗县大运河段个别基建项目的需要,也进行了局部发掘工作。泗县大运河的考古工作主要集中在2012年的中国大运河申遗期间。通过历年来对大运河泗县段的考古勘探和发掘,基本摸清了泗县运河故道的形态,取得了许多非常重要的考古发现,为隋唐大运河的研究提供了丰富的考古资料,对我国大运河历史研究也发挥了重要的补正作用。

第一节　泗县大运河的考古发掘与认识

泗县大运河现有原始运河故道28千米,其中约5.8千米被列为世界文化遗产段,原始风貌基本保存完好,是隋唐大运河通济渠为数不多的有水运河河道之一,同时也是隋唐大运河在安徽段仅存于地面仍在发挥灌溉和航运作用的河道,具有重要的考古研究价值。自中国大运河申遗工作开展以来,安徽省文物考古研究所主要对泗县运河马铺、宗庄、邓庄、刘圩、陆李、朱桥和曹苗等段进行了局部的考古挖掘,随后因基本建设需要,对泗县大运河朝阳路桥和草庙路桥河段也进行了局部发掘。这些挖掘成果为泗县运河故道的研究提供了重要的实物依据,也对通济渠段的研究产生了重要意义。

一、泗县马铺运河遗址考古发掘

马铺运河遗址位于泗县长沟镇运河村马铺自然村北,紧邻303省道,东距泗县县城约21千米,在长沟镇政府西侧约5千米处。对马铺运河遗址主要是采用探沟发掘的方法,发掘总面积为105平方米。

马铺运河遗址探沟内地层堆积共有9层,其中最早的地层为唐代早期,地层内含有灰黄色淤沙。第6、7层为唐宋时期堆积地层,内含有黄色淤沙,其余地层堆积则相对较晚,河床堆积存在延续现象,同时,各期河床既有重叠又有位移。通过发掘证实,南岸早期河口开口距地表约0.45米,坡长2.5米;南岸早期河堤为泥土夯筑而成,现堤宽18米,坡面呈梯形,坡长1米。

马铺运河遗址出土遗物器型主要有钵、碗、盘、罐等,以青釉钵居多,共出土青釉钵5件,另采集到青釉钵1件。钵器外一般施以半釉,流釉现象较为普遍,且内外有支钉痕迹,其中一件青釉钵内底书有"利市"二字。通过对马铺运河遗址出土的青釉钵器型分析发现,它们均具有明显的唐代器物的基本特征,而其地层出土的白釉碗也具有唐代白瓷的器物特征。因此,通过分析出土器物,基本可以判断马铺运河遗址的早期地层堆积时期应为唐代。

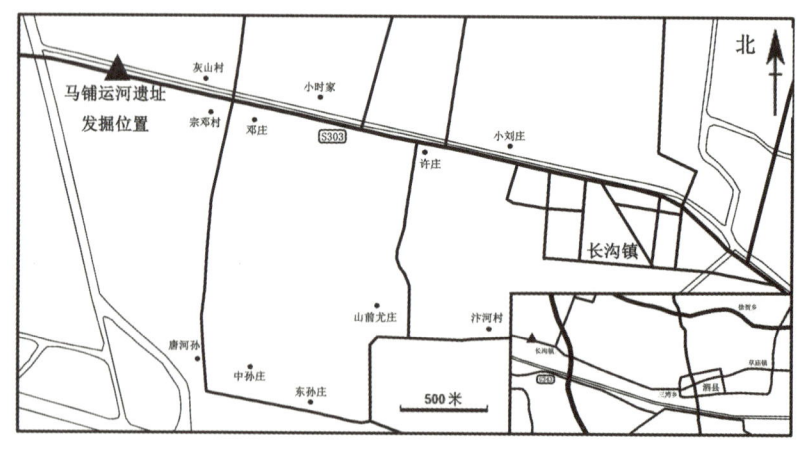

泗县马铺运河遗址示意图

此外，通过此次发掘证实了该段运河的走向及断面结构，确定了河口、河坡、河堤的基本数据，并在局部范围证实了隋唐大运河是在早期河道或沟渠的基础上开凿的，为了解隋唐大运河的开凿、使用和废弃等信息，提供了较为重要的实物资料。

二、泗县宗庄运河遗址考古发掘

宗庄运河遗址位于泗县长沟镇邓庄村委往西200米处，泗县运河南岸河堤南侧，303省道从其南部通过。2012年5月至6月，安徽省文物考古研究所、泗县文物局对遗址进行了探沟发掘，布设探沟一条，揭露面积约30平方米。

宗庄运河遗址地层堆积相对较为简单，通过对其北壁坡面判断，其地层堆积主要可分为4层，其中早期地层堆积为宋代，出土宋代瓷碗1件。通过考古发掘来看，宗庄运河遗址早期河口距现在的地表约2.7米，坡长2.5米。

宗庄运河遗址探沟的解剖为我们呈现了此处运河的具体开口位置及各时期河床内的堆积，为探明运河在此处的走向及断面结构提供重要资料。

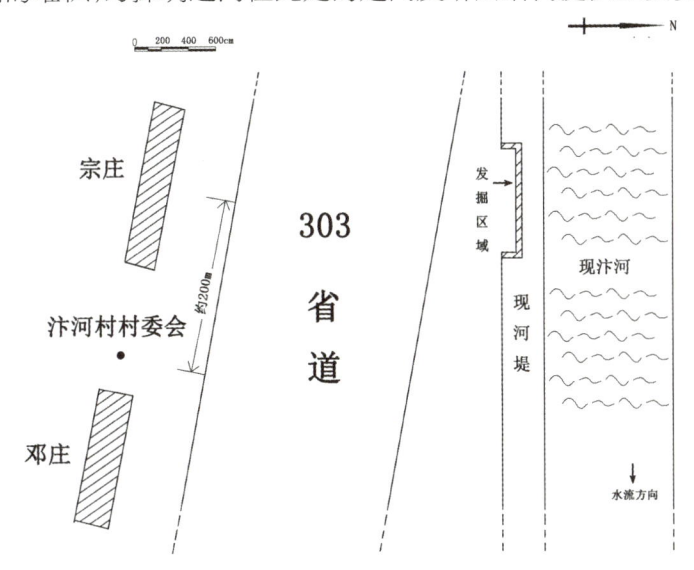

泗县宗庄、邓庄运河遗址示意图

三、泗县刘圩运河遗址考古发掘

2011年3月至4月，安徽省文物考古研究所配合徐明高速公路（安徽段）基建工程，对泗县长沟镇刘圩运河遗址进行了抢救性发掘，历时40天。刘圩运河遗址位于泗县县城至长沟镇之间的运河北岸，隶属泗县长沟镇刘圩村，南距303省道50米，东南距泗县县城15千米。通过先期勘探，考古工作队确定了遗址的分布范围，南北长500米，东西宽250米，总面积约12.5万平方米。依据遗迹的丰富程度，考古工作队确定了三个发掘区域，在遗址邻近运河北岸区域布置探方22个、探沟1条；在遗址北部距运河稍远区域布置探方10个。刘圩运河遗址发掘总面积约1200平方米。

泗县刘圩运河遗址考古发掘现场

（一）刘圩运河遗址主要遗迹现象

刘圩运河遗址发现的主要遗迹现象有运河河堤、宋代人类活动形成的踩踏面、北宋末至南宋初的墓葬、唐宋时期运河北岸排水设施以及遗址北部的汉代生活区等。这些遗迹现象对于研究运河开挖、使用、漕运以及运河废弃年代等具有重要的参考价值。

一是在安徽省境内首次完整发掘了运河的北堤。此次唐宋运河北堤的发现在隋唐大运河遗址发掘中尚属首次，证实了其北堤距今河道 7.5 米，对运河遗址的考古实物资料进行了必要的补充。近年来，安徽省考古工作者在运河故道进行了多次考古发掘，每次都有新的重要发现。如 1999 年，对濉溪县柳孜运河遗址的发掘，发现 8 艘唐代沉船和 1 座北宋时期的石构建筑。2006 年，对宿州市区西关步行街运河遗址的发掘，首次掌握了运河河床剖面的第一手资料。2007 年，对宿州市环城河老城区内的发掘，揭示出南北两侧对称的石构宋代码头。通过这些考古发现的相互印证，证实了隋唐大运河是穿过安徽的宿州、泗县流入淮河的，亦进一步证实了当时运河的开挖是统一规划实施的。

二是发现了宋代踩踏面及相关遗迹。北宋时期，汴京（今开封）物资供应仰仗江淮，全靠漕运维持。运河成为立国之本，其漕运功能亦发挥到极致。如太平兴国六年（981），运河岁运淮米三百万石、菽一百万石；至道初，运河运米五百八十万石；大中祥符初，至七百万石；仁宗时最多至八百万石，正所谓"岁漕江淮湖浙米数百万石，及至东南之产百物众宝，不可胜数。……故于诸水，莫此为重"。此次宋代踩踏面及其相关遗迹的发现对上述文献是一个有力的佐证，印证了运河漕运的繁忙。踩踏面南距运河 60 米，其上的圆柱洞、方坑应与建筑有一定的关联。经过分析，考古工作者认为此处似为一大型建筑，面朝运河。灰坑 22 较为讲究，开口呈方形，坑内有一圆形柱洞，推测为大型圆柱石放置印痕。在踩踏面中心及其周围，考古工作者发现较多的"V"形小沟，方向多与踩踏面及方坑平行,与运河近似垂直,亦应与建筑有关,但其属性尚不清楚。在踩踏面附近,考古工作者还发现一些不规则的生活灰坑,出土了较多的唐宋瓷片。经过综合分析,考古工作者认为,该处可能为宋代运河码头或货物运输场,且与北宋漕运的发达密切相关,反映了当时运河漕运的繁忙。

三是发现了北宋末至南宋初墓葬。北宋灭亡后,因受战火影响,运河的作用大减,并很快断流,且局部废弃。在靖康之役后,"汴河上游为盗所决者数处,决口有至百步者,塞久不合,干涸月余,纲运不通",相信运河下游亦是如此。即运河废弃后,岸边便成了墓葬地,此次刘圩运河遗址发现的一座竖穴土坑木棺墓就是上述情形真实的写照。其棺内出土有"政和通宝"铜钱,说明该墓葬时代应在北宋末至南宋初,也印证了运河在南宋初期废弃的时间节点。

四是发现了唐宋时期排水设施。考古工作者在东南部发掘区发现了三条唐宋时期水沟,一条唐代,两条宋代。从其形制、方向及包含物来看,推测其应为唐宋时期运河边的排水设施。这说明唐宋时期在刘圩运河遗址附近有人为活动,与当时的运河漕运繁华亦有密切关系。

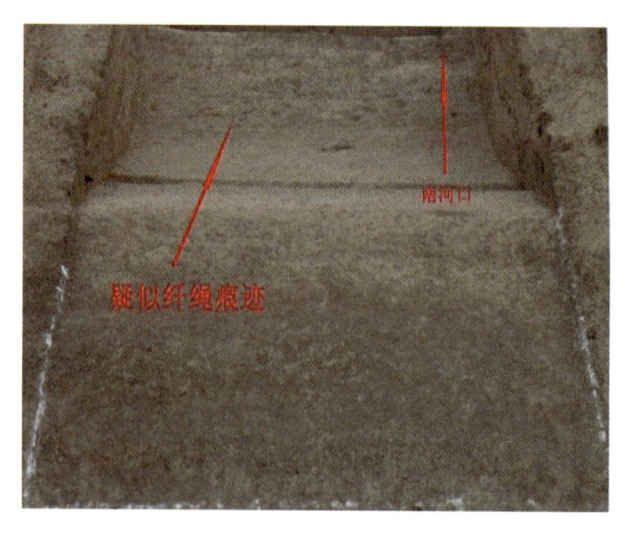

泗县刘圩运河遗址

第三章　泗县大运河的考古与发现

(二) 刘圩运河遗址出土器物

刘圩运河遗址出土的文物,东南部以唐宋时期的居多,北部以汉代为主,这与遗迹分布是紧密相关的。东南部唐宋遗物有陶瓷器、骨器、石器、铁器、铜钱及琉璃器等。北部汉代遗物有陶器、铁器等。唐代遗物以瓷器碎片为主,其窑口有长沙窑、宜兴窑、越窑、寿州窑、巩县窑等,釉色有青黄釉、黄釉、酱釉、青釉、白釉等,器型以碗、钵、盏等为主。宋代遗物较多,以瓷器为主,其窑口有磁州窑、龙泉窑、景德镇窑、吉州窑等,釉色有乳白釉、青釉、青白釉、酱釉、酱黑釉等,器型有碗、盏、罐、盘及玩具等,以磁州窑、龙泉窑器物为大宗,亦发现了一些骨簪、轮、铜钱及琉璃器等,在河道疏浚层内出土较多的铁钉,推测应是当时运河船上的构件。

(三) 关于刘圩运河遗址的认识

刘圩运河遗址是大运河泗县段沿线一处重要的聚落遗址,在该遗址北部发现了汉代文化遗存,而发现的唐宋时期遗存更加靠近运河,说明当时为服务大运河漕运以及商业和出行的需要,人们的生产和生活更加靠近大运河。此次唐宋运河北堤的发现在隋唐大运河泗县段尚属首次,证实了其北堤距今河道7.5米,方向与现河道大致平行,亦对该段运河河道研究提供了新的考古实物资料。该遗址河堤和河坡上大量人类活动的痕迹也反映了当年大运河河堤作为陆上通道的繁忙景象。特别是运河河堤上南宋初期墓葬的发现,对于研究该运河的废弃有着重要的价值,进一步印证了南宋初期大运河通济渠河道废弃的重要时间节点。

此外,根据对河底遗物的分析,证明该段运河开挖于唐代,北宋时仍在使用。通过对河床内堆积的分析,初步认为该河道经过3—5次大规模的疏浚,且河道逐渐南移。北宋以后,该河道逐渐淤塞,尤其是河床北部淤塞严重,至明清时期,古运河宽度已缩减至与今河道宽度基本相等。近现代又经过至少4次小规模的疏浚,河道继续略往南移,但南口仍不超过古运河南口;同时,河床加深,将古运河河床打破,开挖及疏浚的堆土堆往两侧古河堤之上,形成今天的河堤景观,致使这些晚期堆土中包含从汉至唐宋明清的陶瓷片。在修建303省道时,继续在路北挖土垫路基,对古运河南坡及南口造成严重破坏,致使该段古运河南口缺失。

四、泗县邓庄运河遗址考古发掘

2012年5月至7月,安徽省文物考古研究所为配合中国大运河汴河申报世界文化遗产,对隋唐大运河泗县长沟镇邓庄运河遗址进行考古发掘。邓庄运河遗址位于泗县长沟镇汴河村邓庄自然村西,毗邻303省道,东距泗县县城约20千米。安徽省文物考古研究所对泗县境内运河故道进行了调查勘探,并于5月17日至6月25日,对邓庄运河遗址进行发掘。本次发掘在古运河南北两岸相对应处分别布20米×5米和36米×5米正南北方向的探沟两条,发掘总面积为280平方米。

通过对邓庄运河遗址的发掘,基本证实了隋唐大运河通济渠在泗县境内的走向以及剖面结构情况,并掌握了古运河河口宽42米、河深4—5米、河底宽26米等重要数据。首次在泗县境内经过科学发掘掌握了南北堤相对完整

泗县邓庄运河遗址考古发掘图

的信息,并在河堤外发现一个近 50 平方米的活动面,有挖掘工具凿痕、标杆基坑、疑似人类脚印和动物蹄印等遗迹,猜测与隋唐大运河的开凿、疏浚及修筑河堤有关。河坡上的疑似脚窝、纤绳痕迹等遗迹,或可证实当时运河内大型船只是依靠拉纤行驶。除发现各种遗迹现象外,邓庄运河遗址还出土唐宋时期可修复陶瓷器 30 余件、钱币 6 枚、铁剑 1 柄以及大量陶瓷残片。

(一)邓庄运河遗址主要遗迹现象

在邓庄运河遗址发掘过程中,考古工作人员发现大量人类在运河边活动以及开凿维护运河过程中形成的痕迹。这些人类活动现象反映了人与运河的相互依存关系,为研究隋唐时期大运河汴河维护、漕运以及运河边人们的生产生活状况提供了很好的实物资料。

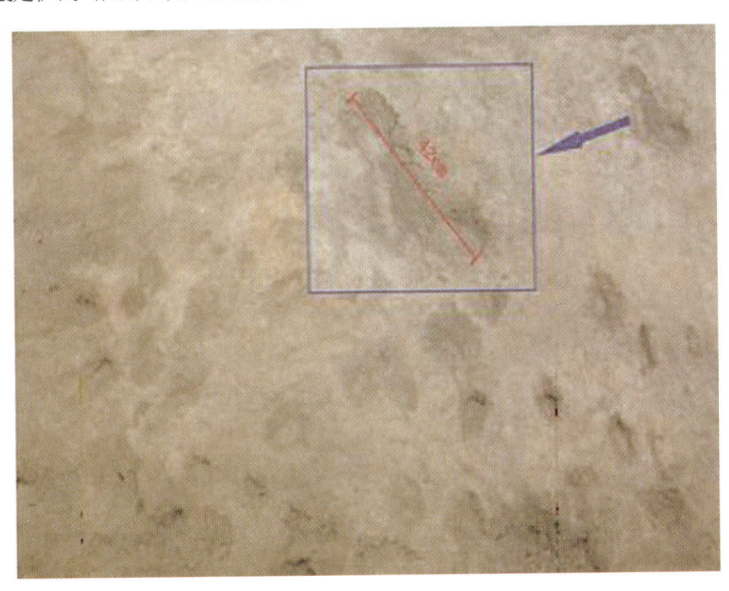

泗县邓庄运河遗址疑似纤夫脚窝遗迹

一是发现疑似纤夫脚窝遗迹。脚窝遗迹位于探沟 2 中南部,即古运河北岸的三级缓坡上。此处共分布约有 26 个疑似人类脚窝遗迹,自西向东基本在一条线上,并呈南北并排状分布。单个脚窝遗迹直径为 43—45 厘米,宽约 30

厘米,初步推断脚窝遗迹的年代为唐宋时期,其走向与水流方向一致,可能与当时运河内大型船只经过该段水域,纤夫在河坡上拉纤时所留下的痕迹有关。和脚窝同时发现的还有纤绳,遗迹位于探沟2的中北部。在靠近南河口稍下的河坡上,发现有两条东西向疑似绳索擦过的痕迹,均宽5厘米左右,两者之间相距30厘米,两绳索擦痕中间虽略有断续,但仍能看出是反复摩擦所致。

二是发现挖掘工具凿痕遗迹。挖掘工具凿痕遗迹位于探沟2北堤外平面上,上距地表80厘米。此处发现较多的由人为使用铁锹、铁铲等工具所遗留下来的痕迹,分布密集,大小均匀,方向不一,基本呈半月状或弧状,长10—20厘米,宽约5厘米。工具凿痕多集中在探沟西北部、东部,中间则较少,其间亦有疑似人类脚印及动物蹄印,凿痕的年代不晚于唐宋时期。北堤外平面及相关遗迹或可作为当时运河沿岸的一个活动面,而该活动面上的挖掘工具凿痕、疑似人类脚印及动物蹄印等遗迹亦应为一个有机体,或是同一次活动遗留下来的痕迹,也许就是唐宋时期生活在运河附近的人们修筑河堤或进行其他大型活动时留下的。工具凿痕、疑似人类脚印和动物蹄印为我们提供了想象的空间,可复原当时运河边人类活动的场景。

(二)邓庄运河遗址出土器物

邓庄运河遗址考古发掘出土遗物以陶瓷器为大宗,时代以唐宋为主,少见明清。唐代瓷器大多出土于探沟2河床内,器型主要有碗、钵等,釉色主要有青釉、白釉等,主要特征包括口沿以敛口、侈口、圆唇居多,底部以饼底、平底、玉璧底为主,胎体多较为厚重,施釉常不及底,且釉质较粗糙,釉层较厚,有脱釉、流釉现象。宋代瓷器主要出土于探沟2河床6、探沟2河床8、探沟2河床9等层位内,主要器型包括碗、盏、罐、盘等,釉色有青釉、青白釉、白釉、黑釉等,基本特征为口沿以敞口为主,底部以圈足为主,平底很少。初步可辨识的窑系包括萧窑、寿州窑、长沙窑、景德镇窑、建窑、吉州窑、耀州窑等。

第三章　泗县大运河的考古与发现

泗县邓庄运河遗址出土文物

邓庄运河遗址出土的遗物无论是数量和种类，均不及1999年淮北柳孜运河遗址、2006年宿州西关步行街运河遗址及2007年宿州城区木牌坊运河遗址出土遗物丰富，究其原因应与邓庄运河遗址所处位置有关。前几次发掘的运河遗址均为当时水陆交会的运输枢纽，地段较为繁华，邓庄运河遗址则距市镇较远，河面较平稳且处于该段运河故道下游。

(三) 对邓庄运河遗址的认识

通过对邓庄运河遗址的发掘，呈现出完整的运河横断面、北河堤及相关的隋至宋人为活动痕迹，这在以前尚不多见，特别是北河坡脚痕、南河坡擦痕及北河堤外标杆基坑等遗迹，均属首次发现。遗址地处该段运河下游，在其周边发掘了宗庄、马铺、朱桥等运河遗址，文化内涵与之相似，但其与淮北柳孜运河遗址、宿州西关步行街运河遗址、宿州城区木牌坊运河遗址等对比，性质、意义不尽相同，反映出运河位置节点的不同，其文化内涵亦不相同。在邓庄运河遗址早期河口内最底层河床堆积未发现任何遗物，但在唐宋堆积层内发现了较为丰富的陶瓷器、铜钱、铁剑，反映了运河虽开挖于隋代，但其真正的黄金使用时间应是唐宋，宋代以后便衰败淤塞了，这与安徽段近年来几次运河发掘实际情况及相关文献记载是一致的。

通过发掘现存河口与运河早期河口相对比,发现该段运河河道一直呈收缩状态,且未发现大的整体南移或北移现象,这与前几次发掘是一致的,进一步说明早期开挖的运河规模之大,到了晚期只是沿用,或适当疏浚,未有大规模修筑等情形。另外,我们发现早期河道形制规整,且南北呈对称之势,做工讲究,叠压于生土之上。河坡呈阶梯状,与河床能自然分剥。河堤平整,土质坚硬,有沙粒与胶泥混杂在一起,可见工程之精细,一般洪水均可阻挡。经过测量,我们发现两河口基本处于同一水平面,相距42米,河底宽16米,河底深4.2米,印证了当时运河开挖及修筑是统一规划实施的。

此段运河淤沙较多,故而出现多次疏浚与淤积,且在晚唐和北宋疏浚次数较多,这与当时局势和运河的状况相关。安史之乱后,运河时常淤塞。然而在晚唐至北宋,运河作为中原至东南富庶之地的漕运要道,朝廷极为重视,并多次清淤、疏浚,以保障国之命脉。北宋以后,隋唐大运河通济渠逐渐淤废。元代时,黄河夺淮入海,从而在该区域形成了大片的黄泛区,从刘圩运河遗址文化层之上叠压较厚的黄土可得到印证。

邓庄运河遗址发掘与前几次相比,规模虽小,但有了许多新的发现,为进一步解读隋唐大运河通济渠泗县段,乃至整个隋唐大运河的形制、规格及内涵有着不可替代的意义,为进一步探索隋唐大运河通济渠的开凿、疏浚、漕运及运河社会生活史等课题提供了重要线索。

五、泗县陆李运河遗址

泗县陆李运河遗址位于泗县泗城镇三湾社区陆李自然村南,紧靠303省道。为配合104国道泗县段改建工程建设,安徽省文物考古研究所于2016年1月对遗址范围进行了考古勘探,并于2016年1月至3月进行了考古发掘。

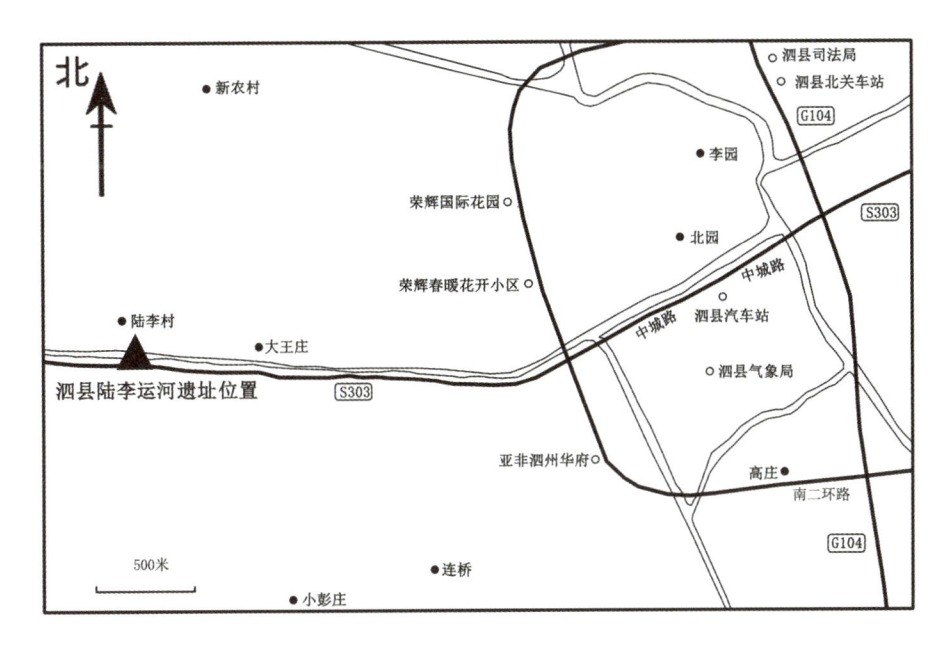

泗县陆李运河遗址示意图

(一)陆李运河遗址主要发掘情况

遗址采取探沟解剖式发掘,共布设探沟三条。运河北侧发掘区域被道路阻隔,道路以下部分未进行发掘,地层堆积不清楚。探沟1、探沟3地层简单,上部均覆盖有较厚的晚期堆积,探沟2内地层堆积相对复杂,共有15层。经过发掘表明,泗县陆李运河遗址现存的早期河口宽度约50米,早期的北河口相对比较完整。现存的北河堤距地表约0.5米,上部宽约2米,河堤外为缓坡。现存路面到早期河底约4.2米,北河堤顶部到早期河堤约3.7米。

(二)陆李运河遗址出土器物

陆李运河遗址的器物主要出土于探沟2第11层到第15层,其中绝大多数为瓷器,时代集中在唐宋时期。探沟2第15层共出土遗物13件,其中瓷器有10件,三彩壶1件,蚌壳2件。瓷器按釉色划分有黄釉、白釉、青釉,白釉数量最多,青釉数量少;按器型划分有碗、灯,其中碗数量有9件。探沟2第14

层共出土遗物 11 件,均为瓷器。瓷器种类多样,按釉色划分有青釉、青白釉、青灰釉、白釉、黄釉、酱釉等;按器型划分有碗、钵、执壶等,其中碗数量最多,有 6 件。探沟 2 第 13 层共出土遗物 11 件,均为瓷器。瓷器种类多样,按釉色划分有青釉、黄釉、白釉、黑釉等;按器型划分有碗、钵、盘、灯、执壶、器盖等,碗数量稍多,有 5 件。探沟 2 第 12 层共出土遗物 17 件,其中瓷器 15 件,陶器 2 件。瓷器类型多样,按釉色划分有青釉、青釉刻花、青釉印花、白釉、青白釉、青白釉刻花、黑釉等;按器型划分有碗、盏、钵、器盖等,其中碗数量最多,有 9 件,占瓷器总数的 60%。探沟 2 第 11 层共出土遗物 4 件,按釉色划分有青釉、青白釉;按器型划分有碗、盘、执壶等。

(三)陆李运河遗址的年代

根据遗址出土的器物,可将遗址的下层文化堆积分为唐-五代、宋代两期。

唐-五代时期地层包括第 15、14、13 层。此期地层中出土器物以饼形底碗、玉璧形底碗、钵等为代表性器物,在灵璧小田庄运河遗址一期、淮北柳孜运河遗址二期中均有较多出现,无论是器型还是器物自身特点都具有唐-五代时期的风格。

宋代时期地层包括第 12、13 层。此期地层中虽出土有几件青釉钵,但新出现了一定数量的青白釉瓷器,并有较多的刻花、印花器物,其中以莲瓣纹居多。结合以往的发掘报告和研究性文章看,第 12、13 层新出现的器物具有明显的宋代瓷器风格。

六、泗县朱桥运河遗址

朱桥遗址位于泗县泗城镇朱桥社区西约 150 米,现存河道北岸,采取探沟解剖式发掘,方向为正南北,发掘总面积 75 平方米。

(一)朱桥运河遗址主要遗迹

朱桥遗址的遗迹主要为运河遗迹,如通过探沟 1 东壁的剖面可知,朱桥运河遗迹北位于第 2 层下,最浅处距地表 0.7 米,最低处距地表 2 米。朱桥运河

第三章 泗县大运河的考古与发现

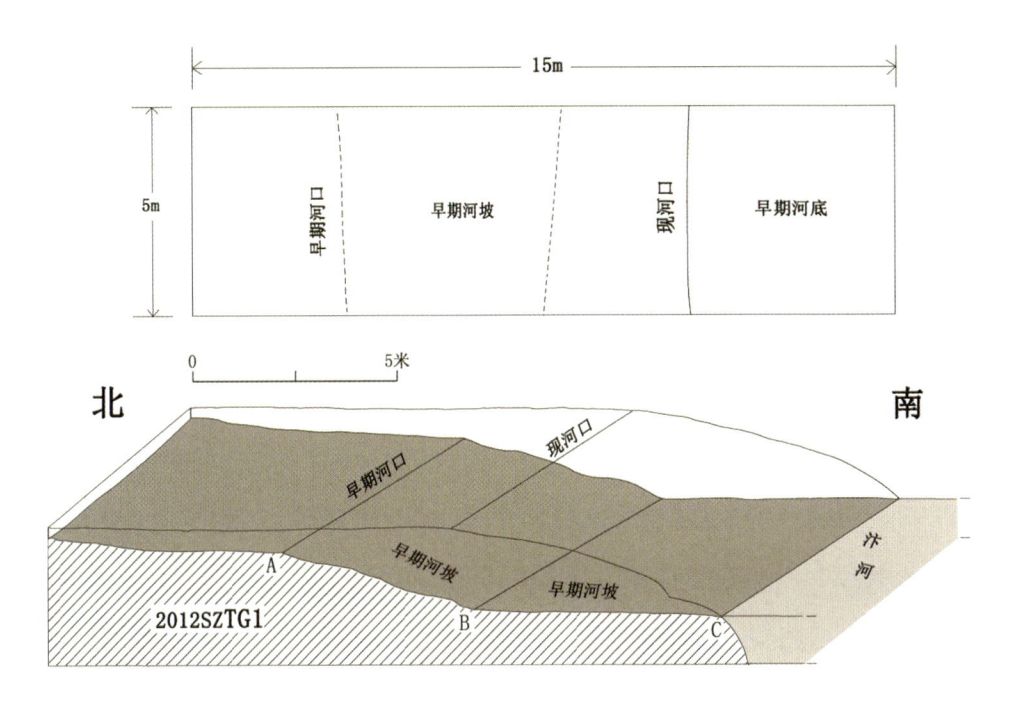

泗县朱桥运河遗址位置图

遗址地层堆积相对简单,堆积时代从隋唐时期延续至现代,其中 A 点为现存的早期河口,AB 之间为早期河坡,BC 之间性质暂不能确定。参考灵璧小田庄运河遗址完整的剖面来看,朱桥运河遗址的早期地层堆积属于早期河坡的可能性较大。

(二)年代与相关问题的认识

1. 遗址的年代问题。根据各地层的包含物来看,朱桥运河遗址第 1 层至第 4 层为晚期堆积;第 5 层包含宋代瓷片及蚌壳、螺蛳壳,第 6 层包含宋代瓷片,那么第 5、6 层的年代应该不早于宋,并可能是因为清淤形成的;第 7 层出土少量隋唐时期的瓷片,那么第 7 层的年代应该不早于唐。

2. 河坡情况。朱桥运河遗址 AB 段的河坡为 5 米,坡度为 30 度;BC 段河坡长约 5 米,基本水平。北岸河坡总长度约 10 米。

3. 使用及废弃情况。根据朱桥运河遗址遗迹分析,该点在宋代可能存在清淤活动,表明运河仍然在使用,宋以后逐渐废弃。

七、泗县朝阳路桥运河遗址

朝阳路运河遗址位于泗县朝阳路北端。为配合城区跨古运河桥梁建设,安徽省文物考古研究所于 2015 年 8 月对朝阳路运河遗址进行了考古勘探,并于 2016 年 3 月进行了考古发掘,历时两个月。发掘采取探沟解剖式,对南、北岸进行了整体解剖,布设两条探沟,方向为正南北,发掘面积 156 平方米。

(一)朝阳路桥运河遗址遗迹

朝阳路桥运河遗址的古运河早期南河口距地表深 0.15 米,早期北河口距现存地表深 1.6 米,南北两河口间距为 40 米,早期河口距现水面深约 1 米。

古运河河坡、坡度,指的是河口到河底的那段距离,河坡呈缓坡状,坡度一般都在 25—35 度之间、坡长 5—10 米,河坡上的土质较为坚硬,呈深褐色,夹杂一些料礓石块。

古运河河堤在探沟 1 的南侧发现,能确定的河堤范围南北宽度为 1.5—2.5 米,余下部分为低洼处,疑似被扰动过。河堤的土质呈深褐色,夹杂有料礓石颗粒,深褐色淤土与料礓石夹杂在一起特别坚硬,能有效保护河堤。值得指出的是,在近年的发掘中多次发现河堤外凹下去了,形成一道沟,其开口层位与古运河河口基本相同。

(二)朝阳路桥运河遗址出土器物

器物主要出土于探沟 1 第 5 层、探沟 2 第 5 层、探沟 2 第 6 层中,共出土器物 73 件,包括瓷器、陶器、石器等,其中以瓷器为主,有 67 件,占出土器物总数的 92%。瓷器类型多样,按釉色划分有白釉、青釉、黄釉、黑釉、酱釉、青白釉等,其中以白釉和青釉数量稍多;按器型划分有碗、盏、钵、灯、执壶、盘、碟、盒、罐等,其中以碗数量最多,有 39 件,占瓷器总数的 58%。

(三) 朝阳路桥运河遗址的年代

朝阳路运河遗址地层比较简单,出土器物中以碗、钵为主。大多数碗器壁较厚,并以饼形底、玉璧形底为主;钵以青釉为主,器壁厚,探沟2第6层:3、探沟2第6层:8钵分别与小田庄运河遗址A型、B型钵类似;一定数量的碗、钵组合等现象均与小田庄运河遗址一期、柳孜运河遗址的一期及二期器物有较多的相似性。探沟2第5层中碗仍以饼形底、玉璧形底为主,并出现了圈足底,从釉色上看,出现了青白釉瓷器,在不考虑后期混入等客观因素情况下,探沟2第5层的年代下限可至宋。

探沟1第5层器物与探沟2有较大区别,不见早期的碗、钵,并有一定数量的青白釉瓷器,装饰上出现了点彩,均有宋代瓷器的风格。

综上所述,朝阳路桥运河遗址器物的年代跨度自唐至宋,探沟1偏于宋,而探沟2以唐代为主。从土质土色、地层堆积情况看,探沟1、探沟2的下层地层具有一致性,而出土的器物有较多差异,这可能与运河的清淤等因素有关。

(四) 朝阳路桥运河遗址的基本信息

经过发掘证实了古运河泗县段在该范围的走向、地层堆积情况及河口具体尺寸。

1. 发现的河堤宽度为1.5—2.5米(其余部分受发掘范围的影响无法确定其宽度)。

2. 现存的早期运河南北河口的间距为40米。

3. 现存的早期河口距现在水面垂直深度约为1.2米;从地表距现存水面约1.8米,不含水下深度。

4. 现存的早期河坡的长度为5—10米,因古运河在不同时期曾多次清淤,所以其两侧河坡的结构不同。

八、泗县曹苗运河遗址考古发掘

2012年秋,为配合大运河申报世界文化遗产以及泗县城东段运河清淤工作，安徽省文物考古研究所对泗县开发区曹苗行政村十里井自然村东200米的运河遗址进行考古发掘。曹苗运河遗址发掘约350平方米，发掘区探沟1方向与现存河道大体垂直。曹苗运河遗址发掘区以东80米，当地人称为"皇道"，相传为古代皇帝沿运河南下的停船之所。隋唐大运河通济渠泗县曹苗段考古发掘，是对泗县运河遗址的第二次发掘，首次全面了解了运河河道的基本结构，即运河的堤岸、河坡、河深、各时代的水位位置及走向。

泗县曹苗运河遗址发掘现场

第三章　泗县大运河的考古与发现

(一) 曹苗运河遗址主要遗迹现象

通过对曹苗运河遗址的发掘,发现该段运河遗址北部破坏较严重,南部保存相对完好。通过发掘发现了古运河原来的南河口、南河坡、南河堤,以及南坡上的洞形遗迹、浅沟状凹槽。现对其简要介绍如下:

一是运河南河口、南河坡及南河堤。

曹苗运河遗址发掘较完整地揭露了大运河通济渠泗县段的南河口、南河坡及南河堤,并于泗县境内第一次完整地清理了运河河床底部。(北岸上为乡间小路,发掘时正处于农忙季节,因而未做发掘。)运河的南河口开口于第3层下,距地表约0.6米,距现河口3.6米。河坡坡度约13度。南堤于第4层下,宽约6.5米,与现河道方向基本一致,并被第4层下G2打破。该段大运河汴河现存河深4.75米。

二是洞形遗迹及浅沟状凹槽。第9层下发现有4条凹槽,宽5—10厘米,较浅,方向与现存河道方向大体一致(西南—东北方向),而且还发现6个洞形遗迹,其中D1、D2、D4、D5、D6大体位于同一直线上,D2、D4距离3米,其余间隔约1.6米。洞形遗迹直径在0.1—0.15米,深0.23米,斜插入地面。

(二) 曹苗运河遗址出土器物

曹苗运河遗址唐宋河床淤积层中出土了大量的文物,其中器类有陶器、瓷器、钱币、铜器等,典型器物有瓷碗、瓷钵、瓷杯、瓷骰子、瓷塑、铜镜、银饰、铜镞、玉骷髅等,计约38件(套),表明运河遗物质地多样、品类丰富,特别是发现大量不同窑口的瓷器,如宋代耀州窑、建窑、景德镇窑等,是当时汴河水运发达、沿线商业繁华的最好见证。

出土的文物中除少量的唐代文物外,其余均为宋代文物。出土钱币33枚,可辨识的有29枚,其中6枚为开元通宝,其余均为北宋钱币。靖康之役后,北宋灭亡,受战争破坏,运河漕运功能大大减弱,并很快废弃。出土钱币在一定程度上反映了运河兴废的时间节点。

曹苗运河遗址出土的各类瓷器多为宋代的,可辨窑口的有南方建窑、景德镇窑、吉州窑等,也有北方的耀州窑、磁州窑等,反映了宋代瓷器制造业的发达,也反映了南北运输的便捷。出土的黑釉茶盏、棋子、骰子,体现了宋人喜欢饮茶、下棋、赌博的生活习惯,在一定程度上体现了当时的生活风俗。

(三)对曹苗运河遗址的认识

曹苗运河遗址的发掘进一步丰富了我们对隋唐大运河通济渠形制、走向、使用及兴衰历程的基本认识,提升了隋唐大运河的物质文化内涵,为研究该段运河形制结构、修筑工艺及进一步保护好运河遗产提供了可靠的第一手资料。

通过发掘,再次证明了泗县现存的当地人称的小汴河就是大运河通济渠的历史遗存,使用时间为隋唐至北宋末期,未发现该段运河开凿借用原有河道的直接证据。根据河床内地层堆积分析,河道曾多次进行疏浚,疏浚所形成的地层中多有唐宋时期瓷片等文物出土。将疏浚的堆土堆于河坡上,导致河道逐渐变窄,形成如今河道现状。宋代疏浚中心河道,致使河床加深,打破了早期河床,这可能也是河床底部少见隋唐文物的原因。

第二节　泗县大运河出土的漕运残碑

泗县大运河是隋唐大运河通济渠的一个重要遗址段,至今仍留存28千米运河故道,是隋唐大运河通济渠段仅存的两段有水河道之一。2013年3月2日上午,在泗县东二环路桥东侧的运河河道清淤过程中,施工人员于河底淤泥中发现了一块谕示虹县漕粮征兑制度的残碑。从碑文内容来看,应是虹县为遵奉朝廷关于庐州、凤阳、滁州、和州、广德等地方征兑漕粮、漕银标准的谕令,用以昭示百姓的谕示碑,以此警示官吏,严格遵守漕粮征兑制度,不得徇私舞弊。虽然该碑刻已残缺不全,但通过对碑文残存内容的考释,仍可大致窥测其谕令内容。作为泗县运河遗址出土的重要文物,该碑刻是了解我国古代漕运制度的重要实物资料,尤其对研究安徽地区漕运历史具有重要价值。

一、碑刻形状及内容

泗县运河漕运碑刻系青石材质,发现时碑刻已残缺不全,残碑高 36 厘米,宽 41 厘米,厚 9 厘米,据碑身形状分析,其整体形状应为方形,碑刻右侧外围刻有缠枝花草,内侧撰以碑文。碑文内容缺失较多,经初步梳理,残碑现有 13 列文字,其中标题 1 列,正文 12 列,共计 107 字,每列首尾文字均缺。现将碑文内容释读如下:

……虹县遵奉……庐凤滁和广等处地方子……再行申严征兑漕粮陋例……两米五石责令州县官……官役卫所弁丁悍然罔畏……印小画会出通关淋尖……种需索不一而足又为……兑粮水次并檄监兑厅……本色漕米征收及……兑厅官严禁外合再余……务照勒石永禁恪遵官……民交兑致滋横索……勒索陋规并……

出土的漕运残碑拓片

二、碑刻年限之谜

残碑标题为"虹县遵奉","虹"为残字,与第二字"县"连读,可断识为"虹"字。虹县历史悠久,早在西汉末期即已设立,清乾隆四十二年(1777),由于旧泗州沉没于洪泽湖底,经时任安徽巡抚闵鄂元奏议,将泗州州治迁至虹县,"县裁归泗,为虹乡"[①],至此虹县降为泗州辖乡,虹县建制不存。由此推之,该碑刻时间下限应不晚于 1777 年。碑刻正文第四列"卫所"二字也是判断碑刻年限的重要线索。"卫所"是明太祖朱元璋于洪武七年(1374)创立的一种具有政治、经济功能的军事组织形式。明代中后期,其政治、军事功能逐渐丧失,主要承担着漕粮运输的经济功能。清初,卫所的政治、军事职能被正式废除,而其漕运职能得以保留,直至光绪年间卫所裁撤,前后存在 400 余年。据此可知,该碑刻上限应不早于 1374 年。

再据碑刻正文第一列"……庐凤滁和广等处地方子……"分析,"庐凤滁和广"应为地名,结合明清地理志可知,其可能分别对应明清时期的庐州府、凤阳府、滁州府、和州府和广德州等地。明代,庐州、凤阳为府级建制,滁州、和州、广德州则为直隶州,俱属南直隶所辖,其中"庐凤滁和"的行政称谓已见于官方文书,如《明武宗实录》记载,正德六年(1511)十一月,都御史丛兰由陕西调任,曾奉命"巡视庐凤滁和地方,兼理赈济"[②]。在此基础上,则可根据"庐凤滁和广等处地方"行政称谓及区划所属进一步厘定碑刻年限。清顺治二年(1645),清政府改南直隶为江南省,设江南左布政司,顺治十八年(1661)分置左右。据乾隆《江南通志·职官志》记载:"国初分(江南)左右二使并驻省城。顺治十八年(1661)分右布政驻苏州,辖江宁、苏、松、常、镇五府。康熙五年(1666)并辖淮、扬、徐三府州。左驻省城,辖安、徽、宁、池、太、庐、凤、滁、和、广

---

① 方瑞兰:《泗虹合志》,黄山书社,2011 年,第 40 页。
② 杨廷和、蒋冕等:《明武宗实录》卷八十一,正德六年十一月辛未,第 1761 页。

等七府三州。康熙六年(1667)并停左、右之名,分为上江、下江两藩司,不相统领。"①另据《清史稿》载,"(顺治)十八年(1661)设江南左、右布政使,以左布政辖安庆、徽州、宁国、池州、太平、庐州、凤阳、淮安、扬州九府,暨徐、滁、和、广德四直隶州,驻江宁。……(康熙)五年(1666),割扬州、淮安、徐州还隶江宁右布政。六年(1667),改左布政为安徽布政使司"②,其行政长官全称"巡抚安徽宁池太庐凤滁和广等处地方",为行文之便,简称安徽巡抚,安徽也是其管理辖区"安徽宁池太庐凤滁和广等处地方"的文字简记③。此亦被学界认为是安徽建省之标志,也是官方行文所见"庐凤滁和广等处地方"之始。雍正时期,安徽行政区域进一步调整,雍正二年(1724)九月,"户部议覆两江总督查弼纳疏言,江南财富甲于天下,款项繁多,地方辽阔,知府实难查察。请以凤阳府之颍州、亳州、泗州,庐州府之六安州,俱改为直隶州……均应如所请,从之"④,是时,安徽"七府三州"的行政格局已不复存在。

综上所述,"安徽宁池太庐凤滁和广等处地方"的"七府三州"行政格局最早于康熙六年才正式形成,而到了雍正二年,其"七府三州"的行政格局便做了调整。由于泗县运河出土漕制碑刻为遵奉朝廷谕令的官方行文,其称谓乃为一统属辖区之范称。因此,该碑刻的年限基本可精确到康熙六年(1667)至雍正二年(1724)之间。

三、碑文所见征兑漕银漕米数量

碑刻正文第三列"……两米五石责令州县官……",结合清代漕运文献资料分析,该句可断为"……两,米五石,责令州县官……",其中"两"字前面可能是"银□两",表示征兑或与之相关的漕米、漕银的数量。

---

① 李佐贤等:《(嘉庆)大清一统志》卷一百零八《安徽统部·文职官》,四部丛刊本。
② 赵尔巽等:《清史稿·志三十四·地理六·安徽》。
③ 陆发春:《从直隶江南到安徽建省》,《学术月刊》2012年第10期,第138—145页。
④ 《世宗实录一》卷二十四,见《清实录》,第7册,第383页。

在中国历史上,漕粮征运一直是维持国家经济运转的国之大计,历来都备受统治者的高度重视。明代中后期,由于漕运体制和运河水利等原因,漕运成本不断增加,为保障国家漕粮的征收和运输,统治者采取了漕粮加耗之法,在定额漕粮征收之外,以加收漕粮或折银等方式,弥补漕运征运过程中所产生的开支和损耗,是为"耗米"和"轻赍银"。"轻赍原系耗米,以备沿途僦雇水陆车脚之用,折收银两以轻运船"[1],漕粮加耗本意是供给漕运官军途中雇募车船的耗米,折银也是为运输轻便,用于沿途易支,"收贮在官,各总掌管,以备到京车脚等项之费"[2]。但在实际操作过程中,漕运官吏为保障自身利益,不断设立各种名目的苛索陋规(私贴)进行漕粮加增,漕粮加耗的数额和名目也日渐繁多,及至清初,即有随船正耗、轻赍银、易米折银、行月钱粮、赠贴银米、造船料价等众多名目,以致民不堪其苦,军民之间、吏民之间纷争不断,矛盾日深。清承明制,其漕粮征兑方式、内容、数量很大程度上延续了明代的漕粮征兑制度。

为了缓解军民矛盾,清朝统治者开始将漕粮私贴不断额定化,顺治十年(1653)"覆准江南随漕耗赠,每百石加银五两、米五石"[3],顺治十四年(1657),苏松巡按秦世祯疏奏漕粮官收官兑之法,"令各府州县印官照派定区图,贮收在仓,验依准单,交兑每正粮百石,除正耗外,加米五石、银五两"[4],得到朝廷允准。顺治十六年(1659),巡按御史马腾陞向朝廷提出整顿交兑秩序的奏疏:"悍军刁弁积相沿,蠹役奸徒表里滋弊,以致纵军巧立名色,每米一石除赠

---

[1] 杨宏:《止扣解羡余疏》,《皇明经济文录》卷七《户部下》,《明代经济文录三种》,第2册,第208—209页。

[2] 张学颜:《万历会计录》卷三十五《漕运·耗脚轻赍》,《北京图书馆古籍珍本丛刊》,第53册,第1084页。

[3] 雍正《大清会典》卷二十六《漕运二·优恤运丁》,第20页。

[4] 孙琬、王德茂:《道光武进阳湖合志》卷十《徭役》,清道光二十三年刻本,国家图书馆藏。

耗外，杂费滥觞，几不可问。请自今民户各照应纳粮米并赠耗及五两五石尽数交纳收粮官，粮官随收给串，即发归农，不许停留时刻，额外多需，俟旗船到次，卫官竟与印官、粮官交兑，军民两不相见。"①而后的江、安、宁、池、太、庐、凤、淮、扬、广、徐十一府州俱按银五两、米五石的规定数额进行漕粮加耗。至此，清初漕粮百石加耗"银五两，米五石"渐成定制。

由此推之，碑文第三列内容或是康雍时期，朝廷沿袭顺治年间的漕粮加耗的定制，规定漕粮征收百石所加耗的银五两、米五石的数额，勒令州县官员予以遵守，防止出现漕运官吏任意加征，盘剥百姓的情况。

四、碑文所见漕粮征兑陋例

碑文第二、十、十一、十二列正文是为警示官吏，申明需严格遵守漕粮征兑，防止进行漕粮舞弊、盘剥百姓之举的内容，用来警示各级官役、卫所弁丁及监兑厅官严格遵守漕粮征兑的规章制度。碑文第四、五、六列列举了漕运陋例，其中，碑刻正文第五列"……印小画会出通关淋尖……"则具体列举了漕运陋例的舞弊手段，亦与碑文第三列所考释清初漕粮加耗无度，而规范漕粮加耗数额的谕令内容相衔接。

明清时期，漕运任务日益繁巨，而由于明代漕运体制等诸多因素，明中后期漕运官吏往往在朝廷制定的规制之外，横征暴敛，巧设名目，及至清初漕弊丛生。漕运官吏贪污横行、营私舞弊、勒索运丁、敲诈百姓，"因事受财，动辄千万"②，以至于"运军以粮长为奇货，奸棍以仓场为利薮，平日民户之有身家而称良善者，皆深自逃匿，唯恐为人鱼肉"③，"自州县任意浮收，无所顾忌，遂致

---

① 陈梦雷等：《古今图书集成·经济汇编》，光绪十年印本，《食货典》卷一百六十八，漕运部汇考十四之十四。
② 《清史列传》卷七十九《贰臣传·吴惟华》。
③ 贺长龄：《皇朝经世文编》卷四十六，（台北）文海出版社，1966年，第1593页。

舆情不服,屡酿事端"①。而这些陋例之中,穷苦百姓除缴纳正常的漕粮赋税之外,较为常见的还要遭受"淋尖、踢斛、抛剩、漫筹、脚米"②等种种敲诈手段,碑文所提到的"淋尖"即是漕运官吏对百姓的一种盘剥方式。明清时期,漕粮征收以斛作为量收器具,其规制均有标准,每岁开征前由各省粮道统一核发至州县,但在漕粮征收测量过程中,普遍由吏役进行操控,即令征收米谷高浮于斛面,高出部分便可作为额外浮收数额,是为"淋尖",此法是明清时期漕粮征兑过程中较为普遍的一种陋例。

碑文提及"印小画会出通关",可能是漕运官员胥吏在漕粮征兑过程中,私自印发漕粮征兑的票据,使其所交漕粮通行顺利过关的一种舞弊手段。清初,由于赋税图籍多有损毁,征收漕粮等赋税一时头绪纷杂,不仅百姓无从缴纳,官员们更是任意征收。清顺治时期,为规范漕粮征收,朝廷制定了一种叫作"串票"的漕粮银征收之法。据《清史稿·食货志》载:"截票者,列地丁钱粮实数,分为十限,月完一分,完则截之。钤印于票面,就印字中分,官民各执其半,即所谓串票也。"③由此可知,清初的串票分为两联,一联交给纳粮户,作为完纳漕粮税赋的凭证,一联为官府留存备查,故也称之为二联串票。但在实际操作过程中,地方胥吏或虚填数目,或伪造票据,或私自加戳,串票的弊端日渐显现,"不肖有司与奸肯通同作弊,藉名磨对稽查,将花户所纳之票强留不给,遂有已完作未完,多征作少征者"④。"征收钱粮,向用三联串票……然奸猾书吏,因活串系伊等随时填写截给,又数无定准,遂乘机舞弊,于票内收一两之大数而填为一钱之小数,以多填少。迨送验后,将发给花户执照,仍改大数

---

① 陈岱霖:《请严革征漕积弊疏》,王延熙、王树敏辑:《皇朝道咸同光奏议》卷三十三《户政类·赋役》,清光绪二十八年上海久敬斋石印本。
② 任源祥:《漕运议》,《皇朝经世文编》卷四十六。
③ 赵尔巽等:《清史稿·食货志》。
④ 黄六鸿:《福惠全书》卷六《钱粮部·催科》。

截交,以少改多,大头小尾,假串私侵,种种弊窦,不一而足"①。针对这一陋例,朝廷也多加整治,清朝康熙十七年(1679),苏州府常熟县刻立的禁止浮收的石碑上便提到"不许开私戳小票,令民执此票到家丁亲友寓所额外私加赠耗,方给倒换截票"②。据此,碑文中所提及的"印小画会出通关",可能就是朝廷针对"串票"之法而产生的漕粮征兑陋例所做出的警训。

面对清初"官役、卫所弁丁,悍然罔畏","(种)种需索,不一而足"的漕运征兑的局面,故而统治者一再制定措施,多次勒碑训示、谕令地方,"再行申严征兑漕粮陋例",让"(交)兑厅官严禁外合",遵守朝廷制度,"务照勒石永禁",借以整治漕粮征兑过程中的不法行为,以缓解官民矛盾,防止"(官)民交兑,致滋横索",出现"勒索陋规"等不法现象。据此推测,该碑刻可能正是在清初漕弊丛生的背景下,清政府针对漕粮征兑过程中所产生的舞弊情况,为晓谕地方而颁布的一项禁令,这也与清朝初期顺治、康熙二朝多次整治漕弊的举措相吻合。碑文内容中的"再"字表明政府之前已经对此进行谕令,结合顺治朝曾多次整饬漕弊,并勒碑以示的情况,此碑则可能是康熙朝对前朝整治漕弊的再次谕令。

五、碑文所见漕粮征兑过程

清初漕运制度多因袭明制,其漕粮征兑过程和方式在明代漕运制度的基础上稍有完善,但未有实质性的改变。碑文第四、七、八、九、十一列提及了漕粮征兑过程中的相关官员、场所、征缴内容及方式,大致可还原清初漕粮征兑情况。现对碑文所及的"卫所""水次""监兑""交兑""本色漕米"等重要内容,加以考释。

---

① 参见江苏省博物馆编:《江苏省明清以来碑刻资料选集》,三联出版社,1959 年,第 605、647 页,转引自洪焕椿:《明清苏州农村经济资料》,江苏古籍出版社,1988 年,第 568、571 页。
② 《军机处录副奏折》,嘉庆十六年三月初八,山东巡抚吉纶奏,中国第一历史档案馆馆藏。

(一)卫所

碑文第四列"官役卫所弁丁",提及了清初漕粮征兑过程中所涉及的主要机构和人员,其中"卫所"在漕粮征兑、发运过程中承担了十分重要的角色。

明成化七年(1471),国家在漕粮征运上改行"长运法",由漕运官军到江南、南京附近州县直接进行漕粮交兑,并进行转运,此法一直沿用至清代。在此过程中,则需要大量的漕运官军,为保障漕运兵源充足,利用卫所进行漕运渐渐成为规制。清代沿袭明制,"凡卫所钱粮、职掌及漕运、造船事务,并都司、行都司分辖,皆宜照旧"[1],顺治四年(1647),又正式以诏书形式规定了卫所的屯田与漕运职能,漕运也成为清代卫所的主要职能,是为"漕运卫所"。

清初,漕运卫所的主要任务是将东南八省的四百万石漕粮运抵通州,"粮户输之州县,州县兑之旗丁,而旗丁领运于南,斛交于北"[2],即地方官吏将漕粮征收至各州县仓库,由漕运卫所到各州县进行漕粮兑运,兑竣后,再由卫官将漕粮运抵北京、通州交兑。清代漕运卫所除了承担屯田和漕运职能外,还通常会协助维护地方治安、漕粮征兑等事务,具有一定的地方行政管理职能。因此,在漕运征运过程中,卫所官军与各级官吏、地方人员存在着错综复杂的关系,在漕粮征兑过程中具有十分重要的职能,所以在朝廷谕令中把"卫所弁丁"作为主要警示对象。

(二)水次、交兑、监兑

清代漕粮征兑实行长运之法,由漕运官军直接到地方漕粮仓所进行兑运。在此过程中,为便于漕粮征兑,各地州县一般都会设立专门的兑运粮仓,是为水次仓,而在水次仓进行漕粮征收交接的过程,则称之为"交兑"。此即碑文中所提及的"水次""交兑"之内容。据《漕运通志》记载:"(宣德)七年

---

[1] 《清世祖实录》卷二十八,中华书局,1985年。
[2] 贺长龄等:《清经世文编》卷四十八,中华书局,1992年。

(1432),令官军运粮各于附近府州县水次交兑,江南府州县民运粮于瓜洲、淮安二处交兑,河南所属民粮运至大名府小滩,兑与遮洋船官军领运……是年,议处诸府州县各于附近水次,盖设仓廒。"①同时,为防止漕粮交兑过程中的舞弊行为,朝廷在漕粮交兑过程也建立了一系列监督制度,是为"监兑"。如在漕政系统设管粮同知、州判、监兑粮官、粮道、监察御史等,以司漕粮监兑,同时还赋予州县的同知、州判、推官、理事等漕粮监兑之职能。碑文中"水次""交兑""监兑"则反映了清初漕粮征运过程中的场所和方式。

(三)本色漕米

漕粮作为"天庾正贡",一直是维持国家正常运转的物质基础,是以"国不可一日无漕"。而在漕粮征收过程中,由于运输困难、地不产米、自然灾害等诸多现实原因,漕粮征兑有时会存在诸多困难,有的地方也会采取折银的方式进行漕粮征收。其中以漕粮实物交兑的方式即为"本色漕米",而以折银抵纳漕粮交兑的方式,则为"折色漕米"。清初,为了获得原额漕粮充实京储,国家一直采取严格的漕粮本色征收制度。顺治初年即规定"起运漕粮,例不改折"②,该规定一直都作为朝廷定制,可以说,"本色征收"的漕粮政策,清初将其作为一项国家制度,而予以严格要求。碑文中提及的"本色漕米",应是康熙时期在漕粮征兑过程中,要求地方征兑漕粮需以交兑实物的方式进行,而不得采用折银等其他方式,这也是清初漕粮征兑中的一项基本要求。

泗县大运河出土漕运残碑反映了清初运河漕运制度情况,是安徽大运河非常重要的文献资料。漕运残碑记述了清代初期安徽大运河漕粮加耗数额、交兑场所、交兑方式以及朝廷对漕运陋例的整饬情况,从中可以了解清代初期,我国漕运制度的变革和漕运征兑情况,充实清初漕运历史的研究,补充清

---

① 杨宏、谢纯:《漕运通志》点校本,方志出版社,2006年,第112页。
② 光绪《清会典事例》卷二百零一《户部·漕运》,中华书局,1991年,第300页。

初漕粮征兑相关文献的缺失,是研究清代早期漕运历史重要的实物资料。同时,作为泗县大运河出土的重要遗物,泗县运河漕运残碑也间接反映了该地作为运河漕运重镇的重要历史地位,对安徽地区漕运历史的研究也具有重要价值。

第三节　泗县大运河出土的镇水石兽

在古代,人民长期面临着水患灾害的困扰,一直都在与之进行斗争。在此过程中,衍生出了形式多样的镇水器物,形成了丰富多彩的镇水文化。在古代的一些水利工程中,较为常见的镇水器物有石兽、神人、铁牛、铁剑、塔楼、庙宇等,其中石兽是我国镇水器物中的一个重要种类。2018年4月和2020年4月,安徽泗县曹苗段运河岸边共出土两尊石兽,造型精美,雕工传神,是安徽运河出土的具有明显地域特征的重要文物。

一、镇水石兽的发现与守护

2018年4月,泗县文物部门接到一名群众的来电,称其祖上埋了一件运河边的宝贝。后在该名群众的指引下,泗县文物部门和几个文物保护志愿者,经过半天的挖掘,一件保存完好、雕刻精美的镇水石兽重见天日。目前,这件运河石兽被珍藏于泗县博物馆,后被鉴定为国家二级珍贵文物。这尊石兽的发现,得益于运河边一户崔姓人家祖孙四代50余年来对它的倾心守护。

"文革"初期的"破四旧",对文物古迹造成了大量破坏,其中,坐落在曹苗村崔庄运河边东八里桥上的精美镇水石兽也未能幸免。当时,崔庄德高望重的老中医崔孟铭深知这石兽的历史文物价值,冒着被批斗的风险,偷偷发动乡邻,把已被推进河里的这件镇水兽抬到家里,秘密埋藏在自家门前路边树下的僻静处,小心地守护起来。崔孟铭老先生生前一直小心管护着这件文物,临终之前,一再叮嘱孙子孙媳崔文柱、乔宏英夫妇小心保护,将来捐给政府保管、研究。几十年来，崔文柱和妻子乔宏英默默地守护着这件老物件，并且把埋藏石兽的事情告诉了儿子崔猛，一家人合力保护着这件石兽。

在几十年时间里，埋藏运河石兽的地方数次修堤修路，每一次施工，崔文柱老两口都默默地守护在旁边，每次都等到施工队回去后，他们才放心地回家。每到夜间施工时，崔文柱夫妇也会守护到很晚，防止施工对这件运河石兽产生破坏。为保护好这个老物件，崔文柱夫妇在石兽上面用泥土覆盖，铺上石块，用一种最简单的方式守护着它。

自从崔庄拆迁搬走后，这件石兽便成了崔家人心中时刻的牵挂，三天两头回来看看，崔猛上班之前，也会绕道过来巡查，确保这个老物件不被盗取。2018年4月，通过巡查发现，崔庄一带有形迹不明的人员出没，崔文柱一家因担心文物受到破坏，经过商量后，紧急联系文物部门，希望能够把它取出来交给政府保管、研究。29日下午，在崔文柱一家的大力帮助下，埋藏了50余年的运河石兽重见天日，得以展现其精美风采。

从崔孟铭老先生埋藏保护运河石兽到今天，50余年光阴荏苒，世事变迁。因为有崔家前后四代人的精心守护，这件运河石兽才得以完好地展示在世人面前。

2020年4月初，原在泗县运河边居住的村民秦习武在河边植树过程中，意外地发现了一尊石兽，于是急忙向泗县曹苗社区报告。社区负责人随后将这一情况上报县文化和旅游局。4月13日，在县文物管理中心一行人和村民的发掘下，一尊造型精美的运河石兽得以出土。

据了解，该石兽与2018年4月出土的运河镇水石兽原都位于泗县东八里桥上，也是"文革"期间"破四旧"，被从桥上推下去的。在2013年泗县运河申遗期间，因对运河环境进行整治和清淤，石兽被发现。为防止运河文物被破坏遗失，附近村民苗宗飞、秦习武将石兽埋了起来。后来由于村庄拆迁，埋藏地点渐被遗忘，直至这次意外发现。经过初步清理，文物工作人员把镇水石兽转

水韵泗州——世界文化遗产隋唐大运河通济渠泗县段

镇水兽发掘现场图

运到泗县博物馆。这尊镇水石兽长度在120厘米左右,高度和宽度分别在50厘米左右,头部上方雕刻有毛发,从后面看上去有点像狮子,但是身子后半部分特别是四条腿和尾巴上遍布龙鳞,纹路、雕刻刀工技艺都非常精美,毛发、耳朵、龙鳞包括下面的爪子都非常清晰。

泗县运河岸边先后出土的这两尊石兽,造型十分相似,外形同样精美,毛发和嘴部造型纹饰略有区别。这两尊石兽的出土对泗县运河文化的研究具有重要作用。

二、镇水石兽的认识

(一)镇水兽的种类及其风俗信仰探析

神兽信仰是我国水文化的一个重要内容。神兽在古代桥梁、码头等处均

第三章　泗县大运河的考古与发现

较为常见,或为石雕,或为铁铸。如2013年1月,成都天府广场钟楼地下发现的犀牛石刻,其风格特征属秦汉早期的石雕艺术品,说明早在秦汉时期,我国即有铸石犀"以厌(压)水精"的习俗。1989年8月,山西永济市黄河岸边的蒲津渡遗址出土四尊铁牛,据考证为开元十二年(724)所铸,以镇河水。此外,镇水兽中较为著名的还有沧州原开元寺前的铁狮子、昆明盘安江畔的铜犴、北京后门桥上的趴蝮等。而泗县运河出土的石兽造型风格具有鲜明的地方特点,通体长118厘米,宽30厘米,高45厘米,为整块青石雕刻而成。石兽形体精美,呈趴伏状,周身及腿脚遍布鳞片,状如龙鳞,头部扁平,布满狮首状鬃毛,整体形态又类似麒麟,仪态威严,神态生动,与下方长方形底座浑然一体,堪称精品。通过对石兽体态造型分析,它与传说中的趴蝮近似。趴蝮,或作叭嘎、蚣蝮,传说此兽水性极好,尤喜以河妖为食,因此又名吞水兽、吸水兽等,为龙之九子之一,是专职镇水的神兽[1],常饰于石桥的拱顶、望柱、桥翅、栏板上。[2]明代杨慎撰写的《升庵外集》中将其列为龙的第六子,一方面寄托了人民希望它能够镇水伏妖的愿望,另一方面也能够起到装饰桥梁的作用。趴蝮是龙子的说法较为普遍,但它是先民创造的一种传说神物,实际生活中难以有具体实物加以印证,自然也无具体清晰的形态特征。泗县运河出土的镇水石兽,通过对其形态特征加以探析,与传说中的趴蝮形象十分类似,因此,初步判断其为镇守运河的趴蝮神兽。

我国镇水习俗久已有之,是我国传统厌胜文化的一种伴生产物。厌胜亦为"魇镇","厌"通"压",为镇压之意,古代迷信传说中,通过利用某种诅咒或者器物达到制胜、制伏的目的。水患灾害是我国古代社会较为普遍的一种自

---

[1] 王培君:《镇水兽与中国传统镇水习俗》,《河海大学学报》(哲学社会科学版)2012年第2期,第53—57+92页。

[2] 涂师平:《古代镇水神物的文化背景解密和文化价值探析》,《华北水利水电大学学报》(社会科学版)2015年第3期,第5—10页。

| 水韵泗州——世界文化遗产隋唐大运河通济渠泗县段

然灾害,先民深受其害,对水患无力抗争之时,人们通过放置镇水神兽于河边,祈求消弭水害,达到风调雨顺。龙在我国水文化中作为能够掌控风水的神灵,可以吞云吐雾、行风布雨,具有强大的法力,一直被尊为司水之神。[①] 龙以其矫健的雄姿、威严的神态成为中华民族的象征。在我国民间,各地都有规模不一的龙王庙,江河湖海也都有不同的龙神驻守,每遇旱涝灾害,百姓便祭祀龙神,祈求五谷充裕生长,以保口计之需。在传说中,龙生九子,每个都被赋予了不同的身份和功能:赑屃,可负重物,能身负山岳,背土填水。螭吻,口舌阔硕,平生喜好吞物,常为吞脊之兽,属水性,多置于殿脊两端,用作避火镇邪。狴犴,形似猛虎,体态威严,平生好讼,能够明辨是非,颇具正义,常被立于狱门上部,以镇邪祟。趴蝮,性喜吸水,《水东日记》曰"好饮者曰叭嘎,石桥两旁俯水

泗县博物馆馆藏的镇水石兽

[①] 赵爱国:《司水的神》,《治淮》1993年第6期,第40—41页。

兽是也"①，每当河水泛滥时，趴蝮因擅饮而可降低水患，也能够降服水怪，保佑河岸两侧百姓平安，成为河岸附近居民的守护神。另五子功能类似，用以镇宅地、压水患、守庙宇，成为百姓心中的司水显圣的瑞兽。

（二）镇水石兽的价值探析

镇水石兽作为重要的水工文化遗产，在历史、文物、艺术方面均具有较高的文化价值。从历史内涵、艺术风格和民俗文化等方面探析泗县运河镇水石兽，对泗县运河文化内涵的挖掘和研究亦有重要意义。

1. 镇水石兽的历史价值

泗县运河出土的镇水石兽，经安徽省文物专家鉴定，是具有宋元时期风格的石刻文物，被评定为国家二级文物，历史价值突出。经沿线实地调查和走访，该石兽为泗县东八里桥构件，原有四尊，分别位于桥梁两侧，兽尾嵌于桥孔侧面，兽首面向河面。桥梁原为三孔石拱桥，后经战乱破坏，现存两孔，约30米长，7米宽，是安徽大运河段重要的水工遗产。据泗县地方志记载，泗县境内桥梁众多，有记载的即有48座。史书记载，八里桥在州北，而在州东八里处记载为"陡门桥：州东八里。相传桥下有龙潭，久旱，掘之求雨，辄应"②。而州东南十里为魏家集桥，即与今水口魏庄历史位置相吻合。根据后期运河实地勘测，现东八里桥距离泗州老城墙处即约八里，而水口魏距泗州城东南亦约十里，两相印证，可判断现东八里桥即为州志记载的陡门桥。现东八里桥始建年代不可考，通过运河石兽的年代特征判断，此桥始建年代应该较为久远，或为宋元时期修建。镶嵌如此巨大的镇水石兽于桥面，结合桥梁现存的规模，可以想象此桥建设时的规模和工艺。作为一个县邑小城，在运河岸边修建体量如此大的桥梁，也能间接反映当时泗县运河沿岸交通水利的繁华。据史书记

---

① 钱宗武、梁莹：《论"镬"的文化引申及古词音义流变的逻辑》，《扬州大学学报》（人文社会科学版）2008年第1期，第59—63页。
② 方瑞兰：《泗虹合志》，黄山书社，2011年，第74页。

载,由于北宋灭亡,宋金分治,通济渠逐渐淤积废弃,后于南宋初年失去漕运功能。今天的大运河通济渠段基本埋没于地下,而大运河泗县段作为通济渠唯一一处活水故道遗存段,至今仍然发挥着水利灌溉的功能,被列为大运河世界文化遗产段之一。2013年3月,在现东八里桥东侧1千米处清淤过程中,曾发现一块明清时期的运河漕运残碑,记载着泗县运河漕运规章。综上可见,泗县运河并未因通济渠河道的废弃而失去功能,后期仍然在沿用,因而宋元时期运河上面仍需修建一座规模宏大的桥梁以满足水利交通之用。通过镇水石兽所体现的历史特征,研究其所蕴含的文化内涵,对于挖掘泗县地方运河文化具有较为重要的价值。

2. 镇水石兽的文化价值

镇水石兽作为运河岸边的祈福神物,蕴含着丰富的文化价值,尤其是其身上所体现的地域民俗文化。泗县地处淮河沿岸,历来水患频发,长期以来深受水患困扰。受此影响,泗县龙王等水神信仰较为普遍。东八里桥下即有龙潭传说,附近居民多有认此桥做"搬不动的干爷",以求护佑。桥对岸50米处至今仍保留一座清代龙王庙,每逢节日,仍有村民行祭拜之俗。每遇干旱,人们就以草扎长龙沿河巡游,以祈雨水。泗县运河镇水石兽与东八里古桥、龙王庙共同成为当地百姓的一种精神寄托。对于运河镇水石兽,我们不能简单地以封建迷信的产物加以否定,而要认识历史上科学的局限性。古代科学水平低下,人们对自然的适应能力极为有限,在水患灾害治理方面能力较为薄弱,因而人们希望借助神灵的庇护以求得福祉。运河作为泗县重要的河流,自古以来,人们沿河而居,以运河作为生活和农业生产的主要水源,运河功能的正常,可以保障一方百姓生活。将镇水石兽立于运河桥梁之上,以求镇水安民,与地方风俗相融合,反映了我国古代劳动人民对美好生活的一种追求和向往。

3. 镇水石兽的艺术价值

泗县运河镇水石兽地域特征明显,通过石质判断,与泗县北部山体的相

第三章　泗县大运河的考古与发现

同,与著名的灵璧石系出一脉,可初步推断其为地方本土雕刻加工,一定程度上反映出宋元时期的泗县雕刻艺术水平,同时也说明泗县地方对灵璧石的加工利用历史。泗县大运河出土的镇水兽与记载中的趴蝮形象极其相似,与北京后门桥的石兽总体形象相接近,但也有十分鲜明的雕刻特点。较之北京镇水兽雕刻的粗犷,泗县大运河出土的这尊镇水石兽整体雕刻则更为细腻。石兽周身鳞片层次分明,分布有致,兽颈鬃毛线条细腻,毛发根根可见,兽脚趾爪清晰可辨,二目凸出,双耳倒竖,整体面部形态呈怒目而视状,颇具威严感。尤其是石兽嘴部叼着的一条鱼,鱼头部分没有进行雕刻,仅雕刻身尾部分,似乎已被神兽所食。设计者的这种手法,独具匠心,使得神兽的孔武形象跃然生动。整尊石兽在形象设计和雕刻技艺方面显示出了当时的高超技艺,艺术价值突出,也是泗县雕刻艺术史上的重要文物发现。镇水石兽不仅起到镇服水患、防避水害、安澜畅运、祈求吉祥的精神寄托作用,从建筑设计、景观构成方面还具有一定的装饰艺术作用。① 通过对泗县运河镇水石兽雕刻技艺的研究,进一步发掘宋元时期泗州地区雕刻工艺文化,可以较好地展示地域工艺文化特色。

泗县运河镇水石兽作为安徽运河重要的文物遗产,丰富了安徽地域运河文化的内涵,也是安徽地方镇水习俗的一种体现,与地方社会文化密切关联,体现了泗县先民对生活的一种祈望,充分反映了古人战胜自然灾害的强烈愿望和积极态度。② 镇水文物不应以封建迷信产物之说一概否决,它在一定程度上体现了古代的科学成就,具有科学价值。③ 此外,通过其所蕴含的历史价值和文化价值,我们应该深入认识人与自然和谐相处的必要性,即在自然面

---

① 龚惠云、涂师平:《镇水文物的价值探析》,《中国三峡》2018年第6期,第7—15+2页。
② 姚立江:《蛟龙神话与镇水习俗》,《中国典籍与文化》1998年第4期,第102—104页。
③ 唐峰、刘鑫卓:《黄河流域镇水神兽造型研究》,《艺术教育》2019年第6期,第155—157页。

前,人类的力量十分渺小,必须顺应自然、利用自然、适应自然。镇水石兽身上所体现的人们对于水患灾害的克服意识,有助于提高我们对于自然灾害的认识,更为科学合理地做好对现代运河水利的保护和利用。[①]

[①] 张甦:《安徽泗县运河出土镇水石兽探析》,《文物鉴定与鉴赏》2021 年第 8 期,第 17—19 页。

第四章
泗县大运河沿线的文物古迹

泗县大运河除了保留着较为完好的河道原始风貌，拥有丰富的文物遗存外，在运河沿线还分布着为数众多的文物古迹，主要有古建筑、古遗址、古墓葬以及近现代革命文物等类型。泗县大运河沿线文物古迹类型丰富多样、时代延续性强、历史价值重大，见证了泗县大运河的历史发展和时代变迁，也彰显了泗县大运河丰富而厚重的历史文化底蕴。

第一节　古建筑

一、释迦寺

释迦寺位于泗县老县城环城东路西侧，当地俗称大寺，是目前全国仅存的几座以佛祖释迦牟尼命名的佛家寺院之一。释迦寺北距泗县大运河东水关水

泗县释迦寺

口约百米,对面为东护城河。由于历史原因,释迦寺仅存大殿一座,现为县级文物保护单位。大殿为明三暗五的砖木结构,长 16 米,宽 15.5 米,占地面积 248 平方米。大殿正北现存古皂角树一棵,据专家鉴定,树龄已有数百年,至今仍郁郁葱葱,与大殿遥相呼应,蔚为壮观。

对于释迦寺的始建年代,据寺内所遗存的《敕赐释迦寺重修藏经楼施地围墙碑记》记载:"虹城东隅有释迦寺,繇山门拾级而登,仰见巍楼耸于虚空,是即沙门所构以奉藏经者也。然考其由来,乃系宋英宗时敕赐寿圣寺。明祖定鼎,易名释迦,至正德间始建是楼而供养法藏。"由此可知,释迦寺应是北宋英宗年间始建。对此,南宋乾道五年(1169),楼钥在《北行日录》中这样记载:"二日,癸未,晴,风。车行八十里,虹县早顿。城门不容车,乘马人驿。市井多在城外。驿之西有古寺,大屋二层,瓦以琉璃,柱以石。闻其上多米元章诸公遗刻。"按照其建成年代和宋代虹县城的位置推断,楼钥所记载的古寺极有可能就是释迦寺。①从楼钥的《北行日录》记载看,释迦寺当时刻有宋代著名书法家米芾的书法作品,这可能与米芾在崇宁五年(1106)经过虹县时,在此停留有关。当时米芾途经虹县,浏览了大运河的胜景,一时兴起,便写下了著名的《虹县诗》两首,其留存的《虹县诗帖》成为我国书法史上非常有影响的书法作品。综合可知,《泗虹合志》所记释迦寺的所建年代为明太祖时期,应是有误。

根据碑文可知,释迦寺的前身应为北宋英宗所建的寿圣寺,对于这一背景,我们可以从宋代相关史书中了解它的始建渊源。寿圣寺是我国较为普遍的佛家庙宇,目前所知,陕西、河南、江苏、浙江、广西等地都有分布,如山西芮城的寿圣寺,始建于东汉明帝时期,宋神宗熙宁元年(1068)赐额"寿圣寺";山

---

① 赵彦志:《汴河遗韵——大运河汴河宿州段文化遗产调查与研究》,黄山书社,2023 年,第 155 页。

| 水韵泗州——世界文化遗产隋唐大运河通济渠泗县段

西阳城的寿圣寺建于五代时期,原名福庆院,宋英宗治平四年（1067）赐额"寿圣禅院";广西桂平的寿圣寺始建于宋嘉祐三年（1058）,宋神宗熙宁元年（1068）赐额"寿圣寺"。① 根据文献资料所载,"寿圣寺"名称始于北宋治平年间,其中很多寺院虽已早建,寺名也已有之,但在北宋治平、熙宁年间多被赐额更名为寿圣寺。究其原因,可追溯到宋嘉祐八年（1063）宋仁宗赵祯去世。据《宋史·仁宗本纪》记载:"（三月）辛未,帝崩于福宁殿,遗制皇子即皇帝位,皇后为皇太后,丧服以日易月,山陵制度务从俭约。谥曰神文圣武明孝皇帝,庙号仁宗。十月甲午,葬永昭陵。"宋仁宗在位四十余年,多施仁政,海内承平,国家安泰,是我国历史上为数不多的以"仁宗"为庙号的帝王。为表达对宋仁宗的孝道,嗣君宋英宗赵曙在当年"八月癸巳,以（仁宗）生日为寿圣节"。在此之后,每到寿圣节时,朝廷一般都会举行一些纪念活动,寿圣节作为国家非常重要的一个节日,"寿圣"一词便广泛用之。朝廷出于对寿圣节的高度重视,动辄以"寿圣"赐额寺庙,以示褒崇。泗县释迦寺原名寿圣寺,应是宋英宗为了纪念仁宗皇帝,而下令在当时的泗县建造的一座纪念性的庙宇。

而泗县寿圣寺又如何会被明太祖朱元璋赐名为释迦寺,我们现已无从知晓。这或许与朱元璋同泗县的历史渊源有关。朱元璋是我国历史上非常传奇的一位皇帝,他的出身尤为贫苦,幼年时曾一度寄居在寺院。后来,朱元璋投奔郭子兴,并以淮泗地区为根据地,依靠淮泗弟兄建立起自己的队伍,最终一统天下,建立大明王朝。而在淮泗集团中,出生在泗县的邓愈、胡大海、韩成等人,都是朱元璋的得力战将。朱元璋也曾在泗县指挥战斗,留下诸多战绩。基于以上原因,朱元璋定鼎天下后,对佛教采取比较宽容的态度。泗县作为淮泗区域重要之地,也是朱元璋一处重要的发身之所,而该寺在泗县历史悠久,颇具一定的规模和影响。因此,朱元璋可能是因为对佛教的重视以及对泗县的

---

① 李治中:《来自高柴的寿圣寺文化现象》,《文化学刊》2011 年第 4 期,第 130—133 页。

特殊感情,才赐名释迦寺。释迦作为佛祖名讳,千百年来,尤受尊崇,以之命名,足见泗县释迦寺地位之重要。

有明一代,佛、儒、道进一步融合,佛教也不断被赋予政治功能,文人雅士参禅礼佛已是常事。通过释迦寺殿内碑刻及方志记载,或可见泗县释迦寺之千年繁盛。据寺内明景泰三年(1452),由时任户部郎中的泗县著名贤官陈翌撰写的《虹县重修释迦寺记》记载:

赐进士、奉政大夫、修政庶尹、户部郎中、颍川陈翌撰文

赐进士、承德郎、礼部仪制清吏司主事、汲郡王瑾书丹

释迦寺在县治东南二里许,洪武国初僧会赐有为住持创建道场,开设衙门,至僧会显渗重修佛殿、方丈、两廊伽蓝堂、山门,饰以丹青,庄严圣像,焕然可观。岁月久远,风雨损坏,椽瓦脱落。延至正统初,僧会相澄为住持,悯此倾颓,慨然有兴修辟大之意,于是尽抽衣钵,广募人缘,于上江抡选材木,烧造砖瓦灰料,卜日鸠工命匠鼎新,修造佛殿三间五架,山门、伽蓝堂各三楹;殿西创建祖师堂三楹,塑以尊像;殿后创立方丈五间七架,梁栋用油漆,地铺砖石;东西建两廊各七楹,方丈后创造法堂三间、穿廊数楹以为讲经之地;东廊后建房屋数十楹以为会食之处,设钟鼓、云板为起居食息之节;山门两傍作角门,通出入往来之便,以至香积、廪库悉皆备具。寺周围筑垣墙,植松柏、花果、竹木,森森郁郁,寺前后左右置地若干亩,寺西南置池塘一所,种柳千余株……大明景泰三年岁次壬申冬十二月吉日立石。

虹县知县边宁,主簿雷泽,致仕教谕林环,邵武府检校李春,黄陂县丞王政,听选官陈竑,医学训科梁贯。

本县儒学教谕丁宣,训导冯观、姚诚,庠生陈瑛、苗荣、周辑、卞通、黄森、邓贵、张瑾、吕谦、曹铭、娄贵、周运、许真、许详、魏暹、仝立。

国子监监生李端、郭岩、□□、曹端、高岳、李谦、吴聪,部掾石进、周福,司典卢敬、杨森、衡通、朱瑄、梁通、夏荣、曹政、田增、吴祯、张凯、许荣、吴□。

通过该碑文可知,释迦寺在明代辉煌一时,修缮释迦寺,除了陈翌撰文,还有包括虹县县令、主簿、教谕在内的众多当地官员,以及诸多国子监监生参与,可以想象释迦寺在当时泗县的重要地位和影响。释迦寺位于县城东南,根据我国庙宇兴建之制,名寺佛刹多居于城一隅,一求偏静,便于修心,同时也为礼佛之便。明初,朝廷曾允准在此创建道场,开设衙门,将其纳入国家佛教管理体系,并将佛殿、两廊、山门修葺一新。正统年间,释迦寺已修建了佛殿三间五架,另有山门、伽蓝堂各三楹;此外,释迦寺大殿西侧还建有祖师堂三楹,并塑以尊像;在释迦寺大殿后面又建有法堂、穿廊及吃饭、休息场所十数间。为便于出行,释迦寺的山门两旁还开辟了角门,寺内日常的香火、库存都贮藏在这个地方。寺院周围院墙高筑,院内种植松树、柏树、各色花果、竹木,显得郁郁葱葱。释迦寺前后左右还置田产若干亩,西南侧还有池塘一座,种植柳树千余株。到了景泰年间,释迦寺又在寺院周围新造了香水桥、通泗桥、北门石桥,以通往各处。整座释迦寺大殿,坐北面南,殿宇巍峨,甚为壮观,站在大殿之上,足可俯览全城。

到了清朝初年,释迦寺已因历史原因年久失修,直至康熙年间,在当地善男信女的集资之下,对释迦寺进行了局部修缮。释迦寺大殿后记述此事的《敕赐释迦寺重修藏经楼施地围墙碑记》碑刻尚存:

……即以置地金付诸监院,令年以为护楼围墙之用,其墙以内中可建法堂五间,旁可得寮屋十间,愿徐为之,以俟后之君子。至若寺之有罗汉石、银壳树、琵琶井、香水桥、九敧松,诸景已寄之东林,倡和诗中不时及

第四章　泗县大运河沿线的文物古迹

也,兹因今年之诗,故记其言,以备所考云。

康熙岁次庚寅中秋毂旦

对于释迦寺的规模,《泗虹合志》记载:"释迦寺,在城东南隅,洪武时建。中有藏经楼、银壳树、罗汉石、九欹松、琵琶井、香水桥、白莲溪、透亮碑诸胜迹。"[1]由此可见,清代的释迦寺仍然是规模宏大、颇为壮观的。同时,据《泗虹合志》记载,同治乙丑(1865)四月,曾任过台湾首任巡抚,为抗法保台和台湾的开发、建设做出过卓越贡献的淮军名将、朝廷要员刘铭传在移驻彭城期间,曾来泗县,并在泗县的释迦寺住过,且留诗两首。

一

梦中曾被仙人诏,怪我如何不出家。
两眼尚包儿女泪,此生自识果缘差。
览游禅寺思身隐,流落风尘念物华。
心事茫茫何所寄,大江东望浪淘沙。

二

岂劳修练方为佛,若得清闲即是仙。
如我长征无息处,揽君彻夜不安眠。
未辞辛苦行千里,忽欲留连住一天。
愿待澄清放归隐,好来方丈结禅缘。

刘铭传,作为淮军高级将领、朝廷要员,在道经泗县时能借宿释迦寺,这足以说明释迦寺在当时的县城中,住宿条件、人文环境是首屈一指的。也许正是

---

[1] 方瑞兰:《泗虹合志》,黄山书社,2011年,第63页。

因为释迦寺内环境优美,景色宜人,才使刘铭传这位为朝廷奔波千里、东征西讨、耗尽心力的征人,在路经泗县时选中了该寺,并借宿其内,留下了"未辞辛苦行千里,忽欲留连住一天。愿待澄清放归隐,好来方丈结禅缘"的感慨。而今,刘铭传早已作古,最终未能实现"愿待澄清放归隐,好来方丈结禅缘"的夙愿。岁月悠悠,释迦寺虽业已原址重建,但已不复往日之辉煌,给后人留下无尽的遐想。

此外,据记载,同治七年(1867)七月,曾国藩北上剿捻,经过泗县时,也曾借宿在释迦寺。

据当地老人回忆,在泗县解放前,释迦寺还有一定规模,香火鼎盛,信众众多,具有较大的影响力。在一千余年的历史长河中,释迦寺作为泗县重要的文物古迹,具有重要的历史和文化价值,见证了泗县千年的辉煌历史,也是泗县大运河历史变迁的一个重要见证。

二、文庙大成殿

众所周知,孔子是我国古代伟大的思想家、教育家,儒家学派创始人。他开创了私人讲学的先河,倡导仁义礼智信,有弟子三千,其中最贤能的人有七十二名。孔子曾带领部分弟子周游列国十三年,晚年修订《诗》《书》《礼》《乐》《易》《春秋》,是谓"六经"。孔子是当时社会上的博学者之一。他去世后,其弟子及再传弟子把他及其弟子的言行语录和思想记录下来,整理编成《论语》。孔子在世时就被尊奉为"天纵之圣""天之木铎",后世更被统治者尊为孔圣人、至圣、至圣先师、大成至圣文宣王先师、万世师表。其思想对中国和世界都产生了深远的影响,其人被列为"世界十大文化名人"之首。

随着孔子影响力的扩大,祭祀孔子的"祭孔大典"一度成为和中国祖先神祭祀同等级别的"大祀"。文庙,即文宣王庙,是孔庙的别称,亦称至圣庙、文宣庙,是历代帝王祭祀孔子的庙堂,是祭祀孔子的纪念性建筑。作为地方政府祭祀孔子及开展相关教育活动的地方,我国古代几乎每州每县均设立文庙。

第四章　泗县大运河沿线的文物古迹

自西汉董仲舒提出"罢黜百家,独尊儒术"后,儒学逐渐取得独尊地位,成为我国历朝历代封建王朝的正统思想。在孔子死后的两千多年里,历代王朝,特别是开科取士制度建立之后,对孔子的尊崇逐步升级,至圣至尊、万世师表,达到了登峰造极的地步。尤其是南宋时期程朱理学形成之后,儒学达到顶峰,孔子地位得到不断地提升,被封为"文宣王""大成至圣先师",达到和帝王等同的地位。兴建文庙,代表着兴学、兴教,意味着尊孔、祭孔,因而全国各地到处修建孔庙,对孔子顶礼膜拜。大成殿是文庙的主体建筑,大成殿之名取自《孟子·万章下》"孔子之谓集大成"一语。同时,大成殿是文庙的主殿,古代称音乐一变为一成,九变为九成,至九成而乐终为大成,由此引申为集中前人的成就,形成自己完整的学说体系。宋元祐六年(1091),朝廷以大成为名,尊孔子为"大成至圣",从此"大成"既作为孔庙殿名,也作为地方文庙的殿名,这也是对孔子的最高评价。

文庙大多和学宫、贡院等教育设施建在一起,即所谓的庙附于学。有时又将文庙和学宫视为一体,统称学宫或文庙。[①] 大成殿作为文庙的主要建筑,具有核心地位。泗县文庙大成殿位于运河街道花园井社区文庙商城院内,原有大成坊、棂星门、泮池、戟门、东西厢、大成殿、明伦堂、尊经阁等建筑,现仅存大成殿一座。泗县文庙大成殿飞檐斗拱,壮观挺秀,长21米,宽12米,面积252平方米,砖木结构,殿房由8根廊柱顶起,殿墙四周内嵌20根廊柱。泗县地方志记载,泗县文庙主要沿袭了虹县文庙的布局结构,后泗州州治迁至虹县,州县文庙合为一体,虹县文庙亦升格为泗州文庙。此后,泗县文庙的规模基本得以保持。泗县文庙大成殿内脊书记载,现在的泗县文庙大成殿建于清雍正四年(1726)。而在现泗县文庙新建之前,虹县即有文庙,原虹县文庙由知县乐徽于洪武三年(1370)始建,其后主要历经三次变迁:明正统七年(1442),由时

[①] 郭青、卫晗慧:《大成殿900年文脉延绵》,《芜湖日报》,2021年11月22日。

任县令何诚始迁于都察院之东；万历二十八年（1600），知县任愚将其迁移至原洪武年间的文庙旧址东侧；万历三十二年（1604），知县林梦鼎复迁于今址，此后不易。在明清两代，泗县文庙虽经数次迁址，但屡经修缮和扩建。有明一代，虹县县令何诚、杨际明、张四教、伍元正、林梦鼎、张凤翼等在原文庙基础上，先后增建了魁星阁、文昌阁、尊经阁、启圣祠等建筑。清代泗州移治之前，县令龚起翚、彭翼宸、梁浩之、杨大勋、金尚清，教谕吕清，凤阳知府朱鸿缮等均对虹县文庙有过不同程度的修缮。泗县文庙现存大成殿内脊书即是清雍正四年（1726），由时任凤阳知府朱鸿缮和虹县知县杨大勋重建。其后，嘉庆九年（1804），"大成殿圮，州守顾浩重修"[1]。嘉庆二十年（1815），知州孙荣昇连同学正、训导等捐修，改建明伦堂和尊经阁。咸丰三年（1853），泗县文庙得以再度重修。此次重修距今已290余年，除局部有毁，整个大成殿完好。咸丰四年（1854），知州裘宝善"撤平学前市厘为万仞宫墙，大成坊移前三丈余，凿通汴河为外泮池"，同时，泗州文庙内的其他建筑也"一律改修规模"[2]。1981年4月，泗县革命委员会公布大成殿为县级文物保护单位。1986年7月，泗县文庙大成殿被安徽省人民政府公布为省级文物保护单位。

考察泗县文庙的变迁历史，可知泗州州治迁虹后的文庙也具有鲜明的特征，主要体现在"以河流为泮池"和"内外双泮池"两方面。古代官办学校，天子之学曰辟雍，周围环水；诸侯之学曰泮宫，周围半环水，即"半于天子宫也，明尊卑有差，所化少也"[3]。因此，地方文庙内一般会开凿泮池，且绝大多数文庙的泮池内为静水。而泗县文庙毗邻汴河，因势就形，巧妙地利用汴河之水，使得二者相得益彰。万历四十四年（1616），虹县知县伍元正在疏浚汴河的同时，打破常规，因地制宜，利用汴河穿城而过的独特地理条件，"就河道凿泮池，

---

[1] 方瑞兰：《泗虹合志》，江苏古籍出版社，1998年，第455页。
[2] 方瑞兰：《泗虹合志》，江苏古籍出版社，1998年，第455页。
[3] 班固：《白虎通义》卷二，陕西通志馆，1936年。

第四章　泗县大运河沿线的文物古迹

泗县文庙大成殿

使活水往来无滞"①，将泮池及其周围建筑与河流有机融合，营造出一种自然和谐的亲水性空间。由于汴河河道易淤塞，明清两代的地方官员多次疏浚，却是治标不治本，迨晚清，"汴、濉上游全淤，无复从前便利矣"②。咸丰四年（1854），知州裘宝善鉴于原泮池附近的汴河淤塞不通，于是大幅拓宽文庙门前空间，"凿通汴河为外泮池"。至此，泗州文庙拥有内外双泮池，且外泮池引河流穿过。除泗州文庙以外，仅有南京夫子庙等极少数文庙的泮池是因河而建。济南府文庙、平遥县文庙、赣榆县文庙等亦具有（或曾经有）双泮池，但其外泮池并非河流。因此，泗州文庙以河流为外泮池的情况比较罕见，这些体现了大运河沿线城市独特的历史文化特色。③

① 叶兰等：《（乾隆）泗州志》，江苏古籍出版社，1998年，第177页。
② 方瑞兰：《泗虹合志》，江苏古籍出版社，1998年，第412页。
③ 金瑞：《明代以来泗州文庙的变迁及其特征》，《蚌埠学院学报》2020年第6期，第106—111页。

113

|水韵泗州——世界文化遗产隋唐大运河通济渠泗县段

近代以来,为弘扬儒家传统文化,促进泗县文化事业的发展,泗县先后对文庙大成殿进行了修复和内部陈列布展,并于2017年完成。泗县文庙大成殿内现陈列有孔子塑像、神龛、匾额、楹联、孔子圣迹图和钟鼓等祭祀礼乐器物。大成殿正中供奉着圣人孔子的塑像,像高2.7米,正面宽2.05米,侧面宽1.5米,底部直径约2.3米,整个塑像由传统的手工泥塑法塑造,通体用古法彩绘描画制作而成。大殿内的最上方悬挂着"万世师表""圣集大成""德齐帱载"三块蓝底镶边鎏金匾额,分别为清朝康熙、嘉庆、咸丰三个皇帝的手迹。"万世师表"是清康熙皇帝为孔庙大成殿梁上亲笔所写,意思是称赞孔子是千秋万代

泗县文庙大成殿内部正殿图

人们的表率。从此,人们便称颂孔子是"万世师表"。"圣集大成"是嘉庆皇帝于嘉庆四年(1799)御笔题书,意即孔子能把古圣先贤的美德集于一身,且形成自己的学术思想,是古代圣人中的集大成者,为万世典范。"德齐帱载"是

咸丰皇帝于咸丰元年(1851)御笔题书,意为孔子之学术思想和个人品德,可以称得上是经天纬地,无所不包,完美无缺,对孔子的赞誉已经到了无以复加的地步。大殿的两侧是两副蓝底镶边鎏金颂联,分别为"气备四时与天地鬼神日月合其德,教垂万世继尧舜禹汤文武作之师""觉世牖民诗书易象春秋永垂道法,出类拔萃河海泰山麟凤莫喻圣人",都是由乾隆皇帝御书,其大意是赞扬孔子的品德、思想无以复加,举世钦佩,集天地人神成其一身。在孔子塑像之前供奉着孔子的神位,神位前有簋(中国古代汉族祭祀和宴飨时盛放黍、稷、粱、稻等饭食的器具)、簋(古代中国盛食物的器具)、笾(古代用竹编成的食器,祭祀燕飨时用来盛果实、干肉)、豆(古代指盛肉或其他食品的器皿,形状像高脚盘)、筐(竹器,古制用筐不一,皆盛物,今祭祀专以承币)、爵(中国古代一种用于饮酒的容器)、烛台、俎(古代祭祀时摆祭品的礼器,形如小板凳,成语有"越俎代庖")、香炉等为文庙专用祭祀用器。殿内两侧陈设的编钟、编磬等古代祭孔乐器,展现了两千多年前春秋时代的"钟鼓之乐""琴瑟之声"的古乐风貌。编磬采用灵璧石制作而成,而编钟为铜铸,外表古朴。泗县文庙大成殿内的格局基本按照山东省曲阜孔庙的格局进行局部复原展示。由于庙内空间有限,36幅孔子圣迹图现场只放了22幅,如圣行颜随、尼山致祷、麒麟玉书等,展示孔子一生传奇事迹。22幅孔子圣迹图全部按照传统手法,采用椴木手工雕刻而成,每一幅都生动传神,栩栩如生。

泗县文庙大成殿是我县重要的文物古迹,已成为泗县传统文化宣传教育的重要场所。

附:泗县文庙大成殿孔子圣迹图故事介绍

1. 圣行颜随

孔子有很多弟子,其中最得意的弟子是颜回。他对孔子很尊敬,孔子的一言一行,他都铭记于心,无论孔子去哪里他都跟着,不离左右,因此留下"圣行颜随"的故事。

2. 尼山致祷

东周灵王继位第二十年,也正是春秋时期鲁国襄公在位的第二十一年(前552)。孔子的母亲(姓颜,名徵在)到昌平乡陬邑的尼丘山(今曲阜东南)去祈祷,第二年便生下孔子。孔子长相奇特,头顶中间凹陷四周高,就像那尼丘山,所以取名为"丘",并取表字"仲尼"。

3. 麒麟玉书

传说,孔子还没有出生时,家中来了一只麒麟,口吐天降之书,上写:"水精之子,继衰周而素王。"孔母颜氏贤明,知为神异,就用绣绂(古代系印章的丝绳)系在麒麟的角上,麒麟隔了两夜才离去。据说,颜氏怀孕十一个月才生下孔子,后世有"麒麟送子"之说。

4. 二龙五老

传说,孔子出生的那天晚上,有两条苍龙从天而降,绕护着他家,五位神仙也下凡来到家中祝贺。

5. 钧天降圣

传说,孔子诞生时,孔母颜氏在房中听到来自天上的音乐声,还听到空中说:"天感生圣子,故降以和乐之音。"孔子生来就与凡人不同,有49种标记,如日角月准、河目海口等,胸间还有"制作定世符"的文字。

6. 俎豆礼容

孔子3岁时,父亲叔梁纥就去世了,孔子在与小朋友一起做游戏的时候,常常将家中的小碗、小碟摆在桌面上,当作祭祀用的礼器,然后模仿大人的样子,学着行礼,以演习丧葬及祭祀之礼仪。

7. 入平仲学

少年孔子进乡学(官办学校)读书,当时能进乡学读书的都是贵族子弟,一般人家的子弟是没有资格进乡学读书的。孔子家虽然清贫,但因为叔梁纥曾任陬邑大夫,故少年孔子有资格进乡学读书。

8. 职司委吏

孔子早年丧父,家境衰落,成年后,曾做过季孙氏的委吏,即管理仓库的小官吏,称量算账都很公正清楚。

9. 命名荣贶

鲁昭公十年(前532),孔子19岁时娶宋人亓官氏之女为妻。第二年,亓官氏生子。鲁昭公派人送鲤鱼表示祝贺,孔子感到十分荣幸,给儿子取名为鲤,字伯鱼。

10. 职司乘田

后来孔子改做季孙氏的乘田,也就是管理牲畜的小官,这期间,牛羊肥壮,数量增加。不管做什么,孔子都兢兢业业,十分认真。

11. 学琴师襄

孔子向师襄学习弹琴,他沉浸在一首琴曲中十日之久,看不出有新的进展,襄子劝他练习别的曲子,孔子以还没有掌握此曲的道理而推辞。之后襄子又先后两次劝他,他又分别以没有了解此曲的志向、为人做理由推辞。后来才知道此曲相传是周文王所作的。

12. 问礼老聃

孔子和一个叫南宫敬叔的一起到周京都拜访老子,向他请教有关礼仪、典章、制度之事,因为老子曾做过周文王的守藏史(也就是管理图书的史官),熟知周礼。

13. 在川观水

孔子观赏东流之水。子贡向孔子请教:"君子看见大水一定要观赏,这是为什么?"孔子说:"它浩浩荡荡、川流不息,好像道;它遍布天下,给予万物,并无偏私,有如君子的德。所以君子看见大水一定要观赏。"

14. 退修寺书

孔子 42 岁时,鲁定公当政,季孙氏僭越公室大臣,掌控了祭祀、征伐等国家政事。孔子看不惯这种礼崩乐坏的局面,不求做官,专心修诗书,定礼乐。而此时弟子门人却越来越多了。

15. 韦编三艳

孔子从卫国返回鲁国后,始终不能得到重用。晚年的孔子喜欢读《易》,并且撰写了《彖》《象》《系辞》《文言》《序卦》《说卦》《杂卦》等,合称"十翼",又称《易大传》。孔子勤读《易》,致使编缀竹简的皮条多次断开。读书读到了这种程度,孔子谦虚地说:"假如让我多活几年,我就可以完全掌握《易》的文与质了,那么就可以不犯大错误了。"

大成殿内部圣迹图

16. 拜胙遇涂

公元前 501 年,季孙氏的家臣阳虎想拉拢孔子,但孔子不肯见他。阳虎便趁孔子不在家时,派人送去一只蒸熟的小猪。因为当时有"大夫有赐于士,不得受于其家,则往拜其门"的礼仪,阳虎料定孔子肯定会上门拜谢,便可与孔子深谈了。殊不知孔子也专找阳虎不在家时才去拜谢。碰巧的是,孔子回家路上偏偏与阳虎相遇,他想回避,却被阳虎叫住。阳虎问:"怀揣绝技,却让国家迷乱,这是仁吗?"孔子答:"不是。"阳虎又问:"本来希望有所作为,却屡失良机,这是智吗?"孔子曰:"不是。"阳虎又说:"时光在流逝,机会不会再来。"孔子答:"说得对,我将出仕了。"

17. 泰山问政

孔子去齐国,路过泰山,听到一个妇女悲痛的哭声,便让子路去问。子路见一位妇人在一座新坟前哭祭,便问是何人去世。妇人悲切地说,是她的儿子。她家从远方迁居此山中,不料此山中有猛虎,她公公、丈夫、儿子相继丧命于虎口。子路问:"那为何不离开这里?"妇人说:"只为这深山老林中没有苛捐杂税啊!"子路把妇人的话告知孔子。孔子的心情久久不能平静,然后很严肃地对弟子们说:"你们要记住,苛政凶猛过老虎啊!"

18. 四子侍坐

孔子在卫国收徒讲学。一天,子路、曾晳、冉有、公西华陪孔子坐着,孔子让他们说说自己的志向。

子路说:"如让我去治国,我要使国家强大。"冉有说:"如让我去治国,我要使老百姓富足。"公西华说:"我愿去宗庙中主持祭祀,或做一个小小的赞礼人。"曾晳说:"春天暖和,我们五六个青年和六七个少年都去沂河里洗澡,然后在舞雩台上吹风,唱着歌走回家。"

孔子长叹一声说:"我赞成曾晳的想法呀!"

19. 宋人伐木

孔子经曹国到宋国,因批评宋国执政大夫司马桓魋,结果惹出麻烦。孔子经常带着弟子们在住处前面的树下讲学和演习殷商古礼。桓魋便派人去砍伐树木,想让大树倒下来砸死孔子,又让士兵恐吓孔子。弟子们劝孔子快走,孔子很自信地说:"老天使我有了这样的品德,桓魋能把我怎么样?"

后来不断传出桓魋要加害孔子的消息,孔子决定离开宋国。为了避免被桓魋发觉阻拦,孔子决定先从南门出城,然后改道奔往郑国方向,与弟子们约定在郑国都城外会合。孔子扮成普通百姓,乔装逃离宋国。

20. 紫文金简

吴（梁）王闲居，有一赤雀衔着紫色花纹的金简书放在殿前，不知是什么意思，派人去问孔子。孔子看后说："这是灵宝呀，禹曾佩带过。禹临死时把它封锁在石山中的石匣里，今天赤雀衔来，是上天授予你的呀！"

21. 作《猗兰操》

鲁定公十五年（前495）夏，鲁定公病故。孔子从卫国返回鲁国，想参加鲁定公的葬礼。季桓子不同意孔子参加鲁定公的葬礼，不允许他进入曲阜，孔子只好返回故乡陬邑。

孔子途经一谷，见到一株兰花，便长叹说："兰花本应当生长于殿堂，为王者发出香气，而今却孤独地长在山谷间，与野草相伴。"于是孔子停车，弹琴作《猗兰操》："习习谷风，以阴以雨。之子焉归？远送于野。何彼苍天，不得其所。逍遥九州，无所定处。世人暗蔽，不知贤者。年纪逝迈，一身将老。"

大意是：山风习习吹，天阴下着雨。有人故去了，我只能在荒野送他。我要问上天，为何没有自己的土地？徘徊在九州，却找不到自己的家园。世人愚昧呀，不认识贤者。岁月流逝得真快，我就要老了！

22. 真宗祀鲁

宋真宗封禅泰山，过曲阜，拜谒孔子庙。以前祭拜孔子，只下跪不叩头，宋真宗认为这样不够尊敬孔子，特意酌酒奉献，再行叩拜礼；又命刑部尚书温仲舒等大臣分别去祭拜孔子的72位弟子，并亲写赞文，刻于孔庙中；又到孔林去行礼，追封孔子为"玄圣文宣王"。

三、山西会馆

泗县因隋唐大运河通济渠穿境而过，自古便是商贾贸易聚集之地，四方商贾往来其间，百业兴盛。泗县运河街道花园井社区院内的山西会馆就是泗县商业发达的一处重要见证。

山西会馆是明清之际，为寓居在全国各地的山西商人而建的商业性会馆。

第四章　泗县大运河沿线的文物古迹

在明清之际,山西商人遍布全国,经营的商业贸易品类特别广泛,是我国历史上赫赫有名的晋商。在明清存续的500年间,晋商称雄一时,影响巨大,被誉为明清十大商帮之首。晋商经营盐业、票号等,尤其以票号最为出名。随着山西商人实力的不断壮大,他们一般都会在所到之地修建一处宏伟壮观、富丽堂皇、极具晋商特色的山西会馆。据不完全统计,晋商辉煌之时,曾在全国建设400余座山西会馆,正所谓"凡商贸繁华处必有晋商,有晋商居处,必有会馆"。

泗州交通便利,早在明朝初年,便有大量山西地区的人口迁移到此。直至今日,泗县现存的一些宗族家谱还有着祖籍为山西的记载,泗县与山西的历史渊源可以说是由来已久。

泗县山西会馆

目前,泗县山西会馆墙面尚留存碑刻两通,记载了它的历史和规模。根据山西会馆墙面所留碑刻记载,泗县山西会馆由清嘉庆年间寓居在泗州的晋商修建而成,是当时晋商在泗州经商、议事、休闲娱乐的活动场所。清中后期,山

121

| 水韵泗州——世界文化遗产隋唐大运河通济渠泗县段

西商人在泗州创业,在此,他们不仅遇到人生地不熟的困难,而且遇到了本地区激烈的商业竞争。山西商人为了维护自己的商业利益,于是广泛联络寓泗晋商,共同协商,合力经商。泗县的山西会馆,就是当年山西商人交流商情、联络感情的重要场所。

另据碑文所知,泗县山西会馆是山西商人在原来的五圣宫基础上建造的。五圣宫旧时供奉北帝、天后、龙母、伏波、三界五位民间圣神。东西南北、左右内外,五神共一庙供奉,这在我国历史上实属罕见,充分体现了泗县先人包容共存的宽厚胸怀。据记载,山西会馆建于乾隆十四年(1749),原有歌楼、春秋楼、东西两厢、牌坊、角门、墙垣等。其中捐资修建的山西籍代表商户有公益号、泰兴号、萃丰号、聚源号、恒聚号等。为保障日常运行,山西商人广置田产,在周边购置田地七十余亩,由此反映出山西会馆当年繁华一时。作为当时比较有影响力的商旅力量,山西商人对泗县商业的发展产生了较大影响。

泗县的山西会馆历经风雨,目前仅正殿得以幸存。现存的山西会馆正殿,面阔13米,进深9.9米,坐北朝南,砖木结构,硬山顶,由此可以想象当年会馆的宏大规模,现被确立为县级重点文物保护单位。近年来,随着文化事业的繁荣发展,让"文物活起来"成为文物资源的发展追求。2018年,泗县对山西会馆进行了修缮、展示和利用,发挥这一重要文物资源的价值。

经过修缮一新的山西会馆业已陈列布展,馆内两侧悬挂介绍山西会馆历史的挂轴书画,中堂配以手绘关公画像,周仓、关平分列两侧,图像两侧配以对联"香满一炉思汉鼎,花开三月想桃园"。关公画像上方为"忠义千秋"的匾额。馆内简单配以仿古方桌、香案、椅子等。依据山西商人的传统习俗,山西会馆基本都有两大特征:一是建有戏楼,以供他们日常娱乐所用;二是会馆内要供奉关公。关羽作为我国重要的历史人物,其忠义仁勇的道德品质,在我国古代被视为忠孝节义的化身,到了明清时期,更是被封为"关圣大帝",成为神一般的人物。对关公的信仰更是影响到各个行业:兵家将其奉为武圣,商家将

第四章　泗县大运河沿线的文物古迹

泗县山西会馆内部

其奉为财神,百姓将其奉为保护神,儒释道三教将其奉为护法神,甚至皇家也将其奉为护国圣神。可以说,在我国悠久的传统历史文化中,关公信仰已经融入中华文化之中,成为中华民族一个重要的精神符号。由于关羽出生于山西运城,作为最具代表性和影响力的山西历史人物,山西商人对关公的敬仰和供奉更为显著,几乎每一座山西会馆都供奉着关公。

此外,根据泗县相关史料记载,修缮时人们对山西会馆内外的数副对联也进行了复刻。这些对联内容颇具文化内涵,体现了晋商寓泗的文化情怀。

其中,山西会馆外正门横匾为黑底花边錾刻的"山西会馆"四字,两侧刻有一副楹联:

同是宦游人,泗水云山权作客;

123

应知故乡事,晋阳风物近如何。

这副对联以"泗水云山"指代泗州,"晋阳风物"指代山西,把山西商人寓居泗县的宦旅之情和思乡之感表现得淋漓尽致。

馆内大殿两侧也刻有一副楹联:

离乡背井别三晋,谁无故土之思,重梓谊、常来会馆;
营利经商临泗水,总为谋生之计,感萍踪、早买归舟。

这副对联和山西会馆外面的对联有着异曲同工之妙,同样表达了山西商人寓居泗县的乡愁之情,而对联内容又表达了山西商人外出经商的谋生之念,把山西会馆作为寄托乡土之思、同乡之情的情感家园,体现了山西会馆的功能和作用。

作为见证泗县商业发展历程的历史古迹,山西会馆历经岁月洗礼尚得以幸存一殿,已属不易。在重农抑商的封建社会,山西商人能够远涉数千里,在此立足发展,可见泗县当时商业的繁荣。在时代的发展中,泗县凭借优越的地理位置,承东启西,连南通北,必然可以取得迅猛的发展。在文化繁荣的今天,山西会馆得以修复利用,具有重要的文化意义。

第二节　古遗址

一、墩集霸王城遗址

泗县历史悠久,境内文物遗迹遗存较多。泗县地方史志记载,泗县在秦朝即设郡,两汉时期已成为江淮流域的重要郡县。境内现今仍留存众多秦汉时期的文化遗迹,而其中的墩集霸王城遗址则是具有典型的秦汉古城遗址特征

第四章　泗县大运河沿线的文物古迹

泗县墩集霸王城遗址

的重要历史文化遗存,同时也是泗县大运河支流石梁河沿岸的重要文化遗址。

　　墩集霸王城遗址位于泗县东南墩集镇霸王村,在石梁河东岸,距县城约10千米。村因城而得名,一直沿袭至今,是皖东北地区重要的古城遗址之一。《泗虹合志》记载:霸王城"在城南二十里,霸王屯兵处"[1]。霸王城总体呈长方形,经实地测量,周长有1200米,其中东城墙现有遗存205米,南城墙250米,西城墙320米,北城墙325米,古城遗址总面积约7.6万平方米。目前,霸王城城墙遗址保存相对较好,城墙最高处距离地面约7米,城垣和壕沟遗迹均可见,城址轮廓较为清晰。早期对遗址进行过考察,在地面和土层内均发现新石器至秦汉时期的鼎足、鬲足和陶罐、陶豆、陶鼎等文物遗存。通过对器物特征分析,初步判断其为龙山文化早期至秦汉时期的城池遗址。同时,文物部门经

---

[1] 方瑞兰:《泗虹合志》,黄山书社,2011年,第73页。

125

过考古勘察,在其周边发现了下杨、梁庄、大魏、程台、东古堆、赵谷堆、汉王台等多处新石器时期和楚汉时期的遗址遗迹,文物遗存分布较为密集,具有重要的区域历史文化价值。2012年12月,墩集霸王城遗址被安徽省人民政府公布为第七批省级重点文物保护单位。2017年5月,有关部门对该遗址做了管理保护规划的编制。2019年4月,安徽省人民政府公布了保护范围和建设控制地带,明确了霸王城遗址的管护范围,较大地促进了该遗址的管理、保护与利用。同年12月,该遗址展示利用被纳入安徽省大运河文化保护传承利用实施规划中,为墩集霸王城遗址进一步开发、利用奠定了一定基础。目前,墩集霸王城遗址保存状况较好。

楚汉之争是我国历史发展过程中的重要事件,江淮区域更是刘项角逐的重要地域,其中皖北地区留存下来的霸王城遗址就有固镇、灵璧、泗县三处之多,而泗县墩集霸王城遗址是皖北地区保存较为完好的早期古城遗址,是研究秦汉时期城市格局的重要遗迹,具有重要的历史文化和社会价值。墩集霸王城遗址距离垓下古战场遗址仅几十千米。垓下之战,是刘邦和项羽逐鹿中原的最后决战。垓下一役,楚军惨败,几乎全军覆没,项羽彻底失去了和刘邦角逐天下的资本。[①]《汉书·高帝纪》记载:"十二月,围羽垓下。羽夜闻汉军四面皆楚歌,知尽得楚地。羽与数百骑走,是以兵大败。"据传,当年霸王项羽兵败垓下,在溃退过程中,逃至墩集时筑土成城,作为临时据点,与刘邦交战。霸王城遗址为楚汉相争时垓下之战的外围战场,与周边灵璧县、固镇县的霸王城遗址遥相呼应。垓下战场辐射方圆百余里,此处作为垓下之战的一部分具有很大的可能性。此外,在霸王城遗址的北侧,当地居民在耕种时曾发现铜镜、箭镞、甲片等军事战争遗存,这也在一定程度上佐证了墩集霸王城的历史形

[①] 赵凯:《历史文化景观下的垓下之战》,《宿州学院学报》2011年第10期,第122—126页。

成。通过对遗存器物的分析,其较有可能是利用原有城址基础,加固为临时性的军事据点。目前,该遗址城垣保存较好,城池四周壕沟遗迹清晰可辨,在城墙南侧尚保存一处完好的石砌出水口,具有明显的秦汉城址特征。该遗址不仅是研究楚汉时期战争的重要遗迹,对研究皖北地区城池遗址布局和形成也具有重要价值,是研究皖北地区社会文化发展的珍贵历史资源。

2017年以来,为加强对墩集霸王城遗址的管理和保护,进一步了解该遗址的历史文化信息,安徽省文物考古研究所对该遗址进行了局部的考古勘探和试掘。经考古发掘分析,在墩集霸王城城墙的地下部分,均发现存在2—3米的墙基遗存,其中保存较好的东城墙部分,距离地面高度有7米左右,城墙四周轮廓尚可辨识。而在城墙筑建方面,经考古勘探判断,其墙体皆为人工夯筑而成,较为致密和坚硬,且存在二次筑造情况。城内区域文化层厚度约为1米,可能是人为有意识地垫土而成,应是城内人类活动结果所致。不同时期对古遗址进行的加固和修复,是霸王城遗址历经两千余年尚能保存的重要原因。通过对城墙外侧的勘探,发现其多为淤积层,中间部分存在人为堆积层现象。通过对堆积层的土质和厚度情况分析,历史上该地应该发生过较大的洪水灾害,这也间接反映了霸王城具有较好的防洪功能。通过对护城河壕沟的勘探情况分析,可以确定壕沟宽度在10米左右,但淤积现象较为严重,存在多次人为清淤情况,堆积层较为普遍,证明了其具有排水防涝的功能。霸王城遗址所蕴含的丰富的历史信息,体现了我国早期人类生活遗址的风貌特征,为研究秦汉时期城池遗址提供了大量的基础资料,也是楚汉之争垓下战场重要的实物佐证,对于研究皖北地区聚落遗址的形成和发展具有重要的文物价值。此外,墩集霸王城遗址分布的新石器时代的器物标本,具有典型的龙山文化早期的文物特征,为皖北地区人类文明的起源、发展和演进的研究提供了重要的考古线索。[1]

---

[1] 此为安徽省文物考古研究所内部资料,尚未公布。

此外,楚汉文化在皖北地区影响较大,是江淮文化重要的组成部分。除霸王城遗址外,其他比较有代表性的文物遗迹如陈胜、吴广大泽乡起义的涉故台遗址、蕲县遗址、垓下遗址,以及虞姬墓、戚夫人庙等,同时还有在皖北地区广为流传的霸王别姬、枯河头、虞美人等历史传说故事。而泗县墩集霸王城遗址作为其中一处重要的代表性遗迹,其遗存分布多,时间跨度长,文化内涵丰富,是皖北地区社会历史文化的重要文物遗迹。通过对霸王城遗址的深入挖掘,一方面,我们能够较好地认识我国早期的军事战争的演变过程,进一步丰富对垓下之战的历史研究。同时,作为楚汉时期重要的军事遗存,墩集霸王城遗址体现了我国古代重要的军事文化印记,也是泗县厚重楚汉文化的重要体现,与虞姬墓、汉王台、枯河头等文物遗迹共同体现了泗县地区厚重的地域历史文化内涵。另一方面,对霸王城遗址等楚汉历史人文古迹,古今文人墨客吟咏不绝,在地方文化中影响甚广,在地方戏曲文化、民间文学中都有不同的体现。诗文方面如苏轼的《虞姬墓》云:"帐下佳人拭泪痕,门前壮士气如云。仓黄不负君王意,只有虞姬与郑君。"范成大的《虞姬墓》曰:"刘项家人总可怜,英雄无策庇婵娟。戚姬葬处君知否?不及虞兮有墓田。"这些诗作表达了古代文人对虞姬的钦赞之情。清代诗人张友骞的诗作《过霸王城》亦颇具代表性,其诗曰:"百战残城压野幽,雄风吹断楚家秋?江空面目羞东渡,垒撼波涛怒北流。落叶乱飘林似戟,征鸿斜带月如钩。沙飞云卷声都壮,想见当年志未酬。"该诗彰显了霸王城遗址所蕴含的历史悲情色彩。其他方面,诸如泗州戏《霸王别姬》《垓下绝唱》,以及虞美人草、楚霸王泪洒枯河头等文艺内容,都具有较高的地域文化价值,丰富了地方历史文化。

泗县墩集霸王城遗址年代十分久远,历史文化内涵丰富且深厚,文化遗存具有非常鲜明的江淮地域特色,同时也具有泗县地域文化特色,是泗县大运河沿线非常有代表性的一处遗址。①

泗县墩集霸王城遗址

二、义井遗址

义井遗址位于泗县大运河南岸、303 省道北侧的泗城镇关庙村义井庄,占地 2 平方米。古井井座为青砖垒砌,井栏为两块,有一直径为 0.55 米的圆形出水口。井内干枯无水,两块井栏上下堆放。

作为泗县大运河河边的一口古井,它有着很多传奇的故事。尤其是关于古井因何以"义"字命名,众说纷纭,莫衷一是。泗县地方文史研究学者张文德经过调查和整理,认为义井之名主要有四种说法。

其一,据传说,泗县义井所在,乃是古代"御井"。当年,隋炀帝沿着大运河南下扬州,曾经驻跸于此,这是专门为他修砌的御井,只供御膳房取水制作美食之用。支持这种说法的村民还举出不少例证,如御井向东不足 200 米,在

---

① 张甦:《泗县墩集霸王城遗址保护利用刍议》,《黄山学院学报》2022 年第 6 期,第 100—104 页。

129

泗县古运河南北两岸,曾经有两座相距很近的高台土墩,乃隋炀帝南巡时做高规格的保驾护航之用。今天这里还留下墩前孙庄的地名。

其二,传说义井乃是"无意井"之意。在古井的西侧曾有一座横跨泗县古运河的桥梁,在这里形成了东西水路、南北陆路的一个交会点,慢慢出现了茶馆、饭铺、旅店、驿站,而早先开凿的古井,慢慢湮灭在一片房舍之中,有时行路人苦寻而不见,有时无意之中得见,故而称其"无意井"。

其三,据说开凿"义井",乃是一种义举。传说此地河道曾经淤塞日久,又适逢大旱,运河两岸庄稼颗粒无收,百姓饮水困难,却又筹集不到钱粮,没有能力淘井清淤。一位过路的客商(有说是驿差)见此情景,慷慨解囊,兑现了此前生病时在墩前土地庙发的愿,捐资完成了淘井打水的义举。

其四,还有一种说法是"易井"。据说古井年代久远,最早开凿的年代已不可考证,只知道这口井的口沿被麻绳来回摩擦,井栏被"易"得支离破碎,井口也被"易"得越来越大。泗县方言中,"易"字是磨损的意思。麻绳以滴水穿石的磨砺,改变了一口井的格局,故有此称。

对此,《泗县地名录》是这样解读的:"义井,以前本村居民挖地,无意之中挖出一眼井,(由是)人们把该村称作'无意井庄',简称意井,后演变为义井。"①

三、阴陵山遗址

阴陵山位于泗县长沟镇西部,是泗县大运河故道南侧的一座山。这座山山势不高,但据当地老百姓传说,过去的阴陵山山势高达万丈,连飞鸟都难以逾越。当年垓下之战时,西楚霸王项羽突围途中,曾在此迷失过方向。公元前202年,楚汉相争,项羽在垓下被韩信用"四面埋伏"之计打败,带着部下埋葬虞姬后,匆匆向东奔老家宿迁而去。《史记·项羽本纪》记载:"项王至阴陵,迷失道。"据说即是泗县的这座阴陵山。唐代大诗人高适在其《东征赋》中也

---

① 袁浩等:《古今泗州·风物卷》,安徽文艺出版社,2018年,第171—172页。

第四章　泗县大运河沿线的文物古迹

泗县阴陵山遗址

有着类似的记述："次灵璧之逆旅，面垓下之遗墟……出重围以狼狈，至阴陵以踌躇。"明朝虹县县令叶志淑诗《过阴陵山》："阴陵山北小村西，旧说重瞳向此迷。今日偶经征战地，残阳古木任鸦栖。"在阴陵山的北坡，有一块巨石，南高北低，上下两个平面，每面1米见方，形状像一把椅子，这块巨石被当地老百姓称为"霸王椅"。当年，阴陵山山势高耸，山道迂回，夜深人静时，明月高悬，更显得幽静迷人，让人感慨良多，"阴陵夜月"乃旧时虹县八景之一。清康熙年间虹县县令龚起翚曾有诗云："怅望阴陵道，难招楚霸魂。云迷千树暗，冥合万山昏。子弟兵何在？佳人墓尚存。独怜千古月，犹自照荒墩。"

现在的阴陵山北面为村庄，南面、西面为农田。山周围地势凹凸不平，在工农业生产中，经常有铜箭镞、陶鼎、陶壶等文物出土，都具有秦汉时期风格，可见此处应为一处秦汉时期古遗址。如今经过多年的开山采石，阴陵山被开采殆尽，昔日泗州虹县八景之一的"阴陵夜月"也已成为历史的记忆。[1]

---

[1] 赵彦志：《汴河遗韵——大运河汴河宿州段文化遗产调查与研究》，黄山书社，2023年，第178页。

四、鹿鸣山遗址

鹿鸣山遗址在阴陵山东不远处,其名之由来亦与西楚霸王项羽有关。据传,项羽在垓下之战中战败,向东经过阴陵山,所幸躲过汉军追击,继续向东逃走,行十余里,又遇一座大山,大雾迷漫,兵将左冲右突,找不到出路。正当项羽焦急万分之时,他听到前方有鹿鸣之声。循着鹿的叫声,部队往前行进一段,仍见不到鹿的影子,可鹿还在前面叫着,于是部队继续循声跟去。前面大雾尽散,月光皎洁,鹿跳入丛林,不见踪影。从此,鹿鸣山的故事就流传下来了。在鹿鸣山附近也常常出土板瓦、筒瓦、陶壶、陶罐等文物残片,时代与阴陵山周边出土的器物一致,均为秦汉时期。

泗县鹿鸣山遗址

第四章　泗县大运河沿线的文物古迹

此外,传说当年靖难之役时,明成祖朱棣率军南下,曾在此处安营扎寨,夜间闻得呦呦鹿鸣,圣心大悦,故而赐名鹿鸣山。对于鹿鸣山之名的由来,现已无从考证。作为泗县大运河沿线的古遗址,它见证着泗县运河的沧桑历史,伴随着古运河的涓涓流水,承载着泗县一代又一代人的历史记忆。

第三节　古墓葬

一、阴陵山墓群

阴陵山墓群位于灵璧县和泗县交界处的泗县长沟镇四河行政村许韩自然庄。墓群西邻老唐河,向西北行约700米为虞姬墓,北距大运河遗址约500米,向东行约2千米为新唐河,南距新汴河约2千米。阴陵山山势较为平坦,海拔不足30米,是一座面积不大的小山丘。正所谓"山不在高",阴陵山不大也不高,却因为刘邦和项羽的故事而载入《史记》和历代文人墨客的诗词之中。在大运河汴河开凿后,阴陵山处于汴河南岸,在唐宋时期即成为文人凭吊之地,留下很多优美的诗文。北宋文学家梅询在《阴陵》中写道:"龙虎相驱逐,干戈事战争。千重汉围合,一夜楚歌声。凄凉七十战,散漫八千兵。失道欺田父,穷途遇灌婴。天亡终不悟,览古亦伤情。"

阴陵山墓群位于阴陵山南部和西部的山脚农田中,东西约200米,南北约100米,面积约2万平方米,一条南北向的生产路穿越该墓群。在墓群中部有一处人工取土形成的洼地,四周断面上可以看到多处土坑墓及砖室墓的痕迹。墓群地表散落大量青砖及陶片。墓砖有长方形和楔形两种,高度不一,多带有乳钉纹和菱形纹饰。地面陶片多为灰陶,纹饰主要有绳纹、弦纹两种,器型主要是瓦、盆和罐等。根据地表墓砖和器物的形制判断,阴陵山墓群是一处战国至汉代的古墓群。[1]

---

[1] 赵彦志:《汴河遗韵——大运河汴河宿州段文化遗产调查与研究》,黄山书社,2023年,第188—189页。

二、通海墓群

通海墓群位于草庙镇通海行政村通海街东侧，东西长约 150 米，南北宽约 100 米，面积约 1.5 万平方米。据说在通海行政村改建时曾出土大量青砖及部分石室墓，青砖上有乳钉纹及菱形花纹，在墓群东侧一户村民家发现石室墓石板，石板为素面，无纹饰。综合上述情况分析，该遗址应为一处汉代墓群。

通海村在宋代发展成为泗县大运河沿线一处重要的商贸中转站，可见其位置的重要性。而通过通海墓群的发现，可以知道，这个地方在汉代就已经是一处泗县先民的聚居之所。从汉代的居住村庄，到宋代的运河市镇，泗县大运河沿线得到了不断的发展，及至今日，虽然通海镇遗址已经不存，但也可以想见泗县大运河当年的辉煌。

三、吴孟庄汉墓群

吴孟庄墓群位于泗城镇吴孟庄东部、石梁河西岸，墓为砖结构，砖体饰有菱形纹、圈纹等，综合分析，此墓群年代为汉代。该墓群东临石梁河，南距花园路约 500 米，属于泗县大运河水系沿线。墓群面积约 3 万平方米，位于河岸台地上，地势起伏，由三个高堆组成。由于早期遭受严重盗掘，墓室已暴露于地表，现存部分封土堆。封土堆大致呈圆形，直径约 20 米，高于周边 1—2 米。由于位置独特、地势突出等，当地居民称这块区域为"龙庙滩"。2019 年 8 月至 9 月，

吴孟庄汉墓群分布图

第四章　泗县大运河沿线的文物古迹

吴孟庄汉墓群航拍图

安徽省文物考古研究所对该墓葬群进行了抢救性发掘。

通过考古发掘，考古人员共发掘墓葬10座。由于墓葬大多早期被盗扰，出土遗物较少，按材质划分有铜器、铁器、陶器等。铜器有铜镜、带钩、五铢钱，铁器有铁剑，陶器仅2件陶罐。由于曾被盗扰，很难确定墓葬随葬品组合情况。随葬品稍完整的为12号墓及4号墓东墓室。4号墓东墓室随葬铜镜1面、陶罐1件、铜钱若干。铜镜残，锈蚀严重，应该为四乳四兽镜，这种铜镜在西汉晚期较为常见。12号墓出土铜镜3面、铁剑1把（玉剑格）、陶罐1件、铜钱若干。其中2面铜镜保存良好：一面为"尚方"铭铜镜，圆形钮座，外有一圈乳钉纹，间饰鸟篆文，再外一圈斜线纹及一圈符号，主纹饰区为六个圆形乳钉，间饰六神兽，外一圈铭文带，直径约18厘米；一面为"尚方"铭博局纹镜，锈蚀稍严重，圆钮，外一周圆形小乳钉，间饰十二生肖铭文，主纹饰区分列八个乳钉，间饰神兽、博局纹，外一圈铭文带，直径约18厘米。铜镜铭文中的"尚方"

135

一词始见于《前汉书·百官公卿表》:"少府之下有尚方令一人,御用及官制铜镜均由尚方制作。"12号墓一次随葬2面"尚方"铭铜镜,说明墓葬等级相对比较高。

根据墓葬形制及出土的铜镜、铜钱等遗物,初步判断此墓葬群年代为西汉晚期至东汉;墓葬形制大体一致,且分布有序,推断各墓葬之间有相对早晚关系,但年代应不会相隔太久,并且属于同一家族墓的可能性较大。该墓葬是泗县目前唯一考古发掘的汉代墓葬群,对于研究泗县历史具有重要价值。

四、洼张山汉墓群

洼张山汉墓群位于屏山镇老山村的洼张山西坡,东西长约200米,南北长约160米,面积约3.6万平方米,在此范围内随处可见汉墓砖。相传此处为"秦王墓"。

据当地居民反映,20世纪60年代,曾在此处发现一座东汉画像石墓,出

洼张山汉墓群出土的画像石

第四章　泗县大运河沿线的文物古迹

竖碑保护泗县洼张山古墓群

土画像石数十块。1997年12月,居住在附近的村民赵光怀曾在此处发现古代墓葬一处,后经安徽省文物考古研究所发掘清理,出土汉代画像石60余块。据现场初步判断,古墓坐西面东,由墓道、前室、天井、墓室组成,东西长14米,南北宽3.2—6.8米,高约2米。墓道长4米,宽2.2米,前室、天井和墓室总长10米,每室大小相等。古墓有3根石头横梁,前室门楣横梁和墓室的横梁大小相同,横梁长2.3米,宽0.5米,厚0.23米;前室的后梁长2.54米,宽0.5米,厚0.65米,每根梁重逾千斤。从地面沿墓道顺坡而下至前室,前室有石门两扇,一大一小,上有石刻图案。前室门楣的横梁上,正面、底面、后面都刻有龙的图案。前室两侧各有一门,为左右耳房。耳房四壁是石刻人物图、奏乐图。前室的后梁上三面刻图,正面是生产制作图,下面是花草图,后面是车马出行图和狩猎图。由前室进天井,四壁为砖砌。再由天井入墓室,墓室前梁上的石刻图案,因石质风化严重已无法辨清。墓室的地基是石基,后墙是石壁,上刻各种动物图案,其他三壁是砖砌。整个墓室的封顶为砖砌拱形,墓顶早已

137

因被盗而坍塌。古墓出土 62 块画像石和小量陶罐、鎏金铜器及漆器残片。墓主的骸骨已成粉状，性别难辨。经安徽省考古研究所考证，该墓葬属于东汉时期，墓主在当地应是名门望族。至于墓主的姓氏、身份已无法考证。洼张山出土的画像石，表面均打磨光滑，雕刻精细，其人物、动物姿态纷呈，栩栩如生。这说明，在东汉时期，泗县的民间绘画、雕刻艺术已有很深的造诣。

五、李彝墓

李彝墓是 2007 年 7 月 2 日在泗县城东开发区玉兰居民小区建设工地施工时发现的，后泗县文物管理部门组织人员对墓葬进行了清理。由于墓葬发现时已经被严重破坏，墓葬仅残存墓底部分和一侧墓壁，墓底距地表约 2 米。墓葬残长 2.1 米，宽约 1.2 米，残高 0.8 米。墓壁采用"三顺一丁"砌法。墓砖形制为长方形，素面，稍小，长 25—27 厘米，宽 12—13.5 厘米，厚 3—3.5 厘米。墓底未铺地砖。方向大致为正南北。墓葬出土器物较少，仅发现开元通

李彝墓志铭拓片

宝 2 枚和墓志 1 盒。

根据墓志记载，李彝于唐光启三年（887）卒于含山（今含山）县令任上，死后其家人欲带其回归祖籍陇西地区（今兰州、天水一带）。李彝家人从含山入长江，再到扬州入大运河邗沟段，沿隋唐大运河北上回归故里。李彝家人选择从隋唐大运河回陇西是舍近求远的，但这恰恰说明隋唐大运河在当时依然是沟通中原腹地和东南的主要通道。墓志中有关于李彝墓位置的记载："以今年十二月十六日龟兆告吉，权厝于泗州虹县西原一里地也。"这表明李彝墓葬于虹县西，而李彝墓出土位置在现在泗县城关镇（老城区）东护城河东约 600 米处。按照墓志记载位置，唐代虹县城应在李彝墓以东，也就是现在泗县老城东，现在的泗县老城并非唐代时期的虹县旧址，说明直到唐代末期，虹县治所仍在现在泗县县城向东 1 千米的地方。据记载，该处即为原夏丘县城旧址所在。

泗县李彝墓不但反映了唐代晚期隋唐大运河运行状况，而且对虹县古城的位置提供了重要的实物佐证，也为研究泗县大运河在唐代末期的状况以及当时泗县古城（虹县城）的具体位置提供了重要的考证资料。[①] 此外，该墓志落款为"乡贤进士程罕"，说明唐代时泗县曾出过一位叫程罕的进士，也填补了泗县历史的一个空白。

六、韩礼墓

韩礼墓位于泗县泗城镇三湾村的泗县大运河北岸，墓前原有望柱、石台、石香炉和石狮等祭物，由于年代久远，现仅剩一堆十分高大的坟冢，依稀可见当时的墓地规模。据居住在三湾社区小王庄的 85 岁韩家珍老人提供的《韩氏族谱》记载，这处墓地的墓主人就是韩氏族人中赫赫有名的大明开国功臣韩成

---

① 赵彦志：《汴河遗韵——大运河汴河宿州段文化遗产调查与研究》，黄山书社，2023 年，第 189—190 页。

的三世孙。据当地韩姓村民讲,当年这座墓地面积相当大,周围有松林,还有专人看守。对于韩礼的历史信息,史书记载甚少,仅知其为韩成之子韩观的第三子,在太祖恩赐进京途中去世。但其祖父韩成、其父韩观都是明太祖时期的开国功臣,跟随太祖东征西讨,立下了赫赫战功。尤其是其祖父韩成,因替明太祖朱元璋赴死,被追封为高阳侯。

据《明史》记载,韩成(?—1363),濠州虹县(今泗县)人。从朱元璋起事于徐、泗,屡立战功,升帐前总制亲兵左副指挥使,专司宿卫。从朱元璋攻陈友谅,鄱阳湖代太祖死,追封为高阳郡侯,子官至都督。据民间传说,韩成相貌奇特,十分有勇略。传说韩成年少时,有一个叫作谦牧的僧人看到他,倍感称奇,对周边的人说:"这孩子长大后必然有所作为。因为他生得奇,死也死得奇。"也许是一语成谶,后来韩成的离世,也确实是十分离奇与壮烈的。

高阳侯韩成像

元至正十二年(1352),韩成跟随着明太祖朱元璋在濠州起兵,慷慨应事,济世安民,每战必率先冲锋陷阵,先后攻克滁州、泗州,破诸山寨,取金陵,屡建奇功,后升任帐前亲兵指挥,专侍帷幄。韩成和邓愈、胡大海一样,都是明太祖朱元璋手下诸多淮泗将领中的佼佼者。

1363年7月,韩成随同朱元璋征战鄱阳湖,与陈友谅大战于湖中,自戊子日到庚寅日,三战三胜。但陈友谅依仗人多势众,依然败而不退。此时的陈友谅倾全部之兵力,要誓死捉住朱元璋。于是,朱元璋与陈友谅两军便在鄱阳湖展开了一场生死大决战。当时,朱元璋所拥有的兵力较弱,而陈友谅兵将多达60万之众,将朱元璋团团围住,朱元璋多次率军都无法冲出重围,情况万分危急。在这千钧一发之际,韩成主动请缨,他对朱元璋说:"我和主上身材、相貌相似,我愿意效仿古代大将纪信那样,以身代替,以便您能够趁机脱身。"朱元璋于是把自己的冠冕赐给韩成换上,看上去就和朱元璋一样。于是韩成伪装成朱元璋的样子与陈友谅的军队大战,后不敌而跳入水中战死。陈友谅的军队以为朱元璋战死,于是放松了警惕,朱元璋趁机得以逃脱。后来太祖感念韩成的功绩,追封他为安远大将军、轻车都尉、帐前总制亲兵指挥使,封高阳侯,谥号忠壮。

此后,明太祖又特命建忠臣祠于鄱阳湖畔的康郎山上,并将韩成列为功首,位居第一,每年派人祭奠。韩成舍身救主,一心效忠朱元璋的传奇故事,一直以来都为后人称颂不已。明代著名诗人凌梦旸曾留下这样的诗句:"漫道忠臣不爱身,杀身壮节未多闻。如今裔子为齐庶,磨灭鄱阳捧日心。"为了彰显韩成的忠义精神,朝廷又在虹县县衙之西、城隍庙东,专门建有韩侯祠,以供祭祀,现已不存。

根据史书记载,韩礼的父亲韩观,字彦宾,虹县人,是高阳忠壮侯韩成的儿子。韩观以舍人的身份在宫禁中值宿,担任警卫。韩观为人忠诚敬慎,被明太祖封为桂林右卫指挥佥事。

明洪武二十八年(1395),韩观以征南左副将军的身份跟随都督杨文征讨龙州土官赵宗寿,宗寿低头认罪。韩观长期生活在军营之中,既勇敢又有谋略。他凶猛强悍,诛杀处罚说到做到。他下的军令如山,没有人敢违反。当初,蛮人到处闹事,抢夺郡县,杀害官吏,气焰十分嚣张。韩观手下的将士们都害怕韩观的法令,争相和敌人展开殊死战斗。韩观俘获蛮人后,定将蛮人处死,间或放回一两个,让他们回去告诉其他蛮人,其他蛮人无不闻风丧胆,从此境内太平。

庐陵的百姓聚众造反,皇帝不想派兵镇压,就派遣使者许子谟带着皇帝的命令去招安,命令韩观前往安抚。韩观到达后,民众都恢复了本业,皇帝赐玺书褒奖慰问,又命令韩观携带征南将军印,镇守广西,统辖两广的官军。

皇帝知道韩观喜欢杀戮,特意赐玺书告诫他:"蛮人极容易反叛,难以征服,杀得越多越难治理。爱卿前往镇守,一定要好好安抚关怀他们,不要一味地杀戮。"适逢各地蛮人再次发生叛乱,皇帝派遣员外郎李宗辅前来招安。韩观大规模地调兵遣将,做出将要出征的样子,同时派遣使者和李宗辅一起前往。桂林恢复本业的蛮人多达6000家,只剩下思恩的蛮人没有归顺朝廷。而庆远、柳、浔等地的蛮人大肆杀戮掳掠官吏百姓,于是韩观上书奏请征讨。

永乐元年(1403),韩观与指挥葛森等攻打斩获理定各县山贼共计1180余人,擒获他们的首领50余人,斩杀并示众。韩观将贼人所抢夺的人财物发还给百姓。荔波的瑶民惊恐万分,请求将自己编入朝廷的户籍。皇帝嘱咐韩观安抚他们,瑶民80余洞全部归顺。第二年,浔、桂、柳三府的蛮人作乱,被安抚之后又叛乱,韩观派遣朱辉前去平定。朱辉凭借主力军以外的部分军队就取得了胜利,蛮人非常恐惧。正逢朝廷派郎中徐子良到,就来归降,归还所掠夺的人口、牲畜、器械。

永乐九年(1411),韩观拜授征夷副将军。第二年,朝廷又命令韩观运送粮食供给张辅的部队。张辅两次出兵平定交趾,韩观都是主持运输物资,没有担任将领,所以功劳不显著。

韩观长期镇守广西,威震南中,蛮人小心翼翼地遵守朝廷法令不敢违抗。后来的将领,除了山云外,都不及韩观。永乐十二年(1414)九月,韩观辞世。但据清康熙《虹县志》中龚起翚撰写的《高阳侯世系考》记载,韩观卒于明太祖年间,与《明史》记载有差异。

韩成、韩观父子作为明初虹县籍的卓越功臣,为明太祖建立明王朝立下了汗马功劳。其子孙一直都有所建树,成为当地的名门望族而繁衍至今。

七、陈翌家族墓地

陈翌家族墓地位于泗县大运河东水关的泗县电视台东侧。自20世纪70年代以来,在此处先后发现陈翌母亲、陈翌及其父亲墓志铭5块,基本证实了此处是陈翌的家族墓地。

陈翌是明正统年间进士,历任户部山东司主事、广西司郎中、山西右布政使、宁夏巡抚、南京户部尚书等职。陈翌在位期间,履历丰富,政绩斐然,《明实录》《明名臣琬炎录》《国朝列卿记》等地方志书中均有所载。

(一)陈翌祖籍及家世

陈翌祖籍为丰县朱陈村。朱陈村是千古名村,唐代诗人白居易《朱陈村》一诗中有"徐州古丰县,有村曰朱陈"之句;明代都穆的《南濠诗话》中记载:"朱陈村在徐州丰县东南一百里深山中,民俗淳质,一村惟朱、陈二姓,世为婚姻。"可见陈氏家族于朱陈村累世为居。宋朝末年,陈翌祖上徙居彭城(今铜山),到了明朝初年,陈翌祖父陈敬先游历至虹县(今泗县),才在此定居。

根据《陈翌墓志铭》的记载,陈翌曾祖陈以仁、祖父陈敬先、父陈鉴。陈以仁在元代曾做过总管一职。总管为元代设立的一种官职,为路一级的行政长官,主要掌管地方的判署,负责处理赋役词讼等政务,亦称"管民长官"。陈敬先一生未曾任职。而陈翌父亲陈鉴则以农为业。据此可知,陈翌祖上为地方名门望族,其曾祖曾有过为官经历,至陈翌祖父时,才未入仕为官。

(二)陈翌的生平及为官经历

陈翌生于永乐甲申年(1404),卒于成化八年(1472)夏六月辛卯,享年68岁。陈翌2岁时,他的生母周氏去世,继母文氏将其抚养成人。他一生履历较为丰富,其任职主要可分为四个阶段:初仕户部,历任户部山东司主事、户部广西司郎中;次为山西右布政使;再次以都察院右副都御史衔,任宁夏巡抚;最后署理南京户部,历任南京户部左侍郎、南京户部尚书。

陈翌于明正统元年(1436)丙辰科得中第三甲第二十五名,中进士第后,初为户部山东司主事,正六品,开始步入仕途。

正统己巳(1449),陈翌升广西司郎中,正五品。

景泰初年,陈翌拜山西布政使,从二品。入职山西数年,明英宗复辟,陈翌再次得到擢拔,拜都察院右副都御史,并赴宁夏担任巡抚,从二品。

陈翌巡抚宁夏数年,随后,升南京户部左侍郎,从二品,其后升为南京户部尚书,赐诰阶资政大夫,为正二品。

成化八年(1472)夏六月辛卯,陈翌终于任上。

关于陈翌的生平记载,明代诸多史料记述较多。陈翌年幼的时候,非常聪明,与众不同,年长就不断学习,后被补录为虹县县学学生。陈翌读书不拘泥于一字一句,而是研究文章的深意,举一反三,触类旁通。陈翌的父亲陈鉴曾指着儿子对他人夸耀说:"我家世代务农,别人都知道我是种庄稼的,却不知道我也重视培养孩子的品行学问啊,我这个孩子岂是只知道种庄稼就能够培养出来的?"宣德壬子年(1432),陈翌担任乡廉,正统丙辰年间,高中进士,被任命以户部山东司的主事的身份,而出使到陕西为官。己巳年,北方鞑靼入侵犯边境,朝廷的军队将要去北方平叛,安排陈翌前往永平等地去筹集军粮。永平是内陆地区,徭役税收很多,百姓负担比较重,因而百姓家里都没有什么结余的物资。陈翌多方筹措,想方设法做到了既不侵害百姓,军饷又能够筹备充足。回来复命后,上奏朝廷,请支国库白银数万两用来充实边境粮库,皇上命令陈翌快速送到辽阳那边买粮食以充实边关的补给。等到这件事情办理完回来后,陈翌升任广西司的郎中,不久又奉命去江西督办漕粮。原先,江西的赋税漕粮都是通过役使平民百姓运输的,后来朝廷在东南地区用兵打仗,百姓运送粮食有专门的机构进行管理。当时的管理者说话行事一味迎合他人意旨,百姓动不动就遭受刑罚,同时,他们还假借朝廷的意旨,对老百姓盘剥得十分严苛,使老百姓难以忍受。陈翌到这个地方了解情况后,于是要求地方的富豪大族安排船只去分运漕粮,并且对他们说:"这些都是临时性的措施,等到用兵结束后,就不会再劳役你们了。"这样大家都很高兴地听从陈翌的安排。景泰初年,陈翌上呈了要崇尚贤孝礼敬、吸纳忠义之士、筹备财货物用、减少赃罚、重申旧的典章制度、体恤群臣的《六事疏》。这六件事情大多都是当时亟待解决的事情,还没有落实好,陈翌的父亲去世,其便上奏朝廷,请求回家治丧守制。三司、御史、翰林院都请求他留下,皇上也让陈翌留任把事情处理好,陈翌却已赶回去处理他父亲的丧事了。后来皇上又命令他再次到江西督办漕粮,等回到京城后,又回家守孝到年底。

后来恰逢朝廷让大臣们举荐能够担当地方大任的人,大家都认为陈翌是最合适的人选。于是,朝廷就任命他为山西右布政使。陈翌到任后,经常深入民间,了解百姓的疾苦,推行有利于农民休养生息的措施,向朝廷申请免缴农民拖欠的租税,前后多达十几万石之多。陈翌从上任开始,便勤于政务,在他的治理下,忻州城的道路通畅了,平州的山岭也具备了守备的功能,阳曲还兴建了许多的学堂,百姓们安居乐业,对其赞不绝口。

明英宗二次复位后,陈翌奉诏到京,出任都察院右副都御史,给予从二品俸禄,并让他出任宁夏巡抚。当时宁夏地区连年用兵,百姓生活特别艰苦,他便到处安抚百姓,从来不顾及危险和辛苦,后又统计特别贫困的人口,按人口发放救济粮,同时申奏朝廷请求免除拖欠的租税,废除徭役。对于其他百姓,请求宽免两税(人口、土地税),每年只上缴一些布帛、果实、皮革等物品。宁夏当地本来有宣圣庙(文庙),每年在城中按礼制进行祭祀,而近年祭祀之物却节俭了很多,陈翌说:"这样祭祀孔圣人的费用能需要多少呢,然而能够借此来教化边界的百姓,它所起到的作用是非常大的。祭祀圣人的事情,我怎么敢懈怠荒废呢?"所以,很快就恢复了祭祀的礼仪。等到后来西域民族入侵,明军与入侵者作战失利,敌寇更加猖狂,陈翌便向边关各城发表檄文,要求修好城堡,整饬兵甲武器,并招募民间的勇士与官军共同把守重要的地方,终使敌寇不敢进犯,带兵退去。这些事情结束后,陈翌上书乞求回去扫墓,皇上考虑陈翌在外边很久了,给了他较短的假期。不久,陈翌被提升为南京户部左侍郎。

等到成化年间,明宪宗即位,又让陈翌兼任南京总理,督办粮草、屯田和修理粮仓等要务。当时,有御史建议,让各部门查报不能够胜任的部属,陈翌首先就查劾废免了一些不称职的属吏,而推荐那些有才智且品德高尚的人为官。当时南京的办公场所长久失修,国库没有余钱,百姓穷困潦倒,而这些修复的费用都向百姓收取,修复之后剩余用不完的材料却堆积腐朽,不能得到及时处理。陈翌说:"浪费有用的东西,却还要劳役没有收入的百姓,我不能因为考虑到官员的议论而听任不管,这样做,于心不忍呀!"于是,他便命令,根据情况,不拘规制条文,酌情处理。大家都说陈翌的这一举措一下子就革除十余年的朝廷弊政。

随后,天下灾害不断,陈翌向皇帝呈上《宽恤民生》等奏折,希望皇上能够体恤民力,将囚徒登记造册予以使用,并裁省督粮食、钱币等事情。不久,陈翌继母去世,皇帝赐予了葬祭之品,并要求陈翌夺情,继续为官。陈翌恳请在母亲的祥禫(一年半)丧期满后再复出做官。等到陈翌服丧期满回京,皇上召见了陈翌,升其为南京户部尚书,依然像以前一样,总督原来的政务。三年以来,陈翌向朝廷上报的奏疏最多,朝廷封赠他为资政大夫。陈翌至此成就了功业,但他的身体逐渐衰弱。然而陈翌非常感激皇上的知遇之恩,希望能够鞠躬尽瘁。他每天都很早去官舍处理政务,夜幕降临还不休息。幕僚下属平时的工作考核、政务讨论,他也不敢懈怠,因此导致了陈翌病情的加剧。然而即使这样,他每天仍然坚持到官舍办公,处理政务。

陈翌以严明守纪立于朝堂之上,而且非常有声名、威望。他处理事务时,人人都害怕其刚直的性格,不敢有人忤逆他。等到他成为地方的要员,进入中央机关以后,官职越来越大,品德也更加美好,晚生小辈们因为陈翌有这样的威望,把和他一起出游当作一件非常荣幸的事情,而且下官小吏都是紧随其后听从命令,没有不佩服陈翌的为人的。

(三)陈翌墓地所在问题

据碑志所载,陈翌墓在"邑西南沱河之阳",即在虹县西南沱河的北岸。其地与陈翌神道碑所述相同,陈翌墓表载其墓在"邑西南沱河之源"。而康熙年间《虹县志》载:"陈尚书墓,在东门外。"乾隆《泗州志》亦载:"尚书陈翌墓,在东门外。"对于陈翌墓的所在,文献记载出现出入,而2018年在泗县旧城东门外出土的陈翌墓志铭,证实了清代县志记载陈翌墓确为其地,然与墓志所载葬所出现了明显出入,现对此二地试作分析。

陈翌家族墓地所在处

泗县老县城东门外200米以外,原有数处坟茔,当地人称之为"陈茔"。20世纪70年代末在此建设泗县百货公司职工宿舍,后又被居民建房所占。1978年,曾在运河北岸发现陈翌母亲周氏文氏合葬铭。2018年11月,在陈母墓志铭发现地约50米处，发现陈翌墓志铭。2019年8月，在陈翌墓志铭西北约100米处，发现其父陈鉴墓志铭残碑。结合该处现存的石羊、石马，可确定此处为陈翌家族墓葬所在地。而对于此处，安徽省文物考古研究所曾先后进行过两次考古勘探，均未发现墓葬遗迹，可能是后期经过不同程度的施工建设，陈翌家族墓地业已受到破坏，故而无存。根据陈父墓表载，陈鉴"景泰元年十一月十五日，以疾终于正寝……卜以本年十二月初三日，便道归故乡，奉公柩合葬于东廓乡寿山之原前"。查阅泗县地方文献，未发现东廓乡之记载。结合陈翌母亲墓志铭记载，其生母周氏卒于永乐丙戌年(1406)二月十九日，于陈父去世安葬时间前后相差44年，因此陈翌生母应是先葬于此地，陈父去世后，合葬于东廓乡。而陈翌继母文氏于成化丙戌年(1466)十月二十二日卒，"明年丁亥(1467)三月十五日，翌将启先考妣之葬于汴水之阳而合葬焉"。汴水即大运河通济渠之古称，泗县大运河又称为汴河、汴水。据此可推断，泗县旧城东门运河北岸的陈翌家族墓地应是陈翌继母文氏去世后，陈翌将其父亲和生母的灵柩迁葬，与其继母合葬于此。

  沱河源出宿州紫芦湖，分南北沱河，其中南沱河流经虹县(今泗县)，在"州治西南五十里，岳家河北来注之，至两河口与北沱河合，过西九都，由五河入淮"。泗县境内的沱河之源现为泗县丁湖镇老樊集村境内，距泗县县城25千米，而在此地有一个名为"石马湾"的地方，南边紧邻沱河，因其地有石马石刻而得名。2010年4月，泗县电视台《话说泗州》栏目组曾做过一期《石马湾探秘》的节目。栏目组采访了当时丁湖镇老樊集村退休教师李宗海。据李老师回忆，此地原有石马、石羊、石猴、石龟、石人、石桌等石刻，幼年时，常过来骑玩，后因五河县修水闸之故，导致沱河水位上涨，石马湾遂没于河底。栏目组乘船进入，发现石人一个。另据居民反映，1957年，当地村民曾将其中一只石猴和石羊拉到村里面，现放在村中一条河沟中，笔者2019年过去调查时曾在村民指引下见到此石猴、石羊。另据老樊集村原书记樊宗力回忆，其幼年时，曾在石马湾见到过墓葬一处,墓穴呈东北朝西南方向,周围散落一些墓砖。墓前面130—150米的地方依次排放石猴、石马、石羊各一对,其中石马约3米长,1.5米高,生肖石刻中间为一石龟,石龟背部有一个空隙,笔者推测此石龟可能为驮墓碑所用,中间空隙为安装石碑所用。生肖石刻基本位于一条线上相对而放,整齐排列。此说法也得到了李宗海老师的认同,二人回忆大致相同。对于"石马湾"地名的由来,当地流传着两种说法:一是明太祖朱元璋修建明祖陵时,从附近灵璧打制石刻运往盱眙,船行至此处发生倾覆。另一说法是曾有陈姓尚书欲将其父葬于此,从外地运抵这批石刻在此,后因风水之故,又葬至他地,而石刻则遗弃在此。查阅虹县及泗州方志,陈姓尚书唯陈翌一人,石马湾的传说很有可能与陈翌有关,而石马湾所在位置,亦与陈翌墓志、墓表所载的地点吻合。此外,我国古代对于墓前石刻都有相应的规定,只有一定品级的人才可享有。根据明代丧葬制度规定,"坟茔之制,亦洪武三年定……

陈翌家族墓地石像生

五年重定，一品二品石人二，文武各一，虎、羊、马、望石各二。三品四品无石人，五品无石虎，六品以下无"。石马湾出现石人、石马、石羊等石刻，墓主品级应为一、二品方可，而陈翌去世时，官居正二品，并予以赐葬，此点亦符合。因此，泗县石马湾很有可能是陈翌一开始选定的墓葬所在地。

关于陈翌墓志铭所载葬所与墓志出土地点的情况，笔者认为，陈翌初葬之地应是墓葬及神道碑铭所在的虹县西南沱河北岸，即今泗县丁湖镇老樊集村的石马湾。后期可能因为其他原因，陈翌后人将其迁葬至泗县东关陈氏祖茔之中，墓志铭为记述逝者生平功绩而放置在墓穴之中，因此，迁葬时将其墓志铭一同带过来，而由于人力、物力、财力等原因，石像生等未随同迁葬。当地传说的陈尚书之父因风水而改葬，可能是据此而来，因时间久远，遂讹传成今本。古代因风水原因迁葬的很多，明代大学士李东阳就因风水之故，将其父墓葬进行过迁葬。由于陈翌迁葬之事未见于文字记载，加之石马湾淹没于河底，而泗县东城门外因屡经建设，除几方墓志铭和石马石羊外，未见其他相关遗迹，因此判断，泗县东关大运河北岸的陈翌墓地可能一开始是陈翌父母的墓地所在，后来陈翌才迁葬于此的。

陈翌作为明代泗县籍官员中的突出人物，备受泗县百姓的尊崇，他去世之后，曾在泗县的老县城内建有尚书祠、尚书坊等以作纪念。

八、何诚墓

何诚，字则明，福建兴化府（今莆田）人，明朝正统三年（1438）任虹县县令。作为一个普通的地方县令，何诚却在康熙《虹县志》、乾隆《泗州志》、光绪《泗虹合志》及《八闽通志》、《莆田姓氏志》、《重刊兴化府志》、《莆阳志》、《闽书》、《莆田县志》、《鲤城镇志》等众多史志文献中都有记载。历史虽已过去近600年，而泗县民间至今还流传着何诚的诸多事迹，老百姓对他仍念念不忘。究其原因，何诚为官清廉，政绩卓著，在虹县期间，为老百姓做了大量实事，深受百姓爱戴，及至去世以后，还被安葬在虹县，被后世铭记。

第四章　泗县大运河沿线的文物古迹

何诚幼年家境穷苦,直到中年才以太学生身份进入仕途。正统三年(1438),何诚任职虹县。他在任职期间,经常微服私访,了解民间疾苦,兴资办学,修建学宫道路,把当地连年的水灾、匪患、蝗害都治理得很好,使得虹县经济文化都得到了较大的发展和提升,面貌为之大变。何诚为人敦厚朴实,待人以诚,对己以严,深受官民拥戴。为官期间,他经常深入乡间走访,每到一个村落,都与当地百姓促膝长谈,体察民情。针对虹县农业情况,他将南方种植蚕桑的技术引进过来,教百姓种植,使得地方百姓收入有了大幅度提高,虹县地区的农业状况发展迅速,乡里风气为之焕然一新。此外,何诚为人勤政爱民,廉洁自律,对属下能够严格要求,衙门风气为之一变,坊间传之为"何青天"。何诚在虹县当了九年多县令,在此期间,因其政绩卓著,上级一直有意提拔他,但想到虹县贫穷的面貌,加之当地百姓苦苦挽留,最终何诚选择留了下来,他表示:"虹不治好,绝不离虹!"后来等到九年任期满后,当地耆老、百姓三百余人联名向凤阳府请求,希望再次将何诚留任。然而令人心痛的是,这份请求还没有得到批复,何诚终因积劳成疾,于正统十三年(1448)五月三日与世长辞。直至去世,何诚都居住在县衙旁边一处简陋的寓所,家中也没有什么财产。

我国古代一直讲究落叶归根,何诚去世以后,他的家人仍打算将他运回福建老家安葬,但因他为官清廉,家境贫寒,以至于盘费不足,且天气炎热,灵柩停于盱眙无法南行,只得暂厝于盱眙的小洪山下,想等到以后家中凑足费用,再行南下。虹县百姓听说父母官停尸异乡,都心感不安,年年选派代表前往祭扫,每逢各个节气,许多百姓也自发前往祭奠。景泰三年(1452),何诚已去世四年,而此时他的家人仍无力将其灵柩护送回乡安葬,加之小洪山连年遭受山洪冲刷,风吹日晒水浸,何诚的棺木开始腐朽。于是,虹县民众经商议后,大家集资,重新为何诚购置棺木,并在虹县为他选择了墓地,将何诚的遗骨迎回虹县,隆重安葬,并尊称其墓地为"何公墓"。后又在虹县建了"何公祠",用于纪念何诚。然而,由于清末战乱的毁坏,何公墓和何公祠都已不复存在,但虹县人"迎骨还葬"的故事至今仍在流传。

根据相关史志记载,何诚墓地的位置有多种说法:《何公祠记》说其骸骨葬于县治之北,小校场之西;《重修何公墓记》说,改葬于虹城之北,演武亭之西;《江南通志》中记载其墓在虹县永济门外;另有史书记载其墓在虹县城北仓西和虹县山川坛右侧。对于何诚墓地,现已难以查考,但可以断定的是,何诚墓地是在虹县县城区域。据泗县政协文史委相关专家推断,何诚墓有可能在泗县老县城西北,现在泗县大运河西水关的西北角。

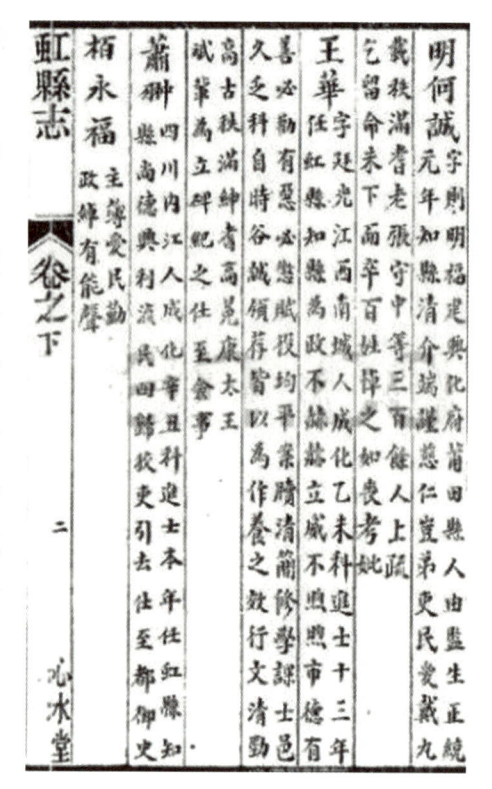

《虹县志》中有关何诚的记载

第四节　近现代革命文物保护单位

泗县作为皖东北革命根据地,具有浓厚的革命传统,现存近现代革命文物保护单位主要有泗县烈士陵园、大杨镇东赵集烈士陵园、墩集石梁河暴动纪念园、马场烈士陵园、江上青纪念园等。

一、泗县烈士陵园

泗县是革命老区,早在1925年就有中共党组织在此开展活动。1930年爆发的泗县石梁河农民暴动,声势浩大,震惊苏皖,从此便播下了革命火种。抗

第四章　泗县大运河沿线的文物古迹

泗县烈士陵园

日战争爆发后,中共上海党组织、中共江苏省委、安徽省工委、山东分局等先后派员来泗,与当地党组织相互配合,从事抗日救亡工作,并创建了皖东北抗日革命根据地。彭雪枫将军率领的四师健儿战斗在这里;戴纪亢、朱伯庸功不可没;皖东北抗日民主根据地奠基者江上青烈士,战斗在我县,牺牲在我县,光照日月;刘少奇、邓子恢、张爱萍、张震、韦国清、刘玉柱、钟辉、金明等都曾在这里率领军民浴血奋战,历史永远不会忘记。"三十三天反'扫荡'"的胜利,使日寇闻风丧胆,泗县也成为皖东北重要的抗日根据地之一。解放战争初期,陈毅指挥的"泗城战役"闻名遐迩。战争年代,这里曾是中共苏皖区党委、淮北区党委、新四军四师及淮北七地委的活动中心。为解放这片土地而献身的烈士数以万计,王子玉、曹化东、魏正宾、许步伦、王允昭、王亚箴、田古等均是其中杰出的代表。新中国成立后,这里曾先后涌现出国际主义战士尤胜玉、人民的好医生李月华、舍身救人的一等功臣张永利以及舍身灭火勇士卢山、赵守湖等英雄人物。因此,为告慰英灵,激励后人,1964年,中共泗县县委、泗县人民政府决定在城东辟建烈士陵园,以供后人瞻仰。

泗县烈士陵园始建于1960年9月,位于现泗县经济开发区,北依泗城汴河大道,西邻泗城二环路,南与泗县一中毗邻,东靠泗县府前广场,占地总面积约7万平方米,建筑面积约1万平方米,展陈面积约1000平方米,馆藏资料近2000件。陵园由雪枫亭、江上青铜像、英烈碑廊、烈士纪念馆、百米游廊等纪念建筑组成,陈列着数以千计革命烈士的英雄事迹,是全县人民缅怀革命先烈,进行爱国主义教育和革命传统教育的重要活动场所,是省、市、县三级爱国主义教育基地。

二、泗县大杨镇东赵集烈士陵园

淮海战役灵璧战场是由饶子健将军亲自指挥的,东赵集作为后方的战地临时医院,长眠着387名淮海战役灵璧战场牺牲的无名烈士。东赵集烈士陵

泗县大杨镇东赵集烈士陵园

园位于泗县大杨镇杨集村,占地80余亩,植有松、柏等各类景观树木万余株,建有3000余平方米的停车场。园内建有淮海战役泗北纪念馆,馆藏展品100余件;大杨镇青少年道德教育基地(馆),以及游客接待中心、曲桥、长廊、牌坊、华表、碑林、绿地;另设红色浮雕墙60余平方米,园区行道2500米。2016年,陵园被宿州市关工委命名为全市青少年爱国主义教育基地。陵园布局合理、交通便利、幽静肃穆、环境优美,现已成为泗县一处重要的红色爱国主义教育基地。

三、墩集石梁河暴动纪念园

石梁河暴动纪念园位于墩集镇项沟村村部南侧,与泗县早期革命烈士魏正斌、魏尚书烈士陵园相邻,是纪念我县早期农民革命斗争——泗县石梁河暴动的一处红色革命教育场所。石梁河暴动发生于1930年,是在中共徐海蚌特委领导下,在泗县、五河交界的石梁河两岸爆发的以大、小魏庄为中心的400余名农民参与的暴动。根据中共徐海蚌特委的指示,当地党组织决定将党团

石梁河暴动纪念园

组织合并，成立泗县行动委员会，并成立工农红军独立师，以何凤池（李宝璋）为司令，魏正斌、丁超伍为副司令。暴动队伍后遭敌重点包围，我军奋起抵抗，终因敌众我寡、孤军无援、弹尽粮绝而失败。石梁河暴动，点燃了泗县人民革命斗争的火焰，展现了泗县人民不怕牺牲的革命英雄主义精神。

纪念馆包括陵园区、纪念馆、停车场、革命事迹展示区及配套公园，占地面积 2 万平方米。陵园区启建于 20 世纪 80 年代，2014 年对园区进行了保护提升，2020 年修建了石梁河暴动纪念馆、停车场。石梁河暴动纪念馆始建于 2020 年 3 月，展馆共展出 34 张图片，分"暴动背景、暴动历程、暴动产生的影响及意义"三个部分展示，运用触手可及的实物和图文并茂的宣传相结合的形式，讲述着石梁河暴动的英雄事迹。

石梁河暴动纪念馆也是我县为缅怀先烈、牢记历史而打造的一处红色革命教育基地，主要介绍了石梁河暴动的历史背景、斗争历程、革命英烈和影响意义，帮助泗县广大干群牢记这一历史，不忘初心，弘扬先烈精神，牢记革命传统。

四、泗县马场烈士陵园

抗日战争爆发后，泗县发生大小战役无数次，其中以三打张楼、二打屏山、黑塔伏击战、奇袭枯河头等战役最为出名。彭雪枫将军率领新四军四师也曾在这里浴血奋战。解放战争时期，这里陆续发生了岳圩子渡口、陆沟、张店圩、马场、赤山等战斗及著名的泗城战役，无数英雄儿女为解放这片土地，壮烈牺牲。因年代久远和历史条件限制，一些烈士墓散落在田间地头，陈旧破损。为告慰先烈英灵、弘扬烈士精神、更好地发挥红色教育基地作用，泗县县委、县政府按照省、市部署，怀着景仰之情，打造英灵安息圣地，对泗县马场烈士陵园进行了改扩建。

泗县马场烈士陵园位于泗县黑塔镇蒋杨村与马场村交界处，占地面积 30 余亩，现有有名烈士墓 132 座，无名烈士墓 862 座，是我县集中安葬革命先烈的主要陵园之一。2013 年，泗县县委、县政府为了告慰先烈英灵，继承革命传

第四章　泗县大运河沿线的文物古迹

泗县马场烈士陵园

统,弘扬烈士精神,更好地发挥教育广大人民群众的作用,根据省市要求,结合我县实际情况,对黑塔镇马场烈士墓区进行改扩建,将全县需集中的零散烈士墓进行统一迁移安葬于此。马场烈士陵园,从瓦坊乡零散烈士墓地迁入陆沟战斗中牺牲的无名烈士130名,从刘圩镇零散烈士墓地迁入赤山战斗中牺牲的无名烈士200名,从大路口乡零散墓地迁入山东野战军第七师无名烈士42名,从大庄镇零散墓地迁入山东野战军第八师无名烈士68名。2014年底前,全县零散烈士墓的修缮、迁移、整合工作全面完成,并建立起长效管理保护机制,有效发挥了烈士纪念设施"褒扬烈士、教育群众"的功能。

五、江上青纪念园

江上青纪念园位于江上青烈士殉难地——泗县刘圩镇秦场村,是为纪念

|水韵泗州——世界文化遗产隋唐大运河通济渠泗县段

全国人民英模、皖东北民主革命根据地奠基者江上青同志而建的,占地200余亩,共分为山水景区、主题纪念区、入口广场区、纪念碑亭区和公园风景区等6个区域。以江上青纪念雕像、主祭台、纪念馆、纪念墙、图腾柱、石牌坊、殉难亭、橡胶坝为八大主景。纪念广场入口处的石牌坊正、背面镌刻着江泽民亲笔题写的"浩气长虹""英烈千古"八个大字。八根图腾柱矗立在纪念大道两侧。主祭台坐落在园区北端,占地面积4947平方米,正中央塑立江上青2.8米高半胸花岗岩雕像。纪念馆总体面积约500平方米,内设有陈列室、题词走廊、场景雕塑、影视厅等,展示了江上青同志一生伟大光辉的革命经历、为民族解放所建立的丰功伟绩以及他的崇高品质。江上青纪念园在展现我党、我军革命历史的同时,也为广大的市民,尤其是青少年提供了一个了解党的光辉历史、学习党的优良传统的场所,同时,还为深入研究我党这段历史提供了重要的场地及史料支撑。

江上青纪念园地处淮北平原地区,北部地势平坦,南部为东西走向的老濉

泗县江上青纪念馆

河,东部是南北走向的水沟。纪念园东侧有一条南北走向的水泥路及小湾自然村,南侧河南岸为河西自然村,东南角有一座小水闸。

江上青同志于1938年下半年来泗县开展革命活动,同年11月被任命为新成立的中共皖东北特别支部书记,主要在皖东北开展敌后抗日工作。1939年8月29日,江上青在泗县刘圩小湾村遭地主反动武装伏击,不幸牺牲,年仅28岁。江上青同志为皖东北抗日民族统一战线的形成与皖东北抗日根据地的建立做出了卓越贡献,2009年被评为100位为新中国成立做出突出贡献的英雄模范之一。

第五章
泗县大运河沿线的非物质文化遗产

第五章　泗县大运河沿线的非物质文化遗产

泗县大运河沿线的非物质文化遗产种类繁多,涉及民间文学、传统音乐、传统美术、传统舞蹈、传统戏曲、传统曲艺、传统技艺、传统医药和岁时民俗等各个方面。这些内涵丰富、底蕴厚重的非物质文化遗产,是泗县人民从长期的生产与生活中提炼出的艺术结晶,是祖祖辈辈留下的珍贵财富。

第一节　传说故事

一、隋炀帝与枯河头的传说

枯河头在泗县城东北 10 余千米,是泗县大运河岸边的一个小集镇。虽然它现在看上去只是一个很普通的小村庄,可是在泗县乃至周边却是妇孺皆知,关于它的传说故事在泗县广为流传。据说,楚汉相争时,它的名字叫"哭活头",隋朝开挖大运河时,改叫"哭孩头",等到隋炀帝下扬州,途经此处,才改叫现在的名字"枯河头"。这三个名字记载了三个非常悲惨的故事。

据当地人讲,楚汉之战后期,公元前 202 年,西楚霸王项羽在彭城(今铜山)被刘邦打败,退到今灵璧县东南垓下一带驻守,后被韩信十面埋伏之计团团围住。此时,项羽所带楚军内无粮草,外无救兵,濒临绝境。夜里楚军又听闻从汉军军营传来的楚歌之声,更引得楚军思念家乡,无心打仗。西楚霸王一时悲愤欲绝,拔出剑来一边舞一边唱:"力拔山兮气盖世,时不利兮骓不逝。骓不逝兮可奈何,虞兮虞兮奈若何!"项羽的爱妾虞姬听到这悲壮凄楚的歌声,凄然起舞,唱起:"汉兵已略地,四方楚歌声。大王意气尽,贱妾何聊生!"唱罢,虞姬拔剑自刎。项羽见爱妾虞姬已死,悲愤痛哭,将虞姬尸首放在马上,带领部下杀开一条血路,逃至今灵璧城东十五里处的一个小村镇。眼看又要被汉军追上,万不得已,项羽将虞姬尸体草草掩埋后,把虞姬的头揣在怀里,趁着黑夜又逃到泗州东北一个集镇上。项羽想起自己江东起兵,八千子弟兵只剩十几人了,如今大势已去,虞姬亦死,捧着虞姬的头,不禁悲从中来。就在这当口,虞姬却慢慢地睁开了眼,项羽见了悲痛大哭。这时听到西边杀声震天,汉军又追上来了,项羽只好带着虞姬的头奔乌江而去……因为西楚霸王在这个小镇哭虞姬时,虞姬忽然睁开了眼,后人就把这个地方叫"哭活头"①。

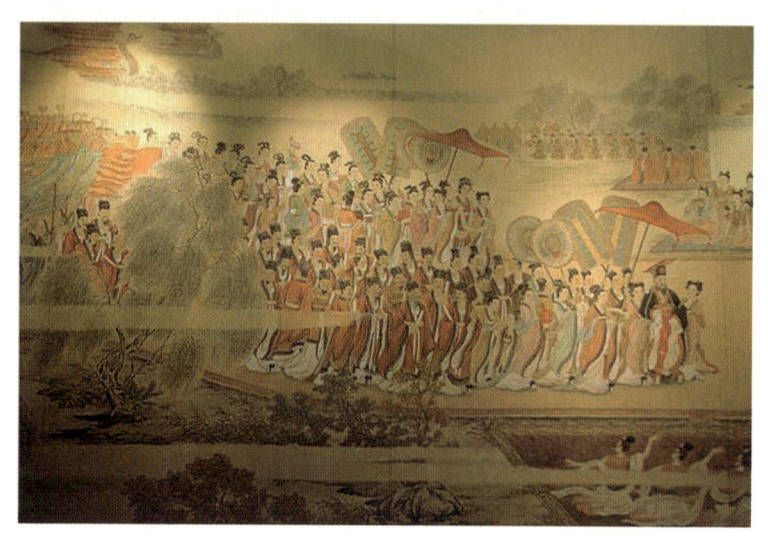

隋炀帝下扬州图

后来到了隋朝,隋炀帝要到扬州看琼花,就命手下大将麻叔谋带兵强行征派河南、淮北一百多万民夫开挖一条从东都洛阳直通扬州的大运河。隋炀帝命令麻叔谋以40里为一站建造一处行宫,行宫所在方圆100千米的官员都要把当地的美女、美食献到行宫,凡是违抗的官员会被立即处死。传说,麻叔谋为人特别凶残,所到之处,强征暴敛,无恶不作,令人谈之色变。此外,他还特别喜食熊掌,每到一个州县,地方官吏、豪绅都因害怕得罪他,而很早就购买熊

---

① 赵彦志:《汴河遗韵——大运河汴河宿州段文化遗产调查与研究》,黄山书社,2023年,第208—209页。

掌供他享用。一天,麻叔谋来到"哭活头",由于这里都是平原地带,没有山林,一时之间竟没有弄到熊掌。麻叔谋因此恼怒,他兽性大发,命令手下人弄来当地的孩童,剁下孩童的手掌蒸煮而食,当地孩童因此被伤害无数,那些被伤害的孩童家人无不伤心痛哭,老百姓为了记下这段仇恨,就把"哭活头"改为"哭孩头"。

后来,大运河开通之后,隋炀帝就迫不及待地南下扬州。扬州本是江南繁华之地,也是隋炀帝杨广的龙兴之地,当年隋炀帝就被封为扬州总管。隋炀帝带着三宫六院、宫娥彩女、文臣武将,坐着龙舟前往自己曾经工作过的扬州巡游看琼花。浩浩荡荡的船队一路东来,到今泗县东北二十余里的"哭活头"时,正是枯水季节,运河水浅,不能行舟。隋炀帝杨广怕错过了看琼花的时间,就不管老百姓死活,命令当地百姓拉着纤绳,拖拽着龙舟前行,当地百姓困苦不堪,痛哭流涕。这里的老百姓为了让子孙后代永远记住隋炀帝下江南时不顾老百姓死活的荒淫暴虐行为,就把"哭活头"改成了"哭河头",因为此处经常干涸,又被叫作"枯河头"。

二、隋炀帝与"纳黍行舟"的传说

大运河作为一条人工运河,其最大的特点就是平直,很少有大的转弯,而枯河头是大运河上少见的一处几乎呈九十度转弯的地方。枯河头所在之地,相对于南北而言是低洼之地,但相对于东西而言地势仍然较高,泗县大运河在此处由东北方向转东南而去,水流甚急,遇到大旱时节,河道上游来水减少,该处出现枯水现象亦是正常。当年,隋炀帝乘龙舟经过泗县东北枯河头处,恰逢天干水少,运河水浅,龙舟无法通过。隋炀帝杨广怕错过了看琼花的时间,就命令当地官员强征黍子、稷子,用香油掺了铺在河床上,再用八百名童男童女拉着彩绸做的纤绳,拖拽着龙舟前行,使龙舟从上面滑过去。

据唐宋时期的史料记载,隋炀帝下扬州时,规模特别宏大,唐代杜宝的《大业杂记》对此有详细的描写:

九月,车驾幸江都宫。发藻涧宫,日暮宿平乐园顿。自漕渠口,下乘小朱航,行次洛口,御龙舟,皇后御翔螭舟。其龙舟高四十五尺,阔五十尺,长二百尺。四重,上一重有正殿、内殿、东西朝堂,周以轩廊。中二重有一百六十房,皆饰以丹粉,装以金碧珠翠,雕镂奇丽,缀以流苏羽葆、朱丝网络。下一重安长秋内侍及乘舟水手。以青丝大条绳六条,两岸引进。其引船人并名殿脚,一千八十人,并着杂锦彩装袄子、行缠、鞋袜等,每绳一条百八十人,分为三番。每一番引舟有三百六十人,其人并取江淮以南少壮者为之。皇后御次水殿,名翔螭舟,制度差小,而装饰无异。其殿脚有九百人。又有小水殿九,名浮景舟,并三重,朱丝网络。已下殿脚为两番,一艘一番一百人。诸嫔妃所乘。又有大朱航三十六艘,名漾彩舟,并两重,加网络,贵人、美人及十六夫人所乘。每一艘一番殿脚百人。又有朱鸟航二十四艘,苍螭航二十四艘,白虎航二十四艘,玄武航二十四艘,并两重。其驾船人名为船脚,为两番,一艘一番六十人。又有飞羽舫六十艘,一重,一艘一番四十人。又有青凫舸十艘,凌波舸十艘,宫人习水者乘之。往来供脚。已上殿脚及船脚四万余人。有五楼船五十二艘,诸王、公主及三品以上坐,给黄衣夫,艘别四十人。三楼船一百二十艘,四品官人及四道场、玄坛僧尼、道士坐,给黄衣夫,船别三十人。又有二楼船二百五十艘,五品以上及诸国番官乘,黄衣夫船别二十五人。板㯿二百艘,载羽仪服饰、百官供奉之物,黄衣夫船别二十人。黄篾舫二千艘,六品以下、九品以上从官并及五品以上家口坐,并船别给黄衣夫十五人。以上黄衣夫四万余人。又有平乘五百艘,青龙五百艘,艨艟五百艘,艚䑩五百艘,八棹舸二百艘,舴艋舸二百艘,并十二卫兵所乘,并载兵器帐幕。兵士自引,不给夫。发洛口,部五十日乃尽,舳舻相继二百余里,照耀川陆。①

由此可见,隋炀帝出巡时的穷奢极欲,他一次出巡的舟船规模就达到数千艘之多,而隋炀帝乘坐的龙舟更是豪华无比,上下竟有四层之高,中间两层的房子就多达 120 间。根据隋代的尺度推算,隋炀帝乘坐的龙舟长达 55 米,宽达 13 米,并且装饰十分豪华,远远看去,就像宫殿一样,因此也被称为"水殿龙宫"。这样的一支队伍浩浩荡荡,前后绵延 100 余千米,宫嫔妃妾、王公大臣多达 20 万之众。由于大运河河道不深,所到之处,都需要征集民夫拉纤,拖着船只前行。据民间野史记载,隋炀帝每次乘坐龙舟出巡,河道两侧都会铺装整齐,遍植绿柳,以八百童男童女身着彩装,腰系红绿丝绦,为其挽船。加之还有其他船只,仅拉船之人一次就需要八千之众,巡游途中所耗费的人力物力可想而知。而当时的泗县大运河河道浅塞,靠人力拖拉已无法前行,而需要铺上黍米这样的谷物才能够起到润滑作用,隋炀帝的奢靡可想而知。对于隋炀帝"纳黍行舟"故事的真实性,现已无从考证,据说在开挖新濉河借用泗县大运河河道的时候,曾在此发现一些黍米,一定程度上佐证了这个历史传说。这个故事也能够反映出百姓对隋炀帝暴虐的憎恨,体现了百姓对暴政的一种反抗与心声。

三、水母娘娘沉泗州的传说

这里的泗州是指古泗州,是唐宋时期大运河汴河上的四座州城之一,位于淮河北岸的汴河与淮河的入口处,此处亦称淮口。《凤阳府志》云:"泗州南瞰淮水,北控汴流,地虽平旷,而冈垄盘结,山水朝拱,风气凝翠,形胜之区也。"《泗州志》记载:"泗州在州境极南,面长淮对盱山,城肇于宋,旧有东西两城,

---

① 韦述、杜宝:《两京新记辑校　大业杂记辑校》,辛德勇辑校,中华书局,2020 年,第 209—210 页。

| 水韵泗州——世界文化遗产隋唐大运河通济渠泗县段

皆土筑,明初始更砖石为之,合为一城,汴河经其中,周九里三十步,高两丈五尺。"《凤阳府志》说明了泗州城的重要地理位置,而《泗州志》描述了泗州城的建筑年代、城市布局特点,但其始建年代并非宋代而是唐代。古泗州城地处淮河汴河之口,是唐宋时期重要的漕运中转站。古泗州城有城门5座,诸门皆有水关。为防洪,城外还建有6道月城。月门像双闸门套闸一样,城外发大水时,先堵住月门,行人从月城堤上出入。这种格局的古城在国内是罕见的,其主要目的就是防止洪泽湖水倒灌入城。

水母娘娘图像

北宋以后,虽然大运河汴河湮废,漕运改道,但古泗州依然是淮河下游重要的繁华都市,其政治、经济、文化达到了鼎盛,更有全国当时五大名刹之一的普光王寺,其主体建筑僧伽塔,影投淮水,蔚为壮观,唐宋以来对其多有记载。在黄河改道夺淮入海以后,明清两代为保京杭大运河,采用"蓄清刷黄、束水攻沙"的策略，多次加高延长洪泽湖大堤，以致淮河及洪泽湖水位逐年提高。清康熙十九年（1680），古泗州城最终沉没于洪泽湖水下，成为世界上著名的灾难性城址。古泗州城沉于洪泽湖下，泗州州治便移于虹县，虹县降为虹乡。虽然古泗州城沉于水下，州治迁移，但当地人们并没有忘记古泗州城，对古泗州城也便有了更多的传说，在民间最为有名的是水母娘娘沉泗州的传说。

据传说，在古泗州城附近的洪泽湖底，有一个修道多年、颇有法力的水怪，被称为"水母娘娘"。她常常兴风作浪，伤害湖滨百姓。上界八仙之一张果老，下凡时骑毛驴经过泗州城。天热地旱，毛驴干渴，张果老向水母娘娘要水饮驴，水母娘娘正巧拎着一桶，装着五湖四海之水，心想一头驴能喝多少，便把水桶给他。谁知小毛驴是头神驴，一口气差点把水喝光了。水母娘娘怕水被喝光，洪泽湖中的鱼、鳖、虾、蟹无处存身，自己也不能再兴风作浪，急忙去抢水桶，不料一下子把水桶碰翻在地，造成洪水泛滥，淹没了古泗州城。玉皇大帝得知此事，非常气愤，派天神捉住了水母娘娘，将她封印在盱眙县宝积山中的琉璃井里。

水母娘娘沉泗州的传说流传很广，在洪泽湖周边地区戏曲、皮影中多有演绎，上海淮剧团还根据这一传说，编演了大型神话剧《水漫泗州》。传说毕竟是传说，古泗州城沉没的真正原因是黄河改道夺淮入海、洪泽湖水位抬升和封建统治者治水不力。泗州城遗址作为我国罕见的保存完整的灾难性城市遗址，对研究我国古代州城制度、城市格局、城市建筑具有重要价值。2010—2014年，南京博物院对泗州城遗址进行了考古发掘。发掘出泗州城南城墙局部、汴河故道及两侧建筑遗存，揭露了普照禅寺（大圣寺）、灵瑞塔、观音寺等建筑基址，同时出土大量文物，为我们解开了古泗州城的神秘面纱。随着古泗州城考古发掘的逐步开展，必将给我们带来更多的惊喜。

四、通海镇的传说

传说，一百多年前，通海原名叫"青龙镇"。有一年夏天，在青龙镇北一百米处的老滩河口南边,陷出了一口土井,井深无底。这个土井常年嘟嘟地向外冒清水,水特别凉。当时,有人用手捧水喝,感觉比其他井水又甜又凉。老滩河土井井水又凉又甜的消息,就这样在当地传开了。于是,人们从四面八方前来这个土井舀水喝,就连泗州城里的人也用瓦罐、水桶灌满土井水,挑进城里烧水喝。

民国初年,青龙镇街上有个"头领"名叫吴昌宣,德高望重,很有能力。他看十里八乡的人经常来挑土井水回家饮用,于是组织街上人用石块把这口井圈好,让往上冒的水不乱淌,还可以保持井水卫生。据说当时圈井的时候,土井里的水不住地往上冒,影响圈井进度。吴昌宣号召街上的住户,每户出一床棉被作为填堵土井用。吴昌宣带头把自家的被抱来堵土井水,街坊住户看到后都纷纷把自己家的被子抱来。就这样,经过五天五夜的奋战,井成功地圈好了。当土井圈好的时候,几十床棉被一下子被水冲了上来。当时,围观的人不仅见到棉被冲出来,还见到从冒出的水中淌出了乌龙(泗县称呼"螺蛳"的方言)、鱼、虾等海里的东西。于是,人们信口说:"这土井通海啊!"大家七嘴八舌地议论着。领头的吴昌宣当即说:"以后我们这个青龙镇就叫通海镇吧。"就这样,从民国到中华人民共和国成立,直到现在,人们一直沿用"通海"这个名称。当地政府在通海设立政府、通海大队、通海小学、通海村等,通海已与地方人民群众的生产、生活密不可分了。然而,随着时间的推移,沧海桑田,这口土井已在老滩河两次挖宽之后,"消失"在老滩河的河床里边了。每当河床干枯,这口土井还依稀可见,并依然向外冒着泉水。而在汛期涨水时,这口土井就被淹没在水下了。

五、龙庙滩的传说

泗县龙庙滩是位于泗城镇吴孟庄汉墓群之上的几个大土堆,作为泗县大运河支流石梁河的一条重要水系,在未进行考古发掘之前,当地老百姓根本不知道这个大土堆是什么。而关于它的传说,却一直在当地流传。

据说，这个大土堆之上原来是一座龙王庙，庙里面住着一条老神龙。这条神龙本领强大，呼风唤雨，无所不能，因此当地百姓就把这个地方叫作"龙庙滩"。龙庙滩挨着石梁河，来来往往的船只非常多，而住在此地的这条神龙就起到了保护来往船只平安的作用。因此，每逢节日或船只经过，船民都会带上一些贡品，对老神龙进行祭拜，祈求路途平安。而对于那些不信奉老神龙的船队，经过此地如果不进行祭拜，就会狂风大作，风起浪涌，所行船只东倒西歪，倾覆在河中，老神龙的威力可见一斑。

除了保佑过往船只平安之外，老神龙也保佑着当地百姓的平安，附近村民有了疾病和灾难，一般都会过来祭拜神龙，祈求保佑，据说非常灵验。

六、石马湾的传说

石马湾位于泗县丁湖镇老樊集村境内。该地是紧邻沱河的一处河湾，散存着石马、石羊、石猴等石刻，显示着这个地方的不平凡，因此，这个地方也被当地人称为"石马湾"。前文述及陈翌家族墓地时，分析该处可能是陈翌墓地初始所在。但对于这些石刻的来历，对于石马湾的由来，当地还流传着一些生动的传说。目前，对于这些石刻的来历，主要有两种说法。一种是当年朱元璋称帝以后，开始在祖籍盱眙为他的父母修建陵墓，而修建陵墓就需要大量的石料，由于灵璧盛产奇石，石质较好，朱元璋即命人在灵璧打造了这些石刻，准备沿着大运河、沱河进入淮河，运往盱眙建造明祖陵。当船行至这个地方的时候，突遇狂风暴雨，导致船被刮翻，这些石人、石马就坠入了河中。还有另一种传说，在南京有一位泗县出身的姓陈的户部尚书，在陈尚书去世之前，曾经命一位风水先生回来察看风水。风水先生在泗县走访察看，找到了这个地方，感觉这里地势较好，是一处难得的风水宝地。于是，在陈尚书去世之后，他的后人沿着长江北上，经过淮河将他的灵柩运回泗县这个地方进行安葬，与陈尚书灵柩一起运回的还有两船石人、石马、石羊、石龟等石刻，等到船队一行来到这个地方，卸下了这些石器并依次摆放好之后，便开始开挖陈尚书的墓穴。但当挖到两米深的时候，一下子挖出了一块大石板，众人掀开石板，突然从石板中飞出了一只小鸽子。按照古代迷信的说法，揭开石板飞出鸽子就等于这个地方的风水被破坏了，于是，陈尚书的子孙便带着风水先生乘船而上，另寻风水宝地，由于这些石刻十分沉重，装卸不便，万般无奈之下，便将这些石刻留在了这个地方。后来，附近的村民便根据遗留下来的石马等器物，将这个地方叫作石马湾了。

七、长直沟之战的故事

长直沟之战是我国著名画家汪玉山先生绘画，经任东流先生改编创作的一个经典战争题材的连环画故事。故事说的是清咸丰年间（1851—1861），捻军首领朱茂林率军到达安徽泗州长直沟圩，与留守妇女、老人同仇敌忾，共同抵御清军，誓死保卫家乡，并凭借有利地形彻底击溃清军。这场战斗就发生在今天泗县大运河边的长直沟。在长直沟一直流传着一首民谣："站得高，望得远，手拿长枪毛竹楔；见着清兵就要撵，见着清兵你不撵，你与清兵有勾连。"说的就是这场战斗。

话说清朝咸丰十一年（1861）二月，当时的捻军头领朱茂林和陆家盈，带领捻军到了安徽泗州的长直沟圩。圩里老百姓听说捻军是穷人的军队，他们专打剥削穷人的地主老财和压迫穷苦百姓的清朝腐败官僚，因此，当地的老百姓都出来奔走欢迎。

当朱茂林和陆家盈的捻军队伍到达长直沟圩时，这里的财主因害怕都已各自逃跑，捻军就把这些财主的粮食分给了当地的穷苦百姓，从而深得民心。由于当时朱茂林还很年轻，当地百姓都亲切地尊称他为"小先生"。他经常向当地的老百姓宣传："穷人要过好日子，就得打倒压迫人民的地主老财和清朝的腐朽官员。"久而久之，当地的老百姓在这种思想的宣传下，也非常认可朱茂林他们的这种思想，长直沟圩周边方圆七八十里的老百姓都知道捻军的好，纷纷前来投奔参军，驻扎在长直沟圩的捻军队伍日渐壮大。其中，距离长直沟

第五章　泗县大运河沿线的非物质文化遗产

圩八十里地有一个叫高典圩的地方,那里的老百姓所受的压迫尤为严重,当他们得知长直沟圩的捻军的所作所为,商议选派了几个代表前往长直沟圩,请朱茂林和陆家盈的捻军队伍前去那里,帮助他们打击那儿的地主老财。这一请求得到了长直沟圩捻军的一致赞同,于是大家决定前去攻打高典圩。

长直沟圩有一个叫张纪昌的年轻小伙,力大无穷,当地人称之为"张大力"。由于家境贫穷,常常挨饿受冻,当捻军队伍过来时,他凭借一身力气得到赏识,成了捻军的一个小头目。这次攻打高典圩,队伍上的精壮青年基本都过去了,剩下的都是一些妇女、儿童和老人。因此,朱茂林便安排张纪昌留在长直沟圩,负责保卫这里的留守百姓。当朱茂林等人前往高典圩的时候,张纪昌便带着留守的百姓白天下地种田,晚上操习武艺,同时,他还安排大家到圩子外面站岗放哨,以防发生意外。

但是,很快长直沟圩的捻军前往攻打高典圩的消息被当时的泗州藩司张学醇获知,他认为现在的长直沟圩只剩下一些老弱妇孺,当即派副将宋庆亲点数百官兵,连夜出发,打算夜袭长直沟圩。而这一事情恰好被当时在泗城做小生意的张老头得知,由于张老头的妻儿都在长直沟圩,因此,他马不停蹄地赶回去报信。庆幸的是,张老头终于在午夜时分赶回了长直沟圩,而此时宋庆的军队还没有抵达。当张老头慌慌张张地把这个消息告诉张纪昌时,面对敌强我弱的严峻局面,张纪昌一时之间束手无策,急忙把留守的百姓召集到一起商量对策,大家一时之间慌乱异常。这时,在留守的百姓之中,有一个叫姚张氏的妇女,平日里性格豪爽,很有智谋,她建议一方面派人紧急赶往高典圩,去通知那儿的捻军抓紧回来防御,另一方面,大家趁着官兵还没有到来,积极做好应对之策。她建议留守的妇女赶快回家,换上自家男人的衣服,佯装是男人回来了,从声势上吓吓敌人。同时,姚张氏又让大家把家里面能做兵器的农具都拿来,并把家里面的碗、缸等打碎,用来投掷杀敌。这一建议得到了大家的赞同和响应,留守的老人和儿童也去找来很多石头和木棍,用来防守。当大家准

171

备得差不多的时候,宋庆的军队也赶到了。当他看到长直沟圩子上黑压压的"男子汉",以为是捻军回来了,顿时声势就减少了大半。宋庆本想退回,但又怕张藩司怪罪,只得硬着头皮开战。当双方交手的时候,才发现是一群妇女,可她们个个勇敢无畏,没有一个怯战的。这时的官兵在圩子下面,圩子上面还有一两米高的墙,官兵们每每登上圩墙,就被百姓用叉子、木锨、棍棒打了下去,同时从圩子上面又飞下无数的碗碴和缸碎片,官兵们被打得鼻青眼肿,数次进攻都被打退了回来。双方交战到天亮时分,宋庆等人始终不能战胜百姓,官兵们很多负了伤,损失十分惨重。就这样,双方交战到中午时分,宋庆等人看着这样的情况,自知再战下去,恐怕会吃大亏,如果捻军再回来,就很有可能会全军覆没。宋庆和官兵们一商议,一咬牙、一跺脚,也顾不得张藩司会怪罪下来,就带着残余官兵狼狈逃窜了。

等到下午时分,朱茂林带着捻军急忙赶回,看到眼前的局面,惊讶地不敢相信自己的眼睛。等听到老百姓们讲述这一战的经过,不由得竖起了大拇指,对长直沟圩的妇女产生了由衷的敬意。大家杀猪宰羊,备置美酒进行庆祝,留守在泗州城内的官兵一时也不敢再来侵犯。

长直沟一战,使得当地的妇女声名大振,长直沟娘子军一时之间威名远扬。这场战役也充分展现了长直沟百姓不畏压迫、不畏剥削的斗争精神,成为我国近代广大穷苦人民反抗斗争的一个缩影。[①]

八、韩母骂驾的故事

传说,朱元璋称帝后,大封功臣,但因一时疏忽,忘封了当年替他舍身赴死的韩成。韩成的母亲丧子之后,生活无依无靠,穷困潦倒,迫不得已,只得沿街乞讨为生,因此,她对朱元璋非常怨愤和不满。有一次,韩母在南京的一座桥

[①] 本故事内容改编自任东流改编、汪玉山绘:《长直沟之战》(连环画本),上海人民美术出版社,2015年。

上乞讨,恰恰遇到了朱元璋的銮驾经过,于是韩母便拦在路上,朱元璋很是奇怪,传令押来相见。只见,韩母站立桥头,历数韩成鄱阳湖救驾之功,痛斥皇上忘恩负义。朱元璋一听是韩成之母,又见她一身乞丐打扮,立即赔礼道歉。后来,朱元璋追封韩成为高阳侯,还将韩母接进皇宫,盛情款待,赡养在宫中,直到高阳侯府建成后,才将韩母送回,并派人伺候。目前,在南京秦淮区长乐路附近,还有一个叫作"骂驾桥"的地方,传说就是韩母拦驾痛骂朱元璋之地。此外,在韩成被追封建造府邸后,旁边的一条街巷就取名为韩家巷。在泗县,为了纪念韩成,还曾经专门建了规模庞大的牌坊和韩侯祠。可惜,随着时光的流逝,这些遗迹已不复存在了。

第二节 民间曲艺

一、泗州戏

泗州戏,原名拉魂腔,是流行于安徽淮河两岸的具有重要影响力的地方剧种。它曾流行于安徽省、山东省、河南省和江苏省四省交界处。旧时的泗州戏是以说唱为主。其唱腔风格有一个非常重要的特点,那就是乡土气息浓郁。[1] 泗州戏与山东的柳琴戏、江苏的淮海戏同是由拉魂腔发展而来,彼此之间存在着一定的血缘关系。泗州戏是与徽剧、黄梅戏、庐剧并列的安徽四大优秀剧种之一,具有深厚的群众基础和丰富的文化底蕴,以优美的唱腔、动听的旋律,唱响淮河两岸,大江南北。2006年,泗县被安徽省文化厅命名为"泗州戏之乡"。同年5月20日,泗州戏经国务院批准被列入第一批国家级非物质文化遗产名录。

(一)泗州戏的表演形式与艺术特点

泗州戏是由民间说唱发展起来的比较典型的板腔体唱腔剧种。其唱腔

---

[1] 许海燕:《试析当代泗州戏传承与创新》,《宿州学院学报》2020年第8期,第5—8页。

南、北方风格交融,婉约与豪放并蓄,相当自由,在一定基调的旋律基础上,演员可以根据剧情的需要和人物思想感情的变化,灵活掌握节奏的快慢、缓急和曲调强弱、高低,自由运用各种花腔调门,尽情发挥各自的特长,艺人称此为"弦包音"(丝弦伴奏必须跟着唱腔走),也叫"怡心调"(根据剧情自由变换腔调)。在发展过程中,艺人们创造、积累了不少曲调,特别是女声唱腔,尾声翻高八度,委婉尽致,动人心魄。

(二)泗州戏的起源

泗州戏与流传于苏北徐州和鲁南一带的柳琴戏以及淮安、海州、鲁南的淮海戏同属于"拉魂腔"的不同流派。柳琴戏和淮海戏属"拉魂腔"的北派,泗州戏是"拉魂腔"的南派。该剧起源于江苏海州,发展、成熟于泗州,故名"泗州戏"。清朝乾隆年间,江苏海州一带有邱、葛、张三位老农爱好民间音乐,他们在劳动休息时,常编山歌企盼太平丰年。山歌有两种,一种称为太平调,一种称为猎户腔。后经收集整理,不断丰富,就编出了具有简单人物故事的"小篇子"进行演唱。由于唱腔优美,听者不思饮食,赶场听戏,好像魂被拉去,故被誉为"拉魂腔"。后因连年灾荒,张姓在海州、淮安一带串门卖唱,发展为淮海戏;葛姓流浪于苏北、鲁南一带,发展为柳琴戏;而邱姓则在泗州一带传艺卖唱,由于是"串门卖唱",民间又称"拉魂腔"为"走肘股子"。

(三)新中国成立前的泗州戏

早期的泗州戏是一种近似说唱的简单戏剧形式,从一人敲板演唱"小篇子"(简单的生活小故事),一人用柳叶琴伴奏的"唱门子"(沿门卖唱),逐渐发展为"七忙八不忙,九个人看戏房"的小戏班。艺人们以柳叶琴(亦称土琵琶)、梆子、小锣伴奏,并加入人声帮腔,但仍十分简陋,只能在农村"跑坡"唱"地摊子"。后来出现女演员,在唱腔和表演上有所发展。直到1920年前后,才有固定的班社正式登台演唱。老艺人许步俊、魏月华、马兰玉等人进入皖北交通枢纽城市蚌埠演出,一般被视为是泗州戏的正式进城。抗日战争时期,泗

第五章　泗县大运河沿线的非物质文化遗产

县、灵璧、五河、凤阳曾组织泗州戏艺人排练了《全家抗日》《打濠城》《打泗州》等一批密切联系抗日斗争现实的小剧目。这些经历使得泗州戏的表演更加生活化、自然化。

泗州戏演出剧照

（四）新中国成立后泗州戏的发展

中华人民共和国成立后，泗州戏开始在城市舞台流动演出。1952年，安徽省文化厅正式将流行于以泗县为中心暨五河、灵璧、宿县、凤阳、蚌埠、天长、嘉山、盱眙、泗洪、固镇、蒙城和濉溪一带的"拉魂腔"，命名为"泗州戏"。1954年，在上海举行的华东地区首届戏曲观摩演出大会上，泗州戏以《拾棉花》《打干棒》《拦马》和《结婚之前》四个剧目到会参演。其中，生活小戏《拾棉花》因其浓郁的喜剧色彩和生活情趣而备受欢迎。这一次的华东会演，推出了新中国成立后泗州戏第一代担纲演员花旦李宝琴、霍桂霞、周凤云等。李宝琴、霍桂霞因《拾棉花》的精彩演出双双获得演出一等奖。1957年，泗州戏进京汇报演出，在中南海怀仁堂，由泗州戏著名小生马方元、花旦李宝琴合演的《打干

175

棒》和著名青衣周凤云出演的折子戏《思盼》,受到党和国家领导人的高度评价和称赞,毛泽东、刘少奇、周恩来等领导人还走上舞台接见了演员,并与全体演职人员合影留念。值得一提的是,泗州戏的主弦乐器,从只有两根丝弦的土琵琶,通过改革,多次研制,相继制成了三、四、五、六弦的多种高中音柳琴,除了运用于本剧种伴奏外,还被国内外中西乐队选用,影响颇大。

(五)改革开放后的泗州戏

20世纪80年代以来,泗州戏演出进入黄金时代,泗州戏剧院和泗州戏剧团蓬勃兴起。与此同时,泗州戏的民间演出从未间断,群众基础十分深厚,营造了当地良好的泗州戏文化生态环境。至今,泗州戏的演出一直呈现出两种面貌,一方面是代表着泗州戏专业艺术水准的专业剧团的正规舞台演出,另一方面是活跃在民间的带有浓郁乡土气息的原生态演出。专业剧团和民间艺人相辅相成,共同促进了泗州戏的良好发展。①

泗州戏剧团演员走上街头开展民俗展演活动

---

① 赵东:《泗州戏文化传承述论》,《戏曲艺术》2018年第3期,第61—64页。

改革开放以后,泗州戏步入了繁荣发展的新时期,新编现代戏好戏连台。新创编的《家庭公案》《借纱帽》《选举》《画龙点睛》《慈母恨》等法制宣传类剧目常演不衰,宣传计划生育的《女儿泪》《盼儿记》《三十六计》和戒赌戏《赌场丢魂》深受农村广大群众喜爱。由泗县泗州戏剧团创作演出的《海云花》在合肥演出,引起轰动,被省黄梅戏剧团移植改编为《龙女》,并拍成电影在全国发行。1999年,泗县泗州戏剧团创作演出的现代小戏《三结合变奏曲》赴京参加全国计划生育文艺会演,获银奖;2002年5月排演的《二嫂上轿》获曹禺戏剧节小戏小品一等奖;2005年5月,《二嫂上轿》又在中央电视台第五届CCTV小戏小品大赛中荣获优秀奖,周德平、吴佳英、王怀彬、姚玉友分别获优秀编剧奖、优秀导演奖、优秀演员奖,王娟获最佳女演员奖;2013年,宿州市拂晓泗州戏艺术团创演的泗州戏《清水湾》获评全省第一批民营艺术院团"十大名剧"。

(六)泗州戏的经典剧目

泗州戏的剧目中,传统大戏有80余出,小戏和折子戏有60多个,其中主要的传统剧目有《大书观》《皮秀英四告》《樊梨花》《赵美蓉观灯》《三卷寒桥》《杨八姐闯幽州》《剔火棍》《阴阳斗》《白蛇传》《西厢记》《双包鱼蓝记》《济公传》《化仙庄》《秦雪梅》《秦香莲》《杨八郎探母》《王宝钏》《大鳌山》《小鳌山》《四平山》《八盘山》《翠屏山》《太行山》《小金锁》《莲花庵》《三女拜寿》《三子争父》《双换妻》《钓金龟》《鞭打洪桥》《水母娘娘沉泗州》《罗成逛庙》《大红袍》《白玉楼》《张郎休丁香》《临江驿》《张羽煮海》《穆桂英搬兵》《双巧姻缘》《走娘家》《拾棉花》《喝面叶》《丰收之后》等,至今仍然在泗州戏舞台上演出。近些年,泗州戏开发出《秋月煌煌》《垓下绝唱》《清水湾》和《刘胡兰》等一大批新剧目。至于说到各种生活气息浓郁、形式灵活多样的折子戏,更是如繁星满天。[①]

---

① 赵东:《泗州戏文化传承述论》,《戏曲艺术》2018年第3期,第61—64页。

|水韵泗州——世界文化遗产隋唐大运河通济渠泗县段

泗州戏《回娘家》演出剧照

泗州戏代表剧目有《三卷寒桥》《杨八姐救兄》《樊梨花点兵》《皮秀英四告》《大花园》《罗衫记》《绒花记》《跑窑》《拾棉花》等。但经常上演的,或为人们喜闻乐见的主要是小戏、折子戏,并且以现代生活小戏为多。在这个意义上,泗州戏与现实生活的结合,也较其他剧种更显密切。

(七)泗州戏剧团

1952年,长期活跃在泗县农村地区的马(友保)家班子、王(玉芝)家班子、钱(宰香)家班子、许(开金)家班子、李(兰亭)家班子,开始进城组建剧团。1954年,泗县县委、县政府将群众自发组织的"新兴剧团"更名为"泗县泗州戏剧团"。从此,泗州的"拉魂腔"被正式定名为泗州戏。及至今日,泗县泗州戏剧团仍然保持着较大的规模,拥有数十人的演出团队,常年活跃在广大乡村和学校,年均演出300场,深受百姓的喜爱。同时,泗县其他民间泗州戏剧团也在蓬勃发展,为泗州戏的发展传承做出了积极贡献。

1955年6月1日,泗州戏训练班学员留影

古老的泗州戏来自于民间,贴近社会现实,具有浓郁的乡土气息,经过多年的艺术探索,形成自身的艺术特色。泗州戏的唱腔中以李宝琴为代表的女腔因其独特的艺术魅力而享誉大江南北。泗州戏的传统剧目繁多,有的是泗州戏自身的独创,有的是对其他剧种经典剧目的改编,很多剧目艺术品位高,成为泗州戏的保留剧目。在社会各界的共同努力下,泗州戏在新人培养、剧目继承和开发上做出了贡献。目前,泗州戏呈上升趋势,这和当下戏曲市场的总体趋势是一致的。随着时代的发展,泗州戏在对传统的继承和发扬上会不断做出新的贡献。[1]

二、瑶剧

瑶剧,又名扬琴戏,是泗县地方独有的一个剧种。其前身是在泗州琴书的

---

[1] 赵东:《泗州戏文化传承述论》,《戏曲艺术》2018年第3期,第61—64页。

基础上发展而来的。1959年,蚌埠行署副专员刘建中在观看泗县扬琴戏《枫山琴音》后,认为泗县扬琴有"古之瑶琴之音",因而更名为瑶剧,现为省级非物质文化遗产。究其渊源,可以追溯到清末至民国时期,当时的泗州艺人张世銮、陆成修分别师从山东艺人季永杰和湖北艺人陈开江,将琴书艺术传入泗州。他们充分吸收当地和淮海、洪泽湖、扬州的许多民间曲调,丰富自己的唱腔,形成了北门(柴门)和南门(儒门)两个流派。北门风格粗犷豪放,生动活泼;南门文雅优美,委婉迷人。瑶剧的表演形式有单口、对口、多口三种,清末和民国初,多有对白,单口节目多为中短篇,其后已不多见。对口最为流行,演唱时一人拉坠,一人敲击扬琴和拍板,说唱并重,叙事与代言相结合,书目多为中长篇。多口仅见于舞台上的业余演出,其表演形式分坐唱、表演唱两种,人数不等。瑶剧配乐为联曲体,有曲牌、垛子、满江红、上河调、下河调、失断魂、银纽丝、燕落金钱、剪花花等20余种。为增强现场气氛,后来伴奏乐器也增加了二胡、京胡、板胡、笛、笙等。瑶剧书目多以反映现实生活的短篇为主,其唱腔结构属于板腔和曲牌相结合的综合体,柔和优美,长于抒情。相较于泗州琴书,泗县的瑶剧在表演形式、表演内容和唱腔曲调等方面都更加丰富,也更具有舞台效果,且融合了泗县地方民间曲艺文化因素,具有浓郁的地域文化特色。

三、泗州琴书

泗州琴书也称淮北琴书,俗称扬琴或坠子,皆因其伴奏乐器而得名。究其渊源,一说是道情结合当地音乐而成,约有200年历史;一说为山东琴书之南传并吸收当地民间乐曲而成。清末民初至抗日战争前夕,是泗州琴书的大发展时期。直至出现了陆成修和张世銮两位杰出的代表性琴书艺人,在泗县乃至周边区域创建形成了"儒门"和"柴门"两个琴书流派。

"泗州琴书"一般由两人演唱。伴奏乐器为扬琴、坠胡、三叶板。后来也有多人演唱的形式,逐步增加了二胡、提琴、三弦、笙、笛、琵琶、月琴乃至古筝

泗县瑶剧团与内蒙古剧团合影

等乐器。常用曲调有慢板(也叫"四句牌子""四句腔""四平调""慢赶牛")、悲调(也叫"苦条子")、流水(也叫"连句"并包括变化的"流水连句")、垛子(包括"快垛子""慢垛子")以及"凤阳歌"等。定名为瑶剧后,其唱腔逐渐成熟,共分为13大调、24小调。

四、泗州大鼓

泗州大鼓也称安徽大鼓,流传于苏鲁豫皖接壤地区,明末清初已具雏形。始以手鼓伴奏,以半说半唱的顺口溜形式演唱。清代中期,艺人们改手鼓为简单支架固定鼓位,固定场地演唱。

泗州大鼓的器具主要有大鼓、鼓架铜板和钢板。演员一手击鼓,一手打板,亦说亦唱。唱腔有慢板、快板、垛子板三种形式。演唱时多用"活口",俗称"片子""赞赋",灵活运用于描摹各种场景、场面等。大鼓主要作品有《三国演义》《封神榜》《杨家将》《岳飞传》《云台中汉》《罗通扫北》《平原枪声》等传统和现代书目。

泗州大鼓以唱为主,说为辅,唱腔高亢婉转,地方特色浓郁,多采用地方小调或吸收其他地方戏曲剧种曲调,语言诙谐幽默,唱腔独特,节目蕴藏丰富,地方色彩浓郁,深受淮北地区广大群众的喜爱,对地方语言和风土人情、历史文化等都有着重要的研究价值。

五、泗州渔鼓

渔鼓历史悠久,可以上溯至唐代的"道情",也就是道士传道或者化募时所叙述的道家之事和道家之情。他们叙情的方式就是打渔鼓,唱道歌,所以"打渔鼓,唱道歌"是连起来说的。后来,"道情"为民间艺人所习用,宗教内容便渐趋淡化,改唱民间故事、神话传说和英雄故事,"道情、唱歌"的方式也演变为一种说唱的艺术形式。到了元代,渔鼓已广为传唱,明清时期,已形成了"有板有眼"的完整唱腔。

泗州渔鼓艺人主要分布于泗县黄圩镇、大庄镇、屏山镇和刘圩镇。有关专家称其为"安徽曲艺一枝花",是安徽传统文化的"活化石",具有重要的文化艺术研究价值,是我国曲苑中一朵芬芳馥郁的奇葩。

渔鼓用竹筒制作,筒长65—100厘米,鼓面直径13—14厘米,一端蒙上鲫花鱼(鳜鱼)皮或猪护心皮。演奏时,左手竖抱渔鼓,右手击拍鼓面。指法有"击""滚""抹""弹"等。

六、泗州皮影戏

皮影戏是中国民间的一门传统艺术。千百年来,这门艺术伴随着祖祖辈辈的先人,度过了许多欢乐的时光。皮影不仅属于傀儡艺术,还是一种地道的工艺品。它是用牛、驴、马、骡皮,经过选料、雕刻、上色、缝缀、涂漆等几道工序做成的。皮影制作考究,工艺精湛,表演起来生趣盎然,活灵活现。受到外在环境以及兽皮材料质地上的差异等种种因素影响,皮影戏偶造型风格各地不同。皮影戏在表演时,表演者通过控制皮影人物脖颈前的一根主杆和在两手端处的两根耍杆,来使人物做出各式各样的动作,表演者除了要一人控制三或

第五章　泗县大运河沿线的非物质文化遗产

四个影人的动作,还要密切配合场上的音乐,兼顾旁白、配唱。

泗县皮影戏演出

　　泗州皮影戏现主要为秦氏皮影戏,它自清朝嘉庆年间就已经在泗县城乡流传开了,现泗县草沟镇秦德华为其非遗传承人。秦德华祖辈依靠走江湖演皮影戏维生,在全国从事皮影戏表演和研究的领域很有知名度,秦氏皮影(泗州古韵皮影戏)也是泗县珍贵而具有重要价值的非物质文化遗产之一。1951年3月出生的秦德华,已经是泗县秦氏皮影戏的第五代传人。秦德华自幼学习家传皮影戏,13岁开始跟随父亲外出登台演出。2013年,秦德华荣获文化部和广电总局主办的"第八届中国北京文化创意产业博览会"金奖。之后,他受聘担任北京龙在天皮影剧团顾问,并在圆明园皇家皮影戏艺苑担任艺术指导。近年来,秦德华夫妇及其孙子秦子健等人经常在泗县各类演出活动中登台表演,为传播皮影戏这一民间艺术做出了积极贡献。

　　泗县皮影在演出时仅凭一人操纵影人,乐器伴奏和道白配唱要同时兼顾。拥有高超技艺的老艺人,一人能同时操纵七八个影人。武打场面是紧锣密鼓,影人枪来剑往,上下翻腾,热闹非常。而文场的音乐与唱腔则是音韵缭绕,优美动听,或激昂,或缠绵,有悲有喜,声情并茂,动人心弦。

泗县皮影戏所用的唱腔除了吸取传统的唱腔以外,还根据泗县本地的特色戏曲泗州戏有所改进和创新,如弦板腔、碗碗腔、秦腔等。除此之外,泗县皮影戏还增加了呵腔,使得本来就已丰富的唱腔变得更加优美动听。

在伴奏乐器上,泗县秦氏皮影戏原先只有铙、鼓、木梆,后经过改进,增加了二胡、板胡、琵琶等乐器。

此外,泗县秦氏皮影戏的皮影制作工艺精细,较之其他皮影更大、更生动,并且涂上色彩,看上去非常鲜艳有趣,加上带有浓郁的泗县地方方言的说唱风格,让观众听后更是觉得亲切和趣味横生。[1]

第三节 传统技艺

一、泗县药物布鞋制作技艺

泗县药物布鞋制作技艺是流行于泗县境内的一种民间手工技艺,因制鞋时在鞋底夹层里加入中草药而得名,距今有百余年历史。清代末期,有位名叫孟宪荣的老鞋匠,因善于制作药酒鞋垫防治脚气病而闻名。20 世纪 80 年代初,泗县制鞋厂受此启发,在传统布鞋制作的基础上,增加了药物配制和鞋底夹层三次加药的工序,提升了布鞋的保健价值。[2] 泗县药物布鞋制作在总结前人"向鞋内撒药物治疗脚病"做法的基础上,请中医大夫配伍治疗脚病方子,结合制作布鞋的工艺,将中草药碾成粉末,缝制在布鞋底的夹层中,帮助脚病患者治疗脚臭、脚气等脚病,疗效显著。它融合了布鞋制作技艺和传统中药制作技艺,把鞋与药融为一体,达到了穿鞋治病的目的。其制作工艺包含配伍药方、研磨或熬制药物、包底、纳底、绱鞋、装楦、复底、压膜等 60 多道工序。20

---

[1] 本文主要内容采自泗县人民政府网,由泗县文化馆杨小亮、沙劲松整理。
[2] 安徽省非遗保护中心:《泗县药物布鞋制作》,《江淮文史》2021 年第 3 期,第 2 页。

世纪 80 年代,泗县鞋厂在继承药物布鞋制作技艺的基础上,邀请省内外 13 位权威皮肤科专家对配方进行研发改进,新产品经当时安徽省立医院等医院临床验证,能够有效治疗脚气和脚臭。

泗县药物布鞋不仅穿着舒适,还具有独特的保健和治病功效,成为泗县的一大特产。由于药物布鞋药效持久,不怕洗刷,无任何副作用,被消费者誉为"脚气患者的福音",受到了消费者的一致青睐。独特的配方、优质的制鞋工艺,使得泗县药物布鞋在新产品评选、展销中斩金夺银。1985 年,泗县药物布鞋被国家轻工部认证为全国轻工优秀新产品,先后获得国家轻工业部科技进步三等奖,首届中国鞋饰评选"金鞋"奖,安徽省、江苏省、上海市"消费者喜爱产品"奖,安徽省星火科技二等奖等 20 多项省部级大奖。2010 年 7 月,泗县药物布鞋制作技艺入选安徽省第三批非物质文化遗产名录。

泗县药物布鞋传承人工作照

作为泗县特产之一,现在,不仅泗县当地人爱穿药物布鞋,就是一些外地客商或者在外地的泗县人,也把家乡的药物布鞋作为馈赠亲朋的佳品。

近年来,泗县人民政府十分注重非物质文化遗产的保护与传承,从2009年起,县财政每年拿出一定经费用于非遗保护和传承活动,同时对代表性传承人进行动态跟踪考核,有效激励了非遗传承活动。在药物布鞋研发与传承人技艺保护方面,泗县制订了一系列保护规划与具体措施,同时对有关药物布鞋的扩大生产给予一定的政策倾斜,在信息、资金、市场等方面给予大力支持。2017年,央视七套《乡约》栏目组走进泗县,泗县药物布鞋作为本地特产,在节目中得以全面展示。目前,在泗县县委、县政府的大力扶持与高度重视下,在新一代制鞋人的努力下,传统小布鞋产业将为加快乡村振兴继续做出贡献。

二、泗州古运河根雕技艺

根雕,是一种雕刻方法,是中国传统雕刻艺术之一,是以树根(包括树身、树瘤、竹根等)的自生形态及畸变形态为艺术创作对象,通过构思立意、艺术加工及工艺处理,创作出人物、动物、器物等艺术形象作品。根雕艺术是发现自然美而又显示创造性加工的造型艺术,根雕工艺讲究"三分人工,七分天成",在根雕创作中,应主要利用根材的天然形态来表现艺术形象,辅助性进行人工处理修饰,因此,根雕又被称为"根的艺术"或"根艺"。

泗县古运河根雕主要以运河人物故事和风景古迹为题材,生动形象,使得古运河的文化内涵得以生动再现,起到了很好的文化传播作用。

三、大庄豆瓣酱制作技艺

大庄豆瓣酱是泗县大庄镇的特产。大庄镇豆瓣厂生产的豆瓣酱于1990年荣获上海食品博览会"金奔马奖"。

大庄豆瓣酱始于清光绪年间,镇江名师谢子成曾亲临指导制作。早在1850年,此酱向清宫进贡,道光皇帝钦赐为皇宫贡品,而后因成为御膳房常用调味品而远近闻名。大庄豆瓣酱含有丰富的还原糖、蛋白质以及多种氨基酸,能增进食欲,帮助消化,深受广大消费者青睐。

光绪末年,大庄许家酱园店的徒弟仇运芝、许献之和王老五合股创建了大庄义合园。他们把三家优势集中起来,相互约定,义字当头,以和、合为贵,从而开创了大庄酱园的崭新时代。新中国成立后,国家在义合厂的基础上扩大

大庄豆瓣酱制作图

规模,进行合作化,定名为大庄豆瓣酱厂,开始专业化、工厂化生产酱、酱制品及糕点食品。历史上大庄曾经先后出现过义合(南义合、北义合)、仁合、信合、玉丰亭等大大小小十几家酱园。

大庄豆瓣酱在发展过程中博采众长,兼收并蓄,精进传统,相互学习,引进技术,成就了其日后的辉煌,成就了其从乡村的家庭作坊走入泗州知府的公案,走入御膳房,走入宫廷内院,走上道光皇帝的餐桌,并名扬天下。大庄豆瓣酱于1905年走上巴拿马世界博览会的展台,并通过1959年的广交会,走进了苏联、东南亚等国际市场,进入1983年安徽省地方名特产品榜单,捧走了1990年上海食品博览会的"金奔马奖"。

大庄豆瓣酱的工序极为复杂,首先要挑选色泽金黄的大豆作为原料,放在水中浸泡,再进行蒸煮,接下来密封发酵,再取出晾晒,而后加入各种调料,再发酵,密封包装……每一道工序都要掌握得恰到好处,如此,生产出的豆瓣酱才具有非常好的口感。

四、大路口粉丝制作技艺

泗县大路口镇的山芋作为地方优良品种在泗县已有三百多年种植历史,2009年8月,泗县大路口镇被评为中国山芋之乡。当地利用优质山芋生产的

大路口粉丝

粉丝,声名远播,粉丝产业成为当地的支柱产业。大路口粉丝精选优质红薯淀粉为原料,采用百米深井水,秉承传统工艺,经封闭式生产车间纯手工精制而成,不含任何防腐添加剂,具有色泽自然、口味醇正、营养丰富、久煮不化等特点,为实实在在的手工工艺、地地道道的农家风味,是各种火锅、凉拌的理想食材。

第四节　传统民俗舞蹈

一、泗州钱杆舞

钱杆舞,俗称"耍钱杆",由单人边打、边唱、边舞方式进行。据考证,钱杆子具有集自卫、挑具和道具为一体的功能。钱杆舞原以单人表演为主,以后逐渐发展成多人并有背景音乐伴奏和演唱的综合性艺术品种。

新中国成立前,钱杆舞曾是民间艺人沿街乞讨的一种表演形式。随着我国经济实力的大幅提升,人们生活水平明显提高,利用钱杆舞沿街乞讨的方式已经基本绝迹。不过,钱杆舞因为健身效果明显,跳起来舞姿优美,逐渐受到泗县城乡人民的青睐,作为健身舞蹈在泗县各个休闲广场均有人在跳。

钱杆舞的主要动作为手握钱杆子中段,绕体碰击身体的肩、臂、手、腰、腿和脚等部位。其中有单打、双打、对打和不同的队形变化,边打边唱。整个场面欢快、流畅,给人们一种视觉和听觉上的享受。

二、旱船

旱船是泗县一种极具古典风格和乡土气息的民间传统艺术,很早就在泗县民间流传,尤其是逢年过节和正月十五元宵节时,民间演出活动非常活跃。

所谓"旱船",即陆地上的船。划旱船就是以船为模型,制作成简单的表

| 水韵泗州——世界文化遗产隋唐大运河通济渠泗县段

泗县民间传统艺术旱船表演

演工具,模仿划船时的一系列动作,以此来编排一些舞蹈动作。表演时,表演乘船者一般是一个人,另外还有一名艄公划桨引导,在前头带路,做出各种各样的划船动作。乘船者按套路跑或者快速碎步,形如大船在水面上起伏漂动,颇为形象地塑造出水面行船的情景。

跑旱船时,一般使用的伴奏乐器是锣鼓、钹等打击乐器,也有的地方加上唢呐伴奏,气氛热烈,情绪活跃,具有浓郁的泗县地方风情和特色。

三、花挑

花挑是泗县民间流传较广的一种舞蹈,据说已有几百年的历史。

新中国成立后,泗县花挑在民间流传更为广泛,在泗县县城及各个乡镇都有表演团队,深受老百姓的喜爱。花挑舞蹈主要是为了庆祝丰收、祈求平安,表演形式十分欢快,表达了当地人民追求美好生活的一种愿望。

第五章　泗县大运河沿线的非物质文化遗产

　　花挑表演主要是由一根扁担、两只花篮组成,花篮上缠满用纸做的花,跳舞者有五人,两人挑花挑,一人打棒鞭,表演者身穿鲜丽的服装,腰系彩带,演出时唱的都是泗县民间小调或泗州戏。花挑表演看似简单,但实际要求非常细腻,需要演员有丰富的队形变化和表演技能,同时还配合轻唱低吟的场面,表演生动活泼,深得百姓喜爱。

泗县民间传统艺术花挑表演

　　每年过春节或正月十五元宵节的时候,泗县各地的百姓都会载歌载舞,自发组织队伍进行花挑表演,有的还会到民间老百姓家上门进行表演,互相拜年问候。

第五节 传统饮食

一、草沟烧饼

草沟烧饼是泗县草沟镇特色名吃,已有两百多年历史。因其酥、香、脆而闻名。特色草沟油酥烧饼呈金黄色且布满芝麻葱花,背面布满了酥孔,形状多为椭圆形,常人手掌大小而内外多层。吃起来外脆内酥,油而不腻,香脆可口。草沟油酥烧饼以制作材料不同,总的来说有三种,用糖的是甜的,用盐的为咸的,而用五香粉的则是五香烧饼,适合不同口味的人食用。包括央视二套在内的多家媒体都曾对草沟烧饼进行过专题报道。

草沟烧饼

二、刘圩大饼

刘圩大饼又名刘圩水发面,是泗县招牌美食,大饼形状呈圆形稍厚,内瓤呈蜂窝状,外部焦黄,吃时多切成小块状,口感香脆松软,很好地保持了麦香的原汁原味,食之让人口有余香,回味生津。刘圩大饼制作技艺现为宿州市非物质文化遗产,中央电视台曾进行过专题报道,是皖北面食的重要代表之一。

第五章　泗县大运河沿线的非物质文化遗产

刘圩大饼

三、泗县朝牌

朝牌是古代大臣上朝面君时手持的笏板，又称朝板。古时文武大臣入朝面君，双手持朝板，以便及时记录君王旨意。朝板据考证最早可能在商朝即已出现，是中国古代大臣使用时间最长的办公用品，也是大臣身份地位的重要象征。泗县朝牌，实为一种形似朝板的烧饼，其外表金黄，内里洁白，口感酥脆绵软，是老幼喜爱的地方名吃，现为宿州市非物质文化遗产。

泗县朝牌

四、金丝绞瓜

金丝绞瓜是泗县地区的一大特产，为国家地理标志保护产品。此瓜皮色、瓜丝俱呈金黄色，故名金丝绞瓜。绞瓜瓜瓤由瓜丝彼此镶嵌排列环绕、自然成

193

丝,状如鱼翅,因而又名鱼翅瓜。其甘甜爽脆,口感颇似海蜇,有"植物鱼翅、天然海蜇"之美誉。泗县金丝绞瓜种植历史悠久,瓜肉营养丰富,富含钙、磷、铁等多种微量元素,有清热解毒、降压降糖之功效,凉拌食用,清香嫩脆,十分爽口。

金丝绞瓜

五、汴河河虾

汴河是泗县最为重要的水系之一,其水质清澈,河网密布,尤为适合河虾生长。泗县汴河河虾皮脆肉嫩,味道鲜香,或爆炒,或干煸,或清蒸,或白灼,各具特色。泗县本地主要加以葱姜八角,放之少许食盐清煮片刻即可,味道鲜嫩可口。

汴河河虾

六、汴河小鱼豆腐

小鱼豆腐是泗县一道风味家常菜品,其食材主要选用泗县汴河一种名为

"花股牛"的特有小鱼。该鱼体型较小,肉质鲜嫩,裹面油炸,配之以当地手磨水豆腐,红烧慢炖,汤汁浓郁,味道鲜香,小鱼的鲜味与水豆腐的嫩味融为一体,口感润滑,色泽清白,酥脆椒香,软嫩可口。

汴河小鱼豆腐

七、汴河杂鱼

汴河水质优越,盛产各种鱼类。汴河杂鱼主要精选本地汴河水系所产的鲜活戈鱼、鲫鱼及其他小鱼共同烧制而成,多种小鱼的鲜味融合到一起,汤汁鲜美,肉质细嫩,香味扑鼻,配之以泗县大米或面食,口感尤佳,是一款十分地道的泗县美食。

汴河杂鱼

八、泗县绿豆饼

泗县绿豆饼是当地一种特色美食,距今已有数百年历史。其采用纯天然绿豆做原料,将绿豆洗净、浸泡去皮,然后按历代相传的手工工艺,添加配方,搅拌成糊状,将绿豆面糊滴在烧热的平锅上面,状如铜钱大小,色泽鲜亮。泗县烹调绿豆饼主要是加蒜苗辣椒猛火炒制,或搭配卤熟的牛肉猛炒,爽滑鲜香,味道尤其鲜美。泗县(泗州)绿豆饼制作技艺现为宿州市非物质文化遗产。

泗县绿豆饼

第六节　运河诗文

大运河是一条流动的河流,也是一条文化之河,千百年来,无数文人墨客往来其上,留下了诸多名篇佳作。他们或怀古抒情,或吟咏运河风光,或答谢酬对,见证了运河千年的繁华。泗州作为重要的运河城市,因运河而兴,唐宋及至明清,白居易、苏轼、米芾、龚起翚等人都留有诸多诗篇,吟咏出泗县大运河的千年风华!

第五章　泗县大运河沿线的非物质文化遗产

隋堤柳

白居易[①]

隋堤柳，

岁久年深尽衰朽。

风飘飘兮雨萧萧，三株两株汴河口。

老枝病叶愁杀人，曾经大业年中春。

大业年中炀天子，种柳成行夹流水。

西自黄河东至淮，绿阴一千三百里。

大业末年春暮月，柳色如烟絮如雪。

南幸江都恣佚游，应将此柳系龙舟。

紫髯郎将护锦缆，青娥御史直迷楼。

海内财力此时竭，舟中歌笑何日休？

上荒下困势不久，宗社之危如缀旒。

炀天子，

自言福祚长无穷，

岂知皇子封酅公。

龙舟未过彭城阁，义旗已入长安宫。

萧墙祸生人事变，晏驾不得归秦中。

土坟数尺何处葬？吴公台下多悲风。

二百年来汴河路，沙草和烟朝复暮。

后王何以鉴前王？请看隋堤亡国树。

---

① 白居易（772—846），字乐天，号香山居士，又号醉吟先生，祖籍太原，曾在宿州生活长达二十二年。作为唐代伟大的现实主义诗人，白居易与元稹共同倡导新乐府运动，世称"元白"，与刘禹锡并称"刘白"。白居易的诗歌题材广泛，形式多样，语言平易通俗，有"诗魔"和"诗王"之称。官至翰林学士、左赞善大夫。

] 水韵泗州——世界文化遗产隋唐大运河通济渠泗县段

长相思
白居易

汴水流,泗水流,流到瓜洲古渡头,吴山点点愁。

思悠悠,恨悠悠,恨到归时方始休,月明人倚楼。

汴河曲
李益①

汴水东流无限春,隋家宫阙已成尘。

行人莫上长堤望,风起杨花愁杀人。

汴河直进船
李方敬②

汴水通淮利最多,生人为害亦相和。

东南四十三州地,取尽膏脂是此河。

汴河怀古二首
皮日休③

万艘龙舸绿丝间,载到扬州尽不还。

应是天教开汴水,一千余里地无山。

---

① 李益(约750—约830),字君虞,陇西姑臧(今武威)人。
② 李方敬(?—约855),字中虔,太原文水(今文水)人。
③ 皮日休(约838—约883),字逸少,复州竟陵(今天门)人,曾在宿州生活,死后葬于宿州。

第五章　泗县大运河沿线的非物质文化遗产

尽道隋亡为此河,至今千里赖通波。

若无水殿龙舟事,共禹论功不较多。

泗州僧伽塔

苏轼[1]

我昔南行舟击汴,逆风三日沙吹面。

舟人共劝祷灵塔,香火未收旗脚转。

回头顷刻失长桥,却到龟山未朝饭。

至人无心何厚薄,我自怀私欣所便。

耕田欲雨刈欲晴,去得顺风来者怨。

若使人人祷辄遂,告物应须日千变。

我今身世两悠悠,去无所逐来无恋。

得行固愿留不恶,每到有求神亦倦。

退之旧云三百尺,澄观所营今已换。

不嫌俗士污丹梯,一看云山绕淮甸。

过泗上喜见张嘉父二首

苏轼

空翠娱人意自还,明窗一榻共秋闲。

会知名利不到处,定把清觞属此山。

眉间冰玉照淮明,笔下波澜老欲平。

---

[1] 苏轼(1037—1101),字子瞻,号东坡居士,眉州眉山(今属四川)人。宋代著名政治家、文学家,"唐宋八大家"之一。苏轼一生曾多次到宿州、泗州游玩和访友,留下了数十首诗篇。

直得全生如许妙,不知形谍已多名。

泗州除夜雪中黄师是送酥酒二首
苏轼

暮雪纷纷投碎米,春流咽咽走黄沙。
旧游似梦徒能说,逐客如僧岂是家。
冷砚欲书先自冻,孤灯何事独成花。
使君半夜分酥酒,惊起妻孥一笑哗。

关右土酥黄似酒,扬州云液却如酥。
欲从元放觅挂杖,忽有曲生来坐隅。
对雪不堪令饱暖,隔船应已厌歌呼。
明朝积玉深三尺,高枕床头尚一壶。

再过泗上二首
苏轼

系舟淮北雨折轴,系舟淮南风断桥。
客行有期日月疾,岁事欲晚霜雪骄。
山根浪头作雷吼,缩手敢试舟师篙。
不用然犀照幽怪,要须拔剑斩长蛟。

眼明初见淮南树,十客相逢九吴语。
旅程已付夜帆风,客睡不妨背船雨。
黄柑紫蟹见江海,红稻白鱼饱儿女。
殷勤买酒谢船师,千里劳君勤转橹。

第五章　泗县大运河沿线的非物质文化遗产

宿泗州戒坛院

张耒①

楼上鸣钟门夜扃,风檐送雨入疏棂。

老僧坐睡依深壁,童子持经守暗灯。

千里尘埃长旅泊,五年忧患困侵凌。

谁知避世天然子,一见禅翁便服膺。

发泗州

张耒

万艘猎猎战风桅,我亦孤舟别岸隈。

漠漠晓云生木末,萧萧飞雨送帆开。

消磨岁月书千卷,零落江湖酒一杯。

因病得州真漫尔,功名于我亦悠哉。

宿虹县驿

张耒

长堤隘舟车,上下无暂歇。

煎熬古驿门,聒聒争琐屑。

东南淮浙富,输馈日填咽。

楚风习喧卑,吴舌动啁哳。

平生耽静意,投闹剧含哕。

况兹道路勤,强食慰饥渴。

---

① 张耒(1054—1114),字文潜,号柯山,"苏门四学士"之一。

年年嵩洛兴，久与泉石结。

终当卜吾庐，云山对华发。

泗州东城晚望
秦观①

渺渺孤城白水环，舳舻人语夕霏间。

林梢一抹青如画，应是淮流转处山。

虹县旧题
米芾②

快霁一天清淑气，健帆千里碧榆风。

满舡书画同明月，十日随花窈窕中。

虹县再题
米芾

碧榆绿柳旧游中，华发苍颜未退翁。

天使残年司笔研，圣知小学是家风。

长安又到人徒老，吾道何时定复东。

题柱扁舟真老矣，竟无事业奏肤公。

注："虹县诗"是米芾在公元 1106 年，经过虹县（今泗县）时所写，并留有著名的《虹县诗帖》两首传世，现在藏于日本东京国立博物馆。当年，在皇帝宋徽宗、权臣蔡京的拔擢下，米芾获得了书画学博士的职位。此时米芾搭乘船

---

① 秦观（1049—1100），字少游，一字太虚，号淮海居士，别号邗沟居士，高邮（今高邮）人，"苏门四学士"之一。

② 米芾（1051—1107），字元章，号鹿门居士，太原（今太原）人，"宋四家"之一。

第五章　泗县大运河沿线的非物质文化遗产

只,沿着运河经过虹县,准备前往汴京(今开封)就任新职,诗中形容了沿岸的风光和当时的心境。米芾自称其书为"刷字",这一点在他的《虹县诗帖》中表现得比较明显。该帖轻重缓急,节奏感极强,用墨则干湿浓淡,浑然一体,得天成之趣。如起首"虹县旧题云快霁一天清淑"十一字,一气呵成,笔虽干而不散,该书法作品是米芾代表作之一。

虹县逢无致二首

晁补之①

清河掺执汴河逢,万里悲欢一梦中。

不作常情问京洛,鱼山好在故园松。

千载昌期尚此逢,询谋多在布韦中。

南归已后钟山集,犹忆君王代尘松。

过虹县有作

李昭玘②

老态倦羁旅,不堪行舸催。

风高鸟横度,汀转树交回。

雨过雾犹湿,春寒花未开。

楚伧如见问,不为米南来。

---

① 晁补之(1053—1110),字无咎,号归来子,济州钜野(今巨野)人,北宋时期著名文学家,"苏门四学士"之一。

② 李昭玘(1053—1110),字成季,济州钜野(今巨野)人,元丰二年(1079)进士。与孙觉、苏轼等从游,有《乐静集》三十卷存世。

虹县道中度长直沟

王恽[1]

望入绥宁接楚云,老婆山远界沟邻。

小河河上淮东地,万顷黄芦不见人。

过虹县

张惟恕[2]

门迎骢马客,杖倚白头翁。

礼乐江天北,衣冠帝阙东。

土城三里舍,茅屋百家同。

小邑谁云陋,犹存太古风。

过霸王城

张友骞[3]

百战残城压野幽,雄风吹断楚家秋?

江空面目羞东渡,垒撼波涛怒北流。

落叶乱飘林似戟,征鸿斜带月如钩。

沙飞云卷声都壮,想见当年志未酬。

虹县行

孙蕡[4]

虹亭村落如秋花,十里五里方一家。

---

[1] 王恽(1227—1304),字仲谋,号秋涧,卫州路汲县(今卫辉)人。元朝著名学者、诗人兼政治家。

[2] 张惟恕(生卒年不详),上蔡(今驻马店)人,明代嘉靖年间曾为御史。

[3] 张友骞(生卒年不详),泗州人。

[4] 孙蕡(1337—1393),字仲衍,号西庵先生,广东广州府南海县平步(今顺德平步乡)人。

山城县治开草野,草屋低窄旋桑麻。
丁男当官应徭役,妇女看家种山麦。
汴沟淤塞无稻苗,麦足家家黍为食。
野桑养蚕收茧丝,枣根染丝来作衣。
秋湖水落莲芡盛,腊月雪深鹑兔肥。
岁时浇酒五月暮,但愿开云雨如注。
蚕成麦熟官事闲,柳堤人唱桑阴树。

虹县晓发(是日清明)

陆深①

拂曙星河拥使旌,隋堤花柳报清明。
人家烟火寒犹禁,客子衣裳暖渐轻。
夹岸露华添细水,浮空春色抱孤城。
东风满地皆芳草,一为多情尽日行。

过阴陵山

叶志淑②

阴陵山北小村西,旧说重瞳向此迷。
今日偶经征战地,残阳古木任鸦栖。

---

① 陆深(1477—1544),初名荣,字子渊,号俨山,南直隶松江府上海县(今上海浦东新区)人。明代文学家、书法家。
② 叶志淑(生卒年不详),明代诗人。

水韵泗州——世界文化遗产隋唐大运河通济渠泗县段

阴陵暮耕

汪之章①

常时石户下山耕,见有蚩尤总不惊。

龙斗野中风雨过,牛来田上暮烟生。

心无机事偶然应,左陷泥中适不平。

雨后半犁今自在,行人谁个作疑兵。

阴陵夜月

龚起翚②

怅望阴陵道,难招楚霸魂。

云迷千树暗,冥合万山昏。

子弟兵何在?佳人墓尚存。

独怜千古月,犹自照荒墩。

阴陵夜月(王敦平 摄)

---

① 汪之章(生卒年不详),清康熙年间曾任儒学训导。
② 龚起翚(生卒年不详),清康熙年间曾任虹县知县,在虹县期间,多有政绩。

第五章　泗县大运河沿线的非物质文化遗产

注:"阴陵夜月"为虹县八景之一。阴陵山位于泗县西五十里,楚汉战争时霸王曾因"迷津"(转向)于此而贻误撤退良机。山上有老鹰岩,山北有虞姬墓,据说墓碑上的对联为:"虞兮奈何,自古红颜多薄命;姬耶安在,独留青冢向黄昏。"如今月满时望之如见美人开颜,月缺时望之如见壮士弯弓,让人心生无限感慨。

洋城春色

龚起翚

冻解波纹碧,春归沙际暄。

渚浦藏宿鹭,野水下清鸢。

燕舞香泥坠,鱼惊绿藻翻。

杖藜从此过,归带碧湘痕。

注:"洋城春色"为虹县八景之一。其地位于古虹县西三十里外。洋城湖传说为古虹县府衙所在地,有高大的城墙环绕,后沦陷成为湖泊,水退后变成一望无际的荒野,有鹿、羊食草且跳跃其中,后又时常出现海市蜃楼景象,更为洋城湖涂上了一层神秘色彩。

洋城春色(王敦平 摄)

水韵泗州——世界文化遗产隋唐大运河通济渠泗县段

隋堤烟柳
龚起翚

芳堤春正丽,风静绝埃尘。

柳色含菲润,烟姿拂黛新。

碧漪浮曲岸,深翠锁重门。

遥忆楼舡度,笙歌满水滨。

注:"隋堤烟柳"为虹县八景之一。隋唐及宋以来,为加固河堤,在运河堤岸植柳,渐成定制。唐代杜宝所写的《大业杂记》载:"水面宽四十步,通龙舟,两岸为大道,种榆柳。自东都至江都两千余里,树荫相交。"《资治通鉴·隋纪》亦载:"(河)广四十步,渠旁皆筑御道,树以柳。"同时,为提高运河植柳的观赏性,历朝河道管护部门采取了多样的植柳方式,明代嘉靖年间河道总督刘天和在其《问水集》中,总结历代运河植柳之经验,提出了"植柳六法",一曰卧柳,二曰低柳,三曰编柳,四曰深柳,五曰漫柳,六曰高柳。运河植柳之风气,自隋唐以来,传承及今。千里汴堤夹岸植柳,浓荫遮地,蔚为壮观,或疏或密,或高或低,或粗或细,或曲或直,样式繁多,种类不一,实为运河之盛景。

隋堤烟柳
彭勖[①]

春风匹马汴河堤,西望秦川路已迷。

只为看花人不还,满沟烟柳乱鸦啼。

---

① 彭勖(1390—1453),字祖期,号春庵,吉安永丰(今永丰)人。

第五章　泗县大运河沿线的非物质文化遗产

汴水晴波

龚起翚

寻芳临水曲,轻霭荡春晖。

波映苹光绿,风扬花片飞。

莺啼声婉啭,树合色霏微。

遥见青帘挂,何妨典春衣。

注:"汴水晴波"为虹县八景之一。千里汴河,水面辽阔,尤以泗州一带水阔而深,飞桥似长虹,依桥俯视,汴水碧波,清澈见底,鱼游鸭戏,白帆点影,晚霞夕照,波光粼粼,实有"秋水共长天一色,落霞与孤鹜齐飞"之意境,故而"汴水晴波"为运河之一景。

汴水晴波(吴军 摄)

水韵泗州——世界文化遗产隋唐大运河通济渠泗县段

蟠龙积雪

龚起翚

远望龙山上,琳宫白几重。

那存金菡萏,只见玉芙蓉。

万树悬冰柱,千岩尽冻容。

灞桥诗兴好,策蹇会相从。

注:"蟠龙积雪"为虹县八景之一。盘龙山即今天泗县的老山,在县北三十里处。山间多条小道盘旋而上,形如盘龙,石片层层相叠,宛如鳞片。古代山上曾建有玉皇阁,冬季在白雪的映衬下如琼楼玉宇,蔚为大观,故古人叹之为"盘龙积雪"。

蟠龙积雪(王敦平 摄)

第五章　泗县大运河沿线的非物质文化遗产

蟠龙山

韩德崇①

石形全肖龙,托迹云深处。

潜藏待作霖,不逐云飞去。

屏山晚照

龚起翚

不惜登临倦,还成汗漫游。

断云垂远岫,落日照前洲。

迢递屏阴迥,苍茫峤色浮。

寻幽忘去路,只觉水云悠。

屏山晚照(王敦平 摄)

---

① 韩德崇(生卒年不详),虹县人。

注:"屏山夕照"为虹县八景之一,也叫"屏山晚照",是唯一现存最美景点。屏山如一道叠翠的屏风横亘城北十千米处,山上有一口汩汩流淌的泉眼隐藏在苍松翠柏之间,即著名的"无意井"。无意井的神奇之处在于有意去看却看不到,无意溜达或能碰见。另传说山上有巨石一块,阳光下呈银白色,在泗州北门城楼上向北远眺清晰可见。如今游人在晴日的傍晚,无论是站立山上观看远处的夕照,还是在远处观看夕照下的屏山,都感觉心旷神怡,美不胜收,流连忘返。

虹县帖

蔡襄[①]

襄启:近曾明仲及陈襄处奉手教两通,伏审动静安康,门中各佳,喜慰喜慰!至虹县,以汴流斗涸,遂寓居余四十日,今已作陆计,至宿州,然道途劳顿,不可胜言。尚有说者云:渠水当有涯,计亦不出一二日,或有水,即假轻舟径来;即无水,便就驿道,至都乃有期耳。闽吴大屏皆新除,想当磬留少时,久处京尘,无乃有倦游之意耶?路中诚可防虞。民饥鲜食,流移东方。然在处州县,须假卫送,老幼并平善。秋凉,伏惟爱重,不宣。襄顿首。郎中尊兄足下,谨空。八月廿三日,宿州。

[①] 蔡襄(1012—1067),字君谟,北宋著名书法家、政治家、茶学家,"宋四家"之一。《虹县帖》是蔡襄于宋初皇祐三年(1051)八月二十三日在宿州书就,札宽42.3厘米,高31.3厘米,凡十三行,计178字,纸本,行书,现藏于"台北故宫博物院",是蔡襄弥足珍贵的墨宝之一,史称《致郎中尊兄帖》。

第五章　泗县大运河沿线的非物质文化遗产

北行日录(节选)

楼钥①

二日,癸未,晴,风。车行八十里,虹县早顿。城门不容车,乘马入驿市。井多在城外。驿之西有古寺,大屋二层,瓦以琉璃,柱以石。闻其上多米元章诸公遗刻。三年前于寺中待使客饭,后乘马行八十里,宿灵璧。行数里,汴水断流。人家独处者,皆烧拆去。闻北人新法,路傍居民尽令移就邻保,恐藏奸盗,违者焚其居。有一鹿起草间,截马前。西去两岸皆奇石,近灵璧东岸尤多,皆宣政花石纲所遗也。虞姬墓在西岸荒草中,横安一石板,相去尺余。隆兴间,我得泗虹,以此墓为界。县外山上有丛祠,汉高帝庙也。淮北荒凉特甚,灵璧两岸人家皆瓦屋,亦有小城,始成县道。有粉壁云:"准南京都转运帖,理会买扑坊场递铺。"皆筑小坞,四角插皂旗,遇贺正人使,先排两马南去。金法,金牌走八骑,银牌三,木牌二,皆铺马也。木牌最急,日行七百里,军期则用之。

三日,甲申,晴。车行六十里,静安镇早顿。又六十里,宿宿州。自离泗州循汴而行,至此河益堙塞,几与岸平。车马皆由其中,亦有作屋其上。州城新筑,雉堞甚整。闻是五月下旬上畔指挥重修,限四旬毕工,费一出于民。城中人物颇繁庶,面每斤二百一十,粟谷每斗百二十,粟米倍之,陌以六十。大寺数所,皆承平时物。酒楼二所,甚伟。其一跨街,榜曰清平,护以苇席。市肆列观无禁,老者或以手加额而拜。有倒卧脚引书铺般贩官局汤药,蔡五经家饼子风药。去州二里许二郎庙前,有下马亭,即李显忠斩李福、李保之地。驿舍邻郡治。显忠驻军于此,破城之初,每兵止犒以三缗,士卒愤惋。及逃归创残之士,不能自力,悉碎于敌手,为数坑埋之,中庭有井,自投者尤多。负郭县曰符离。项羽破汉军于灵璧东,睢水为之不流,即此县界。

---

① 楼钥(1137—1213),字大防,又字启伯,号攻愧主人,明州鄞县(今宁波)人,南宋大臣、文学家。《北行日录》是楼钥奉命出使金国时,北上途中的见闻日记。

] 水韵泗州——世界文化遗产隋唐大运河通济渠泗县段

北辕录(节选)

周辉①

六十里,至临淮县。县有徐城,本徐国,有徐君墓,季札挂剑处即此。是日,行循汴河,河水极浅,洛口即塞,理固应然。承平,漕江淮米六百万石,自扬子达京师,不过四十日。五十年后,乃成污渠,可寓一笑。隋堤之柳无复仿佛矣。

二日,至虹县,晚宿灵璧县。汴河自此断流。自过泗地,皆荒瘠。两岸奇石可爱,石产于县凤凰山,以小为贵。或云花石纲所弃者。虞姬墓在西岸,虽无碑,却有材瞳,名阴陵。灵璧旧为镇,亦名献齿头虹,本红阳、夏丘二县地。《汉书》红阳侯立是也,讹而不改,遂名曰虹。

---

① 周辉,一作煇,字昭礼,自题淮海人,系周邦彦子。

第六章
泗县大运河沿线的自然资源和文博场馆

水韵泗州——世界文化遗产隋唐大运河通济渠泗县段

泗县历史悠久,人文荟萃,泗县大运河沿线自然及人文资源也十分丰富,其北有蟠龙山,南有石龙湖,大运河通济渠横亘其中,多个运河文博场馆串珠成线,形成了丰富绚烂的泗县大运河文化景观带。

第一节　蟠龙山

蟠龙山又名盘龙山,俗称老山,在泗县城北三十里的群山之中,山石层层盘旋而上,形如蟠龙,故名。《泗虹合志》载:"盘龙山,州东北二十里,环山之石盘伏如龙,鳞甲宛然。邑人建玉皇阁其上,危楼高耸,岿然大观。"在皑皑白雪的映衬下尤为壮观,古人称之为蟠龙积雪,乃虹乡八景之一。传说蟠龙山上曾建玉皇阁,前后两进,有王母殿、灵官殿、弥陀殿、地藏王殿。山南有百字堂、

泗县蟠龙山

第六章 泗县大运河沿线的自然资源和文博场馆

三官殿。山上另有神仙井、牛蹄印等景观。山下有方丈刘道玄墓。古时，山西、河南、江南等地均有人来此朝拜。现遗留明清时期碑刻十余块。山上所有建筑都已毁于战火。西南山腰原有古银杏一棵，粗约两人能围，30 里外清晰可见，后在 20 世纪 90 年代毁于香火。今蟠龙山顶，前后大殿地基犹存。现山顶已新建蟠龙山地质展览馆，展示地方历史和奇石文化。

一、蟠龙山原有古迹建筑

玉皇阁是供奉玉皇大帝的神庙。玉皇阁一般出现在道教流派（也可能是只受到道教影响的流派）的建筑群中，主要是祭祀玉皇大帝的道场，也多有配祀神话中的各路神明。一般情况下，玉皇阁不作为建筑群中的主要建筑，仅起到一个名义上的最高神祇的意义。道家的建筑群一般称作玉皇殿、凌霄宫等，规模和重要性比一般的玉皇阁要高。

王母娘娘殿是传说中王母娘娘得道成仙和讲经说法的道场。王母娘娘又称金母娘娘、金母、无极瑶池王母、西王母、九灵太妙龟山金母。《大苑传》上

泗县蟠龙山老街

载:"王母姓杨,或谓姓侯,名回,也名婉矜,居昆仑。"道教和民间一直将西王母作为长寿的象征,以西王母为金箓延寿道场的主神。每逢西王母神诞之日(一说是三月初三,一说是七月十八日),道教徒,特别是女性教徒常聚集在道观内,为西王母建祝诞道场,同时祈求健康长寿。

南天门古称天门关,因古时泰山代表着上天,故而泰山之顶即是天庭的位置所在。天庭一共有东、西、南、北四大天门。此门向南,所以称"南天门",同时也是天庭的正门入口,直通玉皇大帝的灵霄宝殿,在九重天(一说为三十六重天)之上。在很多神话传说之中,把守南天门的神仙有很多名,比如增长天王、王灵官、马赵温关四元帅、张天师等。在神话传说中,南天门是仙界的入口处。

娃娃殿洞霄宫的附属建筑,和三圣母殿属于同一时期的建筑,主祀的是主管生育的神灵。过去,远近不育的夫妇到娃娃殿烧香祷告,祈求上天赐子。当然,这只是人们的一种精神依托。

牛王殿内供的牛王菩萨,相传是太上老君的坐骑青牛。

钟楼,是古代的市政建筑或者标志性建筑,一般设在城中心或府衙之前,向人们提示时间,一般与鼓楼放在同一区域。

鼓楼是古代放置巨鼓的建筑,用以击鼓报警,或按时敲鼓报告时辰。佛寺亦有鼓楼,与钟楼相对建于正殿的两边,用以悬鼓报时,或于典礼时敲击。中国保存比较完整的鼓楼有西安鼓楼、北京鼓楼、南京鼓楼。

二、蟠龙山周边群山

蟠龙山地势尤佳,周边龙山、凤山等九山环绕。民国时期《泗县乡土志》记载:"龙山、凤山:盘龙山,城北二十五里,环山之石,盘伏如龙,鳞甲宛然,上有玉皇阁危楼高耸,岿然大观,山顶积雪四时不绝,为虹乡八景之一。龙山之阳为凤山,相传先代有凤凰至此,故名。山东北腰有池,曰凤凰池,池上地面平坦,一区立第十四国民学校在焉。笔架山、土山:凤山南有马山、菜山、牛山,南北继列,俨如笔架,气势雄伟,山色秀美,人们统称为笔架山。其西北曰陈山,孤峰突起,形势秀健。龙山之阴有山名阴山,又其北曰土山,亦产美矿,惟其矿不如邢、茶二山之旺云。屏山、茶山、邢山:屏山在城正北二十里,形势如虎,亦名虎山,环翠如屏,夕霞晚照,为虹县八景之一。茶山距城二十五里,在蟠龙山东南,石矿极旺,足供全县之用。茶山向产茶叶,近来居民亦多开矿取石,茶叶绝。"①

三、蟠龙山的人文传说

泗县蟠龙山,不知何时就建有玉皇阁、龙霄殿,琼楼玉宇,巍然壮观,传说主宰万物的神主张玉皇就出生在这块土地上。蟠龙山山石盘旋而上,状如蟠龙,且鳞甲宛然,在皑皑白雪的映衬下尤为壮观,古人称之为蟠龙积雪,乃虹乡八景之一。山顶的玉皇阁、凌霄殿均在1948年毁于炮火。关于蟠龙山的传说较多,反映了其自然人文底蕴丰富。

(一)牛王殿的传说

蟠龙山的庙宇建设规模庞大,气势雄伟。除了玉皇阁、王母娘娘殿、娃娃殿、火神庙、转香楼、南天门、大佛殿和僧众住的东西厢房外,另外还有一座牛王殿。这在全国乃至世界各地寺庙中都是绝无仅有的。

传说,当地道士刘道玄出资兴建蟠龙山庙宇时,各种建筑材料如砖瓦、大梁等往山上运送非常吃力,玉皇大帝就派了一头神牛来,专门把建筑材料往山上拉。这一头牛运送的材料可供数十位工匠使用。

就在庙宇即将完工之时,有一个妇女路过此地,看到如此雄伟壮观的庙宇,却只有一头牛在往山上运材料,禁不住大声惊叹道:"一头牛竟然干这么多的活,简直要累死了!"话音刚落,那头牛竟倒地而死。

---

① 《泗县乡土志》为民国时期手抄本,略述泗县乡土风情及名胜古迹,原本现藏于安徽省图书馆。

人们为了纪念为建设庙宇做出贡献的老牛,专门建了一座三间的牛王殿。附近群众到其他神殿焚香膜拜之余,也纷纷到牛王殿上香祈祷,希望神牛能够保佑家中六畜兴旺、农耕顺利、五谷丰登。"文化大革命"时期,这座牛王殿与其他庙宇一起被损毁拆除。如今,人们登上蟠龙山,还可以看到牛王殿的遗址。

(二)九龙潭的传说

据传,很久很久以前,蟠龙山下的九龙潭中住有九条龙。这九条龙奉上天旨意驻守在此潭中,专门负责行云降雨,以保江淮大地风调雨顺,五谷丰登。自古以来,江淮大地每逢旱灾、水灾,这一带的乡民就自发带着贡品来到这里,举行隆重的祭祀活动,以求丰收。九龙潭不负众望,有求必应。久而久之,九龙潭声名远播,闻名遐迩。

(三)白果树的传说

在蟠龙山西南面的山腰处有一棵有着上千年树龄的白果树(银杏树)。据说这棵白果树修炼千年已经成仙,有很高深的法力,所以附近群众甚至是远在千里之外的信徒经常跑到白果树跟前焚香祈祷。原本这里有一雌一雄两棵白果树,东西相距数十米。有天夜里下着大雨,附近村民听到山上传来哭闹争吵的声音,天亮后发现竟然少了一棵白果树,之后有人发现那棵雌的白果树出现在了屏山西南的旧集庄(目前这棵雌的白果树仍然枝繁叶茂)。为了防止这棵雄的白果树也跑掉,当地人就在树的周围砌上围墙,并用特别打造的铁链将其锁住。

十年前,有信徒到蟠龙山烧香跪拜白果树时,香火引燃了树旁的杂草,继而烧着了白果树。附近村民急忙上前扑救,可是由于没有水源,树被烧得只剩下一截树干。即便如此,这截树干仍然被人用红布包裹着供奉在远处,常年香火不断。

（四）七十二面井的传说

秦圩，又称秦集圩，旧称秦桥集，位于蟠龙山东南，今天看来仅是个普通得不能再普通的村庄。俗话说，靠山吃山。据说村子里出了很多能工巧匠，传统的石匠手艺养活着一代又一代老山的儿女。这里的房屋也多为石头修建，整齐方正的条石，似乎诉说着久远的历史。

村子周围是连为一体的圩沟，这也是秦集圩得名的依据，不同的是，这里的乡亲们依然延续着传统，称这里的四个方向的圩门为东门、西门、南门、北门。这样的叫法常常令人感到骄傲、自豪。让人津津乐道的还有"三步两桥""秦王七十二座墓""七十二面井"。时光流逝，水井在沉沙淤积中慢慢消失，如今村子里只能见到五面井，然而村里人却笃信七十二面井真实存在过。

这里在清代曾是一个集市，名叫秦桥集。然而有意思的是，此地虽然名曰秦桥，全村却没有一户秦姓人家，最早在此安家落户的"地丁"据说姓缪，如今这里成了众姓杂居的村落。而秦桥最初得名，是因为在明代，老山的东侧要修建"秦王之墓"，参与修建秦王七十二疑冢的兵士落脚在今天的秦圩，当地人在这里掘井取水，造就了一个村子七十二面井的传奇。

岁月匆匆，这里已经没人知道秦王的名讳，更不知晓七十二座墓的下落，只有七十二面古井的传说滋养着鲜活生动的记忆，让古老的秦集成为谜一样的传说。

三、蟠龙山奇石文化公园

蟠龙山奇石文化公园位于屏山镇蟠龙山南，设计占地 300 余亩，公园内设四个区域，集餐饮、娱乐、休闲、博览于一体，有科普长廊、地质遗迹、地质陈列馆、儿童乐园、市民广场、凉亭、停车场等。公园建成后，和蟠龙山文化相衔接，形成一道独特的风景线，是人们假日休息游玩的好去处，对周边区域的经济发展有一定的带动作用。

蟠龙山螺纹石（龙鳞石）为灵璧石的一种，石类有红碗螺、灰碗螺、黄碗螺等。此石种的原始石身均呈鳞状，直观感觉很强，石身规律排列无数条龙身形体，且头尾完整，如切片加工，则平面显露出个个螺状环体图案，层次分明，轮廓清晰，环状度色差较大。

龙鳞石的纹理既有规范的，又有凸出的，更令人惊奇的是，有的石头上的纹理鳞片的走向是不同方向的，是奇石中的一绝。龙鳞石不属于水晶，但它通透，人们习惯性地把它归结水晶的大家庭中。

泗县蟠龙山龙鳞石

四、老山庙会

庙会亦称庙市，传说始于唐代，在寺庙节日或规定的日期举行。庙会文化集宗教信仰、文化娱乐和商品交易于一体。泗县的各种庙会繁多，成为一种古老习俗经久不衰。新中国成立后，庙会被改为物资交流大会。"文化大革命"时期，各种庙会被禁止。十一届三中全会后，庙会逐渐恢复，并日益兴盛。

在长久的社会历史发展过程中，人们为祈福免灾，信奉各种神祇。在古代，各村建有土地庙，塑土地老爷和土地奶奶像，一般人家里堂屋正中都设有神龛，供祖先牌位，四时祭祀。在村庄集镇建有水神庙、火龙庙、华佗庙、关帝庙、娘娘庙等，供设神位，除年节进香外，常常定期举行庙会，盛况空前。庙会期间，人们烧香祈福，唱大鼓扬琴，玩皮影杂技等，各显本领。每年正月初九的

第六章　泗县大运河沿线的自然资源和文博场馆

泗县老山庙会

蟠龙山(老山)庙会,是历史悠久、远近闻名的古庙盛会。

老山庙会历史悠久、文化积淀深厚。每逢庙会,蟠龙山旗幡飘扬,鼓乐喧天,人山人海,可谓盛世之大典也。早时,山西、河南、江南等地均有人来此朝拜。

第二节　石龙湖

　　湿地是位于陆生生态系统和水生生态系统之间的过渡性地带,在土壤浸泡在水中的特定环境下,拥有众多野生动植物资源,是重要的生态系统,与森林、海洋并称全球三大生态系统,被誉为"地球之肾""天然水库""天然物种库"。湿地具有防风护岸、净化水质、调节气候的作用,对于维护地球生态平衡和生物多样性具有不可替代的作用。

　　泗县石龙湖国家湿地公园位于泗县城南 15 千米处,在大路口镇、墩集镇

| 水韵泗州——世界文化遗产隋唐大运河通济渠泗县段

泗县石龙湖

境内,2009年12月经国家林业局批准设立为国家湿地公园(试点)。湿地面积约1万亩,汛期水面达3万亩,湖泊最深处约10米,是保存完好的典型湿地生态系统,是宿州市目前唯一的国家湿地公园。该湿地公园地处黄淮平原南端,苏皖两省五县交界地带,生态区位作用重要而突出,也是安徽省目前保存完好的典型湿地生态系统。

  石龙湖国家湿地公园兼有河流、湖泊和芦苇沼泽等多种湿地类型,总面积近2.3万亩,其中湿地面积1.65万亩,湿地率达74.1%。湿地水质优良,水系发达,湿地原生态景观丰富优美。湿地公园的景观原始古朴,旅游资源得天独厚,特别是区域内分布的大面积野生莲、菱和一片片原生芦苇等水生生物群落,吸引了数十种美丽的水鸟在此栖息、觅食、嬉戏,形成了独特的湿地景观。在保护和展示黄淮平原河流湖泊沼泽湿地生态系统的基础上,结合当地的人文资源,未来将建成集湿地生态保护、科研与科普宣传教育、湿地观光旅游为一体的国家湿地公园。

一、石龙湖名称之由来

石龙湖系泗县石梁河下游湖泊,其地故有龙宿沟,《泗虹合志》载,"石梁河:在州城南门外,曲折七十里至界沟,由五河达于淮。乾隆二十二年(1757),动帑挑浚,后淤。州牧刘作桓申请照'业食佃力'例疏之。时州治新迁,帆樯络绎,焕然改观",因传"河中有石如梁",故名。[①] "龙宿沟,又名龙须沟,距城南十八里,传说明太祖朱元璋曾在此驻跸,因而称之。"石龙湖乃石梁河与龙宿沟之合称。

二、石龙湖湿地的气候特征

石龙湖湿地地处中纬度,属暖温带半湿润性季风气候区,季风明显,四季分明,气候温和,雨量适中,光照充足,无霜期长,年平均气温15.5摄氏度,年平均降水量1097.1毫米,雨季一般始于7月中下旬,常以暴雨形式出现,年平均日照时间2085.9小时,历史极端最低气温零下23.7摄氏度(1969),历史极端最高气温40.8摄氏度(1966),太阳总辐射每平方厘米110—120千焦,辐射总量每平方厘米489060焦,年均无霜期207天,年均相对湿度73%,年均蒸发量1921.2毫米。

三、石龙湖湿地的地质地貌特征

安徽石龙湖湿地原为古老的河间平原,是河流、湖泊间新沉积场所,成土较古老,广泛分布着砂姜黑土。河间平原高程差2—4米,湿地周围是地势平缓的冲积平原,地面高程在13—19米,四周向湿地逐深低洼,直至被水面流没。河流入湖处,低平的肩形浅滩向湿地延伸,分布有黑土、黄土、青白土、砂姜土。

---

① 方瑞兰:《泗虹合志》,黄山书社,2011年,第48页。

四、石龙湖湿地的水文资源

石龙湖国家湿地公园水系属石梁河水系,由石梁河下游和龙须沟组成。石梁河和龙须沟在石龙湖交汇,形成独特的湖泊河流和沼泽混合型湿地,石龙湖水面受石梁河及龙须沟所来的水量影响。上述河流河盆浅平,水量受季节影响较大,夏季丰水期水位高、水域面积大,枯水期面积则小,石龙湖水质监测数据显示,石龙湖水质良好,达到二类水质标准。

五、石龙湖国家湿地生物资源

石龙湖湿地处于暖温带向亚热带过渡带,优越的气候、自然地理条件以及丰富的植物资源,为野生动物的生存和繁衍提供了良好的生态环境。湿地公园同时也是泗县脊椎动物最为集中分布地之一。石龙湖湿地公园内现有脊椎动物32目71科203种,占全省脊椎动物总数的26.8%。此外,昆虫可识别种类约237种,隶属于13目75科。其中,国家级重点保护野生脊椎动物有19种,占区内脊椎动物种数(203种)的9.48%。

此外,石龙湖湿地湖区面积接近2万亩,这里碧水常清,芦苇丛生,鱼类有31种,两栖动物15种。国家一级重点保护鸟类东方白鹳1种,国家二级重点保护鸟类小天鹅、鸢、普通鵟、白尾鹞、红隼、灰鹤、白枕鹤、长耳鸮、短耳鸮等9种,安徽省重点保护动物30种。尤其是鸟类资源方面,鸟类群落结构分析表明,石龙湖湿地夏季鸟类以鹳形目为优势类群,冬季鸟类以雁形目和鸻形目为优势类群。在鸟类的分类组成上,以鹭科、鸭科、秧鸡科、鸻科、鹬科、鸥科为湿地鸟类主要成分。湿地周边农田、林地生物则以雀形目鸟类为主要类群。由此可见,石龙湖湿地为涉禽鸟类提供了优良的栖息环境,也进一步提升了湿地的重要性。

石龙湖国家湿地的植物种类繁多,资源丰富。根据对湿地公园的动植物资源的综合科学考察,湿地公园内计有维管植物78科198属271种(其中本土植物计有70科187属260种)。其中,含被子植物69科187属260种,裸子植物3科5属5种,蕨类植物6科6属6种。分布的珍稀濒危植物有野菱、野大豆、莲、樟树及金荞麦等。植被类型上具有4个植被型组、5个植被类型和30个植物群系。区系分布上,热带地理成分占44.18%,温带地理成分占55.23%,显示该区系成分与本地温带气候相适应。

六、石龙湖国家湿地公园近年来发展建设及规划

2009年12月24日,泗县石龙湖湿地被国家林业局批准为国家级湿地公园试点。

2016年8月16日,国家林业局发布《国家林业局关于2016年试点国家湿地公园验收结果的通知》(林湿发〔2016〕107号)文件,泗县石龙湖湿地公园顺利通过验收,被国家林业局正式命名为"国家湿地公园"。

2019年,泗县石龙湖湿地建设纳入国家《大运河文化保护传承利用规划纲要》和《大运河(安徽段)文化保护传承利用实施规划》中,作为大运河文化

泗县石龙湖

保护传承利用项目,加以重点建设。

目前,泗县正在进行石龙湖国家湿地公园的建设,按照"总体规划、分期实施、分类管理、系统保护、合理利用"相结合的原则,在系统保护湿地生态系统的完整性和发挥生态效益的同时,合理利用湿地资源,充分发挥其生态经济和社会效益。根据石龙湖湿地园区湖泊河流和芦苇沼泽地貌与景观组合特色,在生态恢复与保育的基础上,结合地貌现状特点,将湿地公园划分为湿地保育区、湿地科普展示区、湿地休闲区、湿地生态体验区、管理服务区等5个功能分区,各功能区在景观特点、利用方式、保护力度以及建设强度上都不尽相同,形成湿地公园景观形式的多样性和功能的多元化。近年来,泗县石龙湖区域已建成邓公故里、霸王城、点将台、鸟岛、芦苇荡、温泉、千亩荷塘等众多景点。

未来,石龙湖国家湿地公园在保护和展示黄淮平原河流湖泊沼泽湿地生态系统的基础上,将结合当地的人文资源,建成集湿地生态保护、科研与科普宣传教育、湿地观光旅游为一体的国家自然生态湿地公园。

第三节　文博场馆

大运河安徽泗县段2014年6月被列为世界文化遗产段,是大运河通济渠唯一一段活态运河故道,对于隋唐大运河的保护利用传承具有十分重要的地位和价值。安徽泗县大运河博物馆群以运河世界文化遗产段为依托,立足运河文化的保护展示,进行创新性建设探索,开展了一系列建设工作。在大运河申遗成功后,泗县围绕运河遗产的保护利用,积极致力于运河博物馆群建设,大力拓展提升运河公共文化服务空间,使得运河资源在保护利用的同时,发挥其社会效益。自2015年以来,泗县先后建设了博物馆、图书馆、规划馆、家风馆、少年宫、科技馆、古鞋博物馆、泗县隋唐运河博物馆等众多公共文化场馆,集场馆游览、非遗教学、文化演出、社会教育、文化体验为一体的多功能、综合性文化场所，形成了泗县公共文化集聚区，其中以综合性泗县博物馆，专题性的古鞋博物馆、运河博物馆为代表，是了解泗县历史文化、城市发展、地域风情的文化窗口。

一、泗县博物馆

泗县博物馆位于泗县经济开发区府前广场南侧，2016年12月对外开放，现为中国汉画学会成员单位、宿州市科普教育基地。博物馆共计6254平方米，分为三层，主要有"汉画像石专题展厅""泗州历史展厅""非物质文化艺术展厅"等。博物馆一层是大厅、汉画像石专题展厅和临展厅，主要展览泗县出土的淮河古菱齿象象牙、洼张山汉画像石、碑文及举办临时性展览活动。其中，泗县洼张山汉墓出土画像石，其线条纹饰细腻，内容题材丰富，雕刻工艺精

泗县博物馆

美,具有明显的地域特色,成为安徽出土画像石的重要代表。博物馆二层是泗州历史展厅,主要展示泗县两千余年历史发展脉络,介绍泗县重要人文古迹及大运河泗县段遗址情况,其陈列展览上启泗县新石器时期人类活动遗址,下至清代晚期泗州历史情况,展示了泗县悠久丰富的历史文化内涵。在历史展厅中的专题性的隋唐大运河通济渠泗县段历史文化的陈列内容,展示大运河泗县段出土各类器物上百件,突出展示了泗县段运河的历史文化价值。博物馆三层是泗州戏专题展厅和书画展厅,主要展示泗县泗州戏非物质文化遗产及泗县籍名家书画等作品,重点展示了泗县泗州戏发展历史情况,同时建有数百平方米的仿古式戏台,可以满足正常的戏曲演出等活动需要。

目前,馆藏文物近千件,其中一级文物2件(套),二级文物12件(套),三级文物235件(套)。作为综合反映泗县地域历史文化和经济建设的博物馆,泗县博物馆在市民学习、教育、休闲、娱乐方面发挥了重要作用,已成为泗县文化遗产的保存和研究中心,发挥收集、整理、保存、研究、继承与弘扬泗县优秀地域历史文化的重要作用。

(一)泗县博物馆重要藏品

1. 淮河古菱齿象象牙化石

远古时期的泗县地区气候温暖,水草丰盛,适宜于淮河象和黄河象生存。1994年11月[①],在泗县房郭沟水利工地发现象化石,化石出土地点位于屏山镇大史村中苏庄南200米,西距104国道2.3千米,出土的完整的象牙化石长达3.75米,经鉴定为完整的淮河古象牙化石,时间为10万—5万多年前,这也是国内现存最大的淮河象牙化石之一。2003年,在泗县丁湖镇刘圩村又发现一块古代象牙化石,象牙长2.15米,根部直径23厘米,亦为距今约5万年前

---

① 泗县博物馆标注该象牙出土时间为1987年,经查阅馆藏文物档案,应为讹误,本书以藏品档案记录时间为准。

第六章　泗县大运河沿线的自然资源和文博场馆

的淮河古象牙化石,现均在泗县博物馆一楼大厅进行展览。淮河古象牙在泗县的不断发现,对研究远古时期泗县地质、地貌、地形与气候变迁具有重要意义。

淮河象门牙向内弯曲,牙齿很奇特,臼齿上有花纹,这些花纹都是菱形的,根据象牙的特性和它们生活的区域,于是专家们将其命名为淮河古菱齿象,简称淮河象。淮河古象生活在整个淮河流域,至今为止,河北、河南、山东、江苏、安徽等省都发现了这种古象。

根据出土的淮河古象骨骼化石分析,这种古象体型十分硕大,一般成年淮河古象身高在4米以上,长达8米左右,重10—14吨。结合其牙齿形态和磨损程度分

泗县博物馆馆藏淮河古象象牙化石

析,淮河古象应为素食类动物,它们一般喜欢吃汁液繁茂的植物,其生活年代应该是晚更新世时期,晚更新世年代测定为12.6万年(±5000年)至1万年之间,另有部分专家学者认为其应生活在30万—20万年以前。

泗县地区发现淮河古象象牙化石,说明远古时期的泗县自然环境湿润温和,植被茂盛,比较适宜大型动物的生存,才能够使得淮河古象这样的大型动物在泗县地区生存和繁衍,这在一定程度上可以了解远古时期泗县的自然环

境和气候特征。

2. 洼张山画像石

泗县博物馆一楼画像石展厅主要展示泗县出土的精美画像石和各类碑刻,其中洼张山汉墓画像石于1997年12月29日在泗县徐贺乡(原名,现为屏山镇)洼张庄发现出土。

泗县洼张山出土的画像石共62块,其中保存较好的58块画像石,2019年4月经安徽省文物鉴定站鉴定,被评为国家一级文物。

泗县博物馆馆藏洼张山画像石

泗县洼张山汉画像石造型优美,题材丰富,独具地域文化特色。从画像内容看,泗县画像石内容十分丰富,基本涵盖了画像石的题材内容,主要有社会生活类、神兽祥瑞类、人物故事类和铺首衔环类。泗县汉画像石内容丰富,雕刻细腻,画面构图丰富饱满,具有鲜明的地域特色,通过与周边地区画像石风格内容进行比较发现,其与淮北、萧县、埇桥等地区的画面内容、雕刻技法有着明显的区别,与上述地区粗犷的风格相比,泗县画像石的雕刻技法和构图更有画面感,而其与灵璧、江苏泗阳、泗洪地区的画像石有诸多接近之处,这也显示出了画像石的地域区域性特征,究其原因可能是淮北、萧县、埇桥地区接近徐州和山东,受齐鲁、楚汉地区影响较大,地域性特征较为接近。而泗县与周边的灵璧、泗阳、泗洪在汉代更接近江淮地区,处于临淮郡的区域范围,更加具有江淮地域文化的特性,这也是皖苏北画像石发展的一个趋向。

车马出行图

3. 泗县大运河出土瓷器

泗县博物馆历史厅另一重要展厅为运河展厅,其展览了泗县大运河历年来重要考古发掘出土的各类器物,其中以瓷器居多。泗县运河出土器物多为陶瓷器,时代以唐宋为主,极少明清。其中唐、五代时期的多数器物的釉质较粗糙,釉层较厚,有脱釉、流釉及垂泪现象,其釉色有黄釉、青釉、白釉、黑釉、酱釉等,施釉多不及底。器物以饼底、平底、玉璧底为主,口沿特征主要是敛口、侈口、圆唇,器壁多厚重。其中出土两宋时期器物的特征主要是:口沿有敞口、敛口、平沿、圈沿、莲花、葵花形等形式,腹壁有浅腹、深腹、弧腹、瓜棱、斗笠形等,多数器物都是圈足,少数为平底,如景德镇青白瓷碗、吉州窑黑釉瓷碗等。通过对所出土的大量瓷器的初步鉴定,能确认窑口的有安徽淮南寿州窑(隋、唐)、浙江越窑(唐、五代、北宋初)、江西吉州窑(唐、宋、元、明)、景德镇窑(五代、宋、元、明)、福建建阳建窑(宋、元)、湖南长沙窑(唐、五代)、巩县窑(隋、唐)、钧窑(宋、金)、陕西耀州窑(唐、宋、元)、河北磁州窑(宋、元)、定窑(唐、宋)等。

4. 麻姑献寿丝绣中堂金字六条屏

泗县博物馆三楼非遗展厅以泗县书画和泗州戏展览为主,其代表作品主要有"麻姑献寿丝绣中堂金字六条屏"等。该文物经考证为1845年,泗县籍进士袁履方六十大寿时,其弟子们共同制作的贺礼。该品尺幅巨大,异常难得,金粉书丹,出自名家之手,其众多袁门弟子多有据可查,刺绣产品,180年流传有序,文物书法工艺价值极高。

麻姑献寿丝绣中堂金字六条屏

第六章　泗县大运河沿线的自然资源和文博场馆

袁履方,字介箴,号砚亭,虹县界沟镇人,清道光三年(1823)进士,曾任松溪、星子、崇仁、高安等县知县,仕至知州。为官期间三掌文衡(指科举制度下的主考官),国家科考担任一次阅卷官、两次同考官。道光末年,卸任归里。犹掌夏邱书院,任山长(古代书院的主持人)三载,桃李满天下。咸丰甲寅卒,享年六十九岁。有《砚亭诗抄》等作品传世。

二、中国古鞋博物馆

(一)中国古鞋博物馆的由来与发展

鞋子不仅是一种日常生活必需品,而且也是一种艺术品,具有较高的文化价值、历史价值和艺术价值,并与民俗学、工艺学、美学、考古学等学科密切相关。它是一个国家、民族的物质文明和精神文明的表现。中国鞋子的发展,从古到今,经历了从无到有、从简到繁、从粗到精的过程,创造众多,不仅样式多彩,而且在造型、色彩、技巧上都有丰硕的成果。为了更好地弘扬民族文化传统,学习、

中国古鞋博物馆

继承并发扬光大,对我国鞋文化史进行探索,是一件十分有意义的事。

在著名中国鞋文化研究专家骆崇骐先生的大力支持下,我国首家中国古鞋博物馆经安徽省文物局和纺织厅批准,并报国家文物局、中国博物馆学会备案,在泗县制鞋总厂宣告成立,于1990年7月10日建成并对外开放,这也是我国第一家以鞋文化为内容的博物馆。

当时新华社、中国新闻出版社、人民日报社、中央电视台等上百家新闻媒体对此进行了报道,美国、德国、法国等相关手工艺杂志也进行了刊发,曾轰动一时。在此之后的数年间,中国古鞋博物馆接待了数以万计的参观者,对推动泗县药物古鞋走向全国起到了很好的作用。然而,后期随着泗县鞋厂的改制停产,中国古鞋博物馆也停止了游客接待。2015年,在泗县县委、县政府的大力支持下,中国古鞋博物馆进行了搬迁,在泗县博物馆布展工作实施中,对中国古鞋博物馆进行整体设计布展,原古鞋博物馆整体在县博物馆三楼中国古鞋展厅进行展览。2018年,经泗县县委、县政府工作安排,对中国古鞋博物馆进行重新设计建设,并于同年启动建馆工作,2018年底整体建设工作完成,2019年初,新建的中国古鞋博物馆新馆展陈完成,并对外开放。

中国古鞋博物馆内收藏鞋饰品,本着放眼全国,包容世界的原则,广泛吸纳鞋文化精华,充分展示源远流长、丰富多彩的鞋文化。馆内共收集到我国夏朝至20世纪40年代的古鞋饰和仿古鞋饰300多双、现代名鞋3000余双和4000多幅鞋图片。

中国古鞋博物馆由四个展厅构成。第一展厅为中国古鞋历史厅,以历史为主线,展出古鞋和仿古鞋300多双,再现了我国自原始社会至清代各民族的鞋文化历史,反映中华民族鞋文化的变化与发展,突出展示各时期具有历史特色的鞋类。藏鞋中最具有特色的是三寸金莲和明清皮鞋。第二展厅为民族鞋厅,展出56个民族部分鞋饰和传统鞋饰,集中反映中华各民族绚丽多姿的鞋文化。藏品中少数民族工艺鞋和上海老字号鞋店"小花园"的绣品鞋,工艺高

第六章　泗县大运河沿线的自然资源和文博场馆

超精湛,实为极品。第三展厅为鞋文化展厅,介绍了不同时期的鞋履制度、鞋饰风俗和鞋文化故事,其中重点介绍了三寸金莲鞋饰的发展演变。第四展厅为古今中外名鞋图片长廊厅,展出了世界57个国家和国内56个民族四千年来的珍贵鞋饰照片500余幅。第五展厅为古鞋技艺展厅,展示了我国古代传统制鞋技艺和材料。第六展厅为泗县药物布鞋制作技艺展厅,介绍了泗县药物布鞋发展历史,同时对各种药物布鞋进行展览。

中国古鞋博物馆藏品展示

(二)泗县中国古鞋博物馆重要藏品

屦(jù):先秦时的一种鞋式。单底鞋,多以麻、葛、草、皮等制成。

舄(xì):先秦时的一种鞋式。复底鞋,男女通用,以皮、葛、绸缎为面,鞋底双层,上层用麻或皮,下层装有防潮之木制厚底,中空,四周有墙,涂蜡以防泥湿。

履(lǚ):原指单底鞋,后泛指各类鞋子。汉代盛行双尖翘头方履,布帛鞋多呈分叉状,底用麻线编制。汉代贵族死后,脚穿金缕玉履配套金缕玉衣。

屐(jī):亦称木屐、散屐、屐子,鞋的一种,流行于我国许多地区。该木雕鞋是根据永嘉太守谢灵运登山鞋仿制。据传,谢灵运穿的木屐底装有前后活动齿,便于上下山行走。该鞋帮口雕有长寿纹,鞋底刻有水波纹,木底部有两个长方形凹槽,活动木齿做成"T"形,凸起处有孔洞,和木鞋底的两个孔洞吻合,便于穿杆连接,并用梢子固定。这样,去前齿可便于上山,去后齿便于下山。

靴:一种高至踝骨以上的高筒鞋,多为皮制或橡胶塑料制。我国3800年前已有皮靴出现。战国时期,赵武灵王提倡胡服骑射,靴开始流入中原。南北朝,靴在北方广泛流行且波及江南。隋唐五代是服饰发展鼎盛时期,唐时靴已官庶咸宜,常用彩皮或织锦制成。尖头短靴,靴上镶嵌珠宝,贵妇人的履大多具有各种各样装饰精美的高耸履头,最高达30厘米。唐代崇尚小头鞋履。宋代开始出现女靴。元代盛行高丽式靴。明代恢复汉唐的服饰鞋履制度,百官上朝穿与唐相同的靴履。靴履除皮革制作外,也有用毡、缎、编织物制成,但必须染成黑色,俗称皂履。皂靴鞋底用木头做成一定厚度,外涂一层白粉,因而又称粉底皂靴。清代男鞋以尖头鞋为主,夏秋用缎,冬则用绒,底有厚薄之分,面有单梁或双梁,帮有刺花或鞋头做如意卷云式。

拖鞋、凉鞋:拖鞋古称靸,始于汉代;凉鞋由拖鞋演变而来。

足衣:古时服饰,有上衣、下衣和足衣之分。足衣指袜子,也指鞋袜。

三寸金莲:三寸金莲与我国古代妇女裹足的陋习有关。裹足的陋习始于南唐,在宋朝广为流传。随着缠足履(三寸金莲)不断发展和演变,把唐朝崇尚的小头鞋履推到了三寸为美的程度,其中很大程度上与文人推波助澜有关,形成了迫害中国广大女性千余年的"金莲文化"。当时的人们普遍将小脚当成美的标准,而妇女则将裹足当成一种美德,不惜忍受剧痛裹起小脚。人们把裹过的脚称为"莲",而不同大小的脚足称为不同等级的"莲",大于四寸的称为"铁莲",四寸为"银莲",三寸为"金莲",三寸金莲足被当时人们认为是妇女最美的小脚。

宋元明清时期,妇女缠足几乎成为一种传统风俗。直到近代戊戌维新时期,这种缠足风俗才遭到有识之士和官府的痛斥和禁革,很多地区甚至创立了"放足会"等民间组织,以期革除这种残害妇女的陋俗,但直到新中国成立之前,妇女缠足之风始终未能得到彻底根除。

三、泗县隋唐大运河博物馆

泗县隋唐大运河博物馆坐落于世界文化遗产段核心地段,泗县曹苗村隋唐古运河北岸,馆体上下两层,建筑面积约3340平方米,于2019年4月30日正式对外开放。博物馆为平面近正方形,单檐歇山顶,白墙黑瓦,气势恢宏,雄浑壮丽,整体建筑风格呈现为隋唐风韵。展馆内共设置"隋唐气象""人工开河""水路繁花""南北余韵""又见运河"等展厅。通过真实还原声势浩大的人工开凿运河缩微场景展示了粮船、人物、工具、隋唐大运河水系图、古运河漕运等场景,再现了古运河繁忙的水运状况,图文并茂地介绍了隋唐大运河开建的起因、过程和历史作用。馆内展出有侍女拉纤、纳黍行舟、诗仙访高僧、小乌龙探母、水母娘娘沉泗州等大量泗州传说和历史故事,较为丰富地展示了泗县运河历史人文景观。

水路繁花展厅主题是"水路繁花,开唐宋盛世"。这个厅模拟了唐时的大运河,墙上绘满了运河两岸贸易繁盛的景象。由于运河漕运的兴起,造船业、丝织业、盐业、制茶业等百业兴盛,南方的物资源源不断向北传输,持续拉动了

]水韵泗州——世界文化遗产隋唐大运河通济渠泗县段

泗县隋唐大运河博物馆

农业、手工业、商业的发展,使全国的经济走向繁荣。伴随着经济的发展,东西南北文化交融,沟通了漕运文化、船舶文化、饮食文化等多种文化形态,孕育了多姿多彩的运河文化,丰富了中华民族古老的文明。通过展览参观,可以一览盛唐运河上商贾往来的繁盛景象。

公元605年,隋炀帝"发河南诸郡男女百余万,开通济渠,自西苑引谷,洛水达于河,又引河通于淮海",即由今河南荥阳出黄河向东,经今郑州、开封南继续向东延伸,经今河南夏邑、永城流经安徽淮北、宿州。在隋炀帝时代所开凿的运河中,通济渠是开凿时间最早的一条,对当时和以后唐、宋两代中原和江淮地区之间经济文化的交流与发展起了促进作用,大运河泗县段便是隋唐大运河通济渠的重要组成部分。由于运河的开通,连接了中国的南北,运河沿线西安、洛阳、开封、宿州、泗州、扬州等城市,相继兴盛发展,成为交通要道而繁华一时。

南北余韵展厅展现了泗县运河的南北风貌。由于北宋的灭亡,宋金分治,

第六章　泗县大运河沿线的自然资源和文博场馆

泗县隋唐大运河博物馆内部展示

241

水韵泗州——世界文化遗产隋唐大运河通济渠泗县段

南宋都城南迁,偏安一隅,加之维护成本极高,隋唐大运河在南宋初年基本废弃,而泗县位于宋金交界,成为边境要地,仍发挥着地方性的漕运功能。近代以来,随着海运和铁路的大发展,大运河的枢纽地位逐渐动摇,最终退出历史舞台,泗县运河逐渐成为居民沿河而居的生活河道,发挥着地方灌溉性作用。但隋唐大运河的历史价值却是无法磨灭的。2006年,中国大运河拉开了申报世界文化遗产的序幕,并且在2014年6月成功申遗。泗县运河传载着泗州文化,流淌着运河水韵,作为古泗州的中心城市,也在不断发掘运河文化内涵,传承运河文化。

水韵泗州展厅集中展现泗县运河风光。作为安徽运河段唯一一处有水的河段,大运河泗县段故道至今仍有有水河道约47千米,其中运河原有故道28千米,依然保持着较为原始的历史风貌,在隋唐大运河通济渠段具有十分重要的历史文化价值。其中仅长沟镇、泗城镇、开发区、草庙镇等沿线乡镇就有文物遗迹遗存20余处,大运河沿线文物保护单位除大运河外,有省保单位文庙大成殿坐落于城市中心,泗县明清时期商业集散中心的山西会馆、千年古刹释迦寺大殿,河边有树围4.12米的千年古槐,至今依然葱郁,苍翠欲滴,被誉为"千里汴河第一槐"等。此外,大运河泗县段出土文物丰富,仅近年来通过考古发掘各类的瓷器瓷片便有千余件。

"泗州于唐宋时,户口殷繁,烟火相接,为大都会地。"从方志的记载中,当时的繁华可见一斑。通过情景模型,穿梭时光,回到盛唐泗州。伴着"嘚嘚"的马蹄声,步入了泗州古城。作为东南之户枢、中原之要会,泗州物产丰盛,人杰地灵,苏轼、米芾、蔡襄等都曾客居此地,留下了著名的诗篇,成为运河沿线具有重要影响力的商业重镇。展厅中,通过情景模型再现运河岸边的商贸情景,展现运河边怡然自得的运河人家。这些都反映了泗州运河沿线的繁荣盛景,可以了解运河人家的生活状态。

又见运河厅主题是"又见运河,记泗州风物",作为泗县隋唐大运河的最

第六章　泗县大运河沿线的自然资源和文博场馆

后一个展厅,集中展示了泗县运河的历史人文和考古遗迹情况。2012年,安徽省文物考古研究所在泗县运河故道沿线多处进行考古挖掘,据考古挖掘证明,泗县运河故道整体上口宽30—50米,深6—8米,城西至唐河段因兴修水利疏浚清理时统一标准:河口宽30米,深6米,城东至水口魏段,除部分地段因县城建设被占用外,其他河段,如泗县十里井段基本保持了运河的原始风貌。此外,通过考古发掘,还发现了大量与运河有关的人为活动遗迹,如纤绳遗迹、凿痕遗迹、河堤遗迹等,同时出土了大量的唐宋朝及明清瓷器,各大名窑瓷片都有发现。

2014年6月大运河申遗成功,通济渠泗县段入选世界文化遗产,形成了"南有黄山,北有运河"的安徽旅游新格局,对大运河的相关保护传承利用规划工作也一应启动。近年来,泗县积极谋划实施泗县大运河国家文化公园等相关项目的建设,通过深入挖掘古运河及其周边的自然资源和景观资源,利用古泗州文化,打造隋唐古韵的泗州新城,努力将泗县建设成为国内知名的休闲旅游品牌城市。

第七章
泗县大运河文化遗产的保护、传承与利用

第七章 泗县大运河文化遗产的保护、传承与利用

自大运河通济渠泗县段被列为世界文化遗产段以来,泗县文化建设工作迎来了前所未有的发展机遇。近年来,泗县在大运河文化遗产保护、利用方面取得了一系列成效。

第一节 泗县大运河文化遗产保护、传承与利用建设现状

一、管理与规划情况

（一）保护利用体制机制建设

在泗县大运河申遗期间,为做好大运河文化遗产的管护与利用,2012年9月和12月,安徽省、宿州市、泗县人民政府分别公布了相应的《关于加强大运河遗产管理保护工作的通知》(以下简称《通知》),阐述了大运河文化遗产的重要价值,对大运河文化遗产的管护主体、管护责任、管护巡查机制等做出了系列要求,明确将大运河文化遗产管护工作纳入城市发展、国土空间、水利、交通等规划中,由相关部门根据各自职能共同做好管护工作。同时,《通知》还对运河文化遗产的日常管理巡查、水系监测、资料档案完善、标识标牌系统建设等进行规范要求,并在此基础上对影响运河文化遗产的建设行为进行清理,这对大运河文化遗产的管护工作具有重要的推动作用。

2014年泗县大运河段申遗成功以后,为进一步落实推进泗县大运河文化遗产相关保护建设工作,2017年,泗县人民政府成立了泗县文物保护工作委员会,对文物保护工作提出了明确的职责和要求。2019年,泗县县委、县政府成立了泗县大运河文化保护利用传承暨国家文化公园建设领导小组,主要由泗县县委宣传部、泗县发改委、泗县文化和旅游局负责日常工作的开展,该机构有效推进了大运河泗县段管护利用工作的开展和实施。2020年4月,泗县

人民政府又成立了大运河文旅片区建设推进工作专班,由县委宣传部主要领导牵头负责,专项推进大运河保护传承利用工作。此外,为细化管护职责,加强管护机构建设,推进大运河通济渠泗县段文化保护传承利用相关建设工作,泗县县政府不断加强泗县文化和旅游局的大运河等管理保护机构建设,在县级行政和事业单位机构改革过程中,在泗县文化和旅游局下设了文物管理股,在泗县文物管理中心增设了大运河保护利用股,同时增加了编制数额,明确专人负责大运河泗县段保护利用工作。

(二)保护利用相关规划编制

2012年7月,文化部审议通过了《大运河文化遗产管理办法》,对大运河文化遗产的管护内容、管护原则、管护机制、管护要求和管护方式等都提出了相关要求,为大运河文化遗产的保护利用奠定了基础。2012年12月,安徽省人民政府公布了《大运河遗产安徽段保护规划(2011—2030)》(以下简称《规划》)。该《规划》范围为安徽省境内地面现存以及由考古工作确认的隋唐大运河遗产及其相关环境,是大运河遗产(安徽段)保护和管理的总体规划,对大运河安徽段文化遗产的保护利用具有指导意义。《规划》对于大运河通济渠泗县段文化遗产管理保护工作,以及大运河通济渠泗县段的遗产情况、保护区域、管控区域和保护利用的相关目标、策略也提出了具体明确的规划和要求。2013年1月,宿州市人民政府在安徽省大运河保护规划的基础上,公布了《大运河遗产安徽宿州段保护规划》,对宿州段运河,尤其是大运河通济渠泗县段的管理保护工作做出了具体的规划和要求。

在2019年2月国家层面印发的《大运河文化保护传承利用规划纲要》中,大运河通济渠泗县段继续实施的清淤疏浚工程被列入"河道水系资源条件改善工程"项目;泗县石龙湖国家湿地公园被列入"滨水生态空间建设"范畴;泗县石梁河被列入"重点河段水体污染治理"区域;泗城镇被列入"运河古镇记忆传承游"之中,大运河通济渠泗县段作为大运河文化带核心区被整体纳入。

第七章　泗县大运河文化遗产的保护、传承与利用

2019年12月，安徽省印发了《大运河安徽段文化保护传承利用实施规划》，对大运河通济渠泗县段保护利用工作做出了十分详细的规划，其中涉及大运河通济渠泗县段的分别有运河河段专项科研平台展示系统打造、泗县药物布鞋制作等手工技艺，以及非遗戏曲文艺文化发掘利用，泗县文庙大成殿、墩集霸王城遗址等珍贵文物保护单位的保护利用，大运河通济渠泗县段遗址保护展示工程的考古展示实施，泗县江上青纪念园等皖北历史风云探秘游精品线路打造等50余项内容，基本涵盖了大运河通济渠泗县段沿线的各类文旅资源，是大运河通济渠泗县段文化遗产保护利用的一个重要的综合性规划。

2020年7月，宿州市人民政府办公室印发了《宿州市大运河文化保护传承利用三年行动方案(2020—2022年)》，从运河文化遗产的管护、环境整治、文旅融合、文化发掘等方面对宿州市未来3年的具体建设进行了明确规划，其中涉及大运河通济渠泗县段保护展示利用工程、大运河通济渠泗县段黑臭水体及水环境治理一期工程、泗县运河小镇等具体建设实施项目38个，较为全面地对大运河通济渠泗县段文化遗产保护利用工作进行规划和建设。

此外，2021年以来，安徽省还陆续编制完成了《大运河安徽段核心监控区国土空间管控细则》《大运河国家文化公园(安徽段)建设保护规划》《安徽省大运河文化遗产保护传承规划》《安徽省大运河文化和旅游融合发展规划》等专项规划。各级大运河相关规划方案的出台，为大运河通济渠泗县段文化遗产保护利用建设提供了具体的指导和参考，为其文化遗产保护利用工作提供了重要的规划支撑。

二、保护与利用情况

近年来，在大运河通济渠泗县段文化遗产保护利用工作开展过程中，泗县立足于运河文化遗产的本体保护和生态环境的提升与整治，重点围绕大运河泗县段保护展示利用、大运河国家文化公园、运河小镇、大运河博物馆群落等项目工程进行相关建设，取得了一系列建设成效。

| 水韵泗州——世界文化遗产隋唐大运河通济渠泗县段

（一）泗县大运河黑臭水体治理工程

泗县大运河黑臭水体治理工程主要是针对大运河泗县段的河道水质长期遭受污染，水体环境较差而进行的一项运河水体专项治理提升工作。该工程于2018年启动，2021年上半年实施完成，主要治理内容：一是对运河河道垃圾和底部淤泥进行冲刷和清理；二是对运河河道堤岸破损点进行修复；三是在河道和河坡部分进行植被补植，主要种植芦苇、水葱、荷花、苦草等与运河生态环境相适应的自然植被。本次运河水体治理较大地减少了运河的河底淤泥污染，提高了河道的防洪排涝能力，减少河道内部建筑垃圾和生活垃圾等，有效改善了古运河水质，极大地提高了运河水环境质量，但在水体的富营养化治理、堤岸垦殖、关联水系治理等方面仍有待加强。

（二）泗县大运河保护展示工程

泗县大运河保护展示项目于2015年通过国家文物局的项目立项，2016年4月，该项目方案获得国家文物局原则性审批通过，工程内容主要对泗县境内西起泗县广播电视台的新虹桥处至新濉河交汇处的景观亭点的5.8千米世界文化遗产段进行保护性展示建设。该工程以大运河通济渠泗县段运河遗产本体展示为主线，根据泗县运河遗产本体所在周边城市建设环境状况，以泗县小汴河桥为界分成东西两大展示区域——城郊运河展示区和城市运河休闲区。此外，由东至西将大运河泗县段整个遗产展示区分为运河价值体验水岸、运河自然生态水岸、城市绿地活力水岸和城市公园水岸等四个功能展示区。通过对遗址本体的保护提升、沿线相关遗迹遗存节点的打造，以及对标识导览系统、堤岸河坡等的建设，突出其作为大运河通济渠现存河道特点；通过构建沿河道的、通廊式的城郊河道景观保护地带和城区河道景观带体现此段运河所蕴含的文化价值和历史信息，借以不断扩大大运河通济渠泗县段的影响力。目前，该项目主体建设基本完成，现已打造成为城市居民休闲、观光和游览的重要文化旅游场所。

泗县大运河保护展示工程效果图

(三)泗县运河小镇

泗县运河小镇以大运河开发区曹苗段为核心,项目规划范围约3平方千米,其中建设面积约1平方千米,运河小镇规划整体形成"一心、一轴、两翼、多节点"的规划结构:"一心"是运河文化核心区,"一轴"是运河特色景观风貌轴,"两翼"为北部滨河公园集聚区、南部森林公园景观区,"多节点"涵盖了运河遗址公园、运河人家景区等项目,按照"一廊一街二区"功能分区,打造新滩河景观廊、运河文化艺术街区和运河遗址本体展示区等,结合我县漕运文化、戏曲文化、民俗文化等地方特色文化,打造具有泗县运河风情的特色小镇。同时,泗县运河小镇建设规划对大运河通济渠泗县段展示项目进行拓展,对泗县运河东段滨水景观带进行设计打造,使我县运河资源多方面、多层次地得到结合和利用,进而开发利用建设好我县运河文化产业带。

2017年,泗县运河小镇成功入选安徽省省级特色小镇(实验)名单,并于2018年入选安徽省第二批省级特色小镇名单。泗县运河小镇立足运河活态遗址,以古泗州文化为基础,将充分发掘展示泗县运河文化,成为安徽省大运河文化带建设工作的一大重点和规划亮点,具有十分广阔的发展前景。目前,该项目主体内容已建设完成,是泗县运河文化遗产保护利用建设工作开展实施的重要内容。

泗县运河小镇文化艺术街区

(四)泗县大运河国家文化公园

2019年7月,国家大运河文化公园建设工作启动。2020年,泗县大运河国家文化公园规划编制和建设工作开始实施。该公园以泗县运河世界文化遗产段为核心,利用其特有的泗县运河资源优势,主要规划建设有大运河通济渠泗县段生态长廊及运河文化创意中心、运河研学营地、运河生态林带、运河精品农业展示园、城市菜园、自驾营地、户外拓展、康养中心、运河精品酒店民宿等项目,另外还有泗县大运河国家文化公园数字基础设施建设项目、运河之夜3D运河体验区等。此外,该项目还将大运河通济渠泗县段博物馆群落的规划建设作为主体性实施内容,利用2015年以来,泗县先后在大运河沿线建设的

第七章　泗县大运河文化遗产的保护、传承与利用

县博物馆、古鞋博物馆、隋唐大运河博物馆等博物馆群落形态,立足对泗县文化文物资源的挖掘利用,发挥博物馆群落的集聚优势,形成集参观游览、互动体验、爱国主义教育为一体的多功能文化场所,作为展示泗县历史文化的综合性文化窗口,集中展示泗县两千多年的历史文化。目前,该项目前期交通路网、水电设施、关联水系环境整治、运河本体水体治理提升、周边土地规划建设等部分已完成,建设条件优势突出,部分规划项目已进入实施阶段。

泗县大运河国家文化公园总体规划平面图

第二节　泗县大运河文化遗产保护、传承与利用的价值

大运河作为我国古代连接南北的交通大动脉,是各种物资和漕粮转运的水上交通要道,曾发挥过极其重要的社会经济功能,也在军事运输、社会人文交流等方面发挥了重要的作用。随着大运河通济渠运输功能的逐渐丧失和现代化社会多种交通运输方式的不断发展,泗县大运河的原始功能已不复存在,但随着历史的发展演变,其依然发挥着水利灌溉、生产生活、城市休闲等各种现代化功能。对大运河通济渠泗县段文化遗产资源现状的调查和考古发掘资

料的分析,充分证实了大运河通济渠泗县段的文化遗产的价值,其在历史、文化、社会和经济方面都具有十分突出的价值。

一、历史价值

大运河通济渠所处的泗州地区,作为运河与淮河的交汇处,是我国古代运河运输经贸往来的一个节点城市。尤其是唐宋时期,大运河通济渠泗县段长期作为军事物资要地,成为转运江南物资,控驭中原的关键之所,围绕大运河通济渠泗县段进行的政治、经济、军事等重要活动屡见不鲜。

泗县作为运河沿线重镇,因其特殊的地理位置,长期在宿州和泗州之间更迭存续,无论是宿州的设置,还是泗州移治,泗县都深受影响,其城市的发展演变与运河的兴废密切相关。作为沟通南北交通的咽喉要道,泗县渐成运河交通之枢纽,在运河沿线城市发展史和运河交通史的研究方面具有重要价值。

泗县大运河考古发掘出土了众多瓷器,其来源有福建、湖南、浙江、江西、河南、河北、陕西等地,几乎涵盖了我国的主要瓷器生产地,研究该批运河瓷器,对了解泗县地区运河商贸史等具有重要价值。而研究运河沿线遗存的桥梁、水工设施、水工遗迹等,对于认识运河水工史、科技史也有重要历史价值。

通过对泗县大运河考古发掘成果的分析,我们可以了解通济渠河道原始面貌、线路流径等方面内容。由于我国古代政治、经济重心的转移,大运河通济渠于南宋时期逐渐废弃湮没,及至今日,仅大运河通济渠郑州段和大运河通济渠泗县段部分河道尚存。关于大运河通济渠段的历史研究,限于现实状况,诸多学术问题长期悬而未决,包括大运河通济渠的河道走向、河道疏浚维护和河道建构等情况。而通过历年来对大运河通济渠泗县段的重点考古发掘和考古勘探,现已基本摸清了泗县运河河道的走向和河床、河堤、河岸的具体范围,证实了大运河通济渠泗县段遗产的完整性、真实性和历史性。尤其是对大运河通济渠泗县段邓庄遗址的发掘,揭露了较为完整的运河堤岸面,发现了大量的人工运河开凿活动痕迹,更重要的是发现了宋代北河坡脚印痕、南河坡擦痕

第七章 泗县大运河文化遗产的保护、传承与利用

等遗迹,在全国均属首次发现。① 而前后两次对大运河通济渠泗县段刘圩遗址的考古发掘,揭示出较为完整的唐宋运河北堤,对河底遗物的分析,证明该段运河开挖于唐代,至北宋时仍在使用。北宋以后,该段河道逐渐淤塞,尤其是河床北部淤塞严重,至明清时期,古运河宽度已缩减至与现存的运河河道宽度基本相等。② 其后的大运河通济渠泗县段朱桥、曹苗遗址的考古发掘,文化内涵情况也类似,对了解整个运河的形制、规格、分布及其内涵有着不可替代的考古意义,也为进一步探索隋唐大运河河道开凿、疏浚、漕运及运河社会史等提供了关键性证据。

此外,泗县大运河段的考古发掘,也为大运河通济渠的线路走向提供了重要考古证据。由于历史原因,北宋灭亡后,淮河以北地区基本沦为金国统治范围,大运河通济渠沟通南北的漕运功能逐渐丧失,以致在南宋初期便已基本湮没废弃。由于历史上关于大运河通济渠的记载史料繁多,莫衷一是,其河道走向一度存在争议。阎文儒认为,开封以东存在两条汴河,自汴州至商丘后分为南北二道:北道经相县故城和萧县城南,经彭城入泗水,南道从商丘取道古蕲水入淮河。③ 邹逸麟考证通济渠下游经夏邑、永城、宿县、灵璧,东经泗县县北、泗洪县折而向南流经临淮城,于盱眙对岸入淮。④ 对大运河通济渠泗县段的考古发掘,再次证实了通济渠是穿过安徽的宿州、泗县流入盱眙的⑤,进一步佐证了通济渠的线路流向。大运河通济渠泗县段的考古发掘不仅揭示了隋

---

① 安徽省文物考古研究所、泗县文物局等:《泗县、灵璧段运河考古发掘报告》,科学出版社,2018年,第147页。
② 朔知、赵卫东等:《安徽泗县刘圩汴河故道遗址的第二次发掘》,《中国国家博物馆馆刊》2014年第12期,第40—63页。
③ 阎文儒:《隋唐汴河考》,辽海引年集编委会:《辽海引年集》,北京和记印书馆,1947年,第374页。
④ 邹逸麟:《椿庐史地论稿》,天津古籍出版社,2005年,第85页。
⑤ 安徽省文物考古研究所:《安徽泗县刘圩汴河故道遗址发掘简报》,《东南文化》2011年第5期,第45—56页。

唐大运河河道原始的完整面貌，也为研究通济渠的历史发展和演变提供了大量基础资料，具有十分重要的历史价值。

二、文化价值

大运河的开凿，打破了我国早期各区域之间交通闭塞的局面，有力推动了我国国家大一统局面的形成，对各地域间人文交流产生了直接的积极影响。此外，大运河的水运往来也使得各区域之间的风俗人情、语言文字、手工技艺等得以源源不断地进行输送、交流、互鉴，对于我国早期地域开发和城市发展具有十分显著的作用。大运河通济渠泗县段沿线遗产数量较多，遗产类型也比较丰富，经过一千多年的开发利用，以运河为纽带而衍生了泗县漕运文化、农耕文化、饮食文化、民俗文化、戏曲文化等独具特色的地方运河文化。

泗县大运河河道的原始性、完整性是其文化价值的充分展示。运河沿线尚保存有宋代的释迦寺大殿、文庙大成殿、山西会馆、东八里桥、十里井等物质文化遗存，包含了桥梁、庙宇等诸多运河遗迹遗存，充分反映了大运河通济渠泗县段沿线的水运繁华。如泗县释迦寺，其始建于北宋英宗年间，原名寿圣寺。宋代史书记载，寿圣寺原为宋英宗纪念其父仁宗皇帝而建，在当时全国重要地方均敕旨造庙[1]，泗县的释迦寺前身应该与之相关。而在泗州地区具有广泛影响的僧伽大师，后来发展成为泗州大佛信仰，更是影响广泛，众多文人墨客沿运河而上，对其进行膜拜，亦可见当时泗州地区的重要影响。此寺后被明太祖赐名释迦寺，成为我国历史上为数不多的以释迦牟尼命名的寺庙之一。释迦寺的发展演变也是泗县地区运河城市宗教文化发展的一大重要体现，大运河为其传播提供了重要的交通条件。此外，文庙大成殿、山西会馆均位于大运河通济渠泗县段岸边，深受运河路径的影响，对泗州儒家文化、商贸文化的形成和发展起到了积极的作用。

---

[1] 李治中：《来自高柴的寿圣寺文化现象》，《文化学刊》2011 年第 4 期，第 130—133 页。

第七章　泗县大运河文化遗产的保护、传承与利用

泗县除了运河文化相关的"纳黍行舟"的传说外,还有众多脍炙人口的运河诗文,这些为大运河通济渠泗县段文化的保护利用工作的开展提供了丰富的文化素材。大运河造就了唐宋的繁华,唐宋时期又是中国诗词发展的高峰期,其中有许多记述、描写、感慨泗州运河的诗人和诗词[1]。其中唐代著名诗人白居易的《长相思》"汴水流,泗水流,流到瓜洲古渡头,吴山点点愁"流传千古,传唱至今,泗县即为汴水与泗水交汇之处。宋代诗人苏轼沿着运河,经行或逗留泗州就有十余次,在此创作的诗词有二十余首,其中不乏"淮山相媚好,晓镜开烟鬟"等脍炙人口的名句。宋代书法名家米芾经运河北上,途经泗县,留下了著名的《虹县诗帖》,这是我国书法史上的代表名帖。

此外,泗县以运河为关联,水系众多,河流密集,滋育了独具特色的戏曲文化,其中以泗州戏为代表。泗州戏原名"拉魂腔",是流行于安徽淮河两岸的具有重要影响力的地方剧种。其唱腔风格有一个非常重要的特点,那就是乡土气息浓郁,唱腔南北方风格交融,婉约与豪放并蓄。它与山东的柳琴戏、江苏的淮海戏同是由"拉魂腔"发展而来,其形成、发展、传播与泗县所处的地理位置密切相关,也与运河沿线城市关联较大,以运河为题材的泗州戏,比较有代表性的剧目有《风涌大运河》《清官何诚疏运河》等。

自古以来泗县居民沿河而居,形成了类型丰富的运河非遗文化,如:每年的农历二月初二,运河岸边的祭拜龙神习俗;端午佳节,泗县百姓在运河中开展的龙舟竞技、民俗文化展演;以运河树木为材料,以运河人物、船舶为题材形成的泗县古运河根雕技艺。另外还有,泗县运河岸边水患频仍,居民赤足劳作,足病普遍,为治疗脚气、足癣而产生的泗县药物布鞋技艺等特色非物质文化遗产。

---

[1] 赵豫云:《论苏轼泗州运河诗词》,《江南大学学报》(人文社会科学版)2020年第6期,第74—82页。

泗县地处淮河分界线,通过运河沟通南北,其饮食兼具鲁菜系与淮扬菜系之特点,饮食食材米面兼顾,形成了早晚吃面、中午吃米的饮食习惯。同时,泗县当地的绿豆饼、刘圩大饼、草沟烧饼、大路口粉丝、泗县朝牌等饮食名吃也是南北风味兼容,独具地域特色,这也是泗县运河农耕文化所衍生的重要饮食文化。

大运河通济渠泗县段所孕育的地方特色文化,成为研究运河历史文化的重要切口,蕴含着独具特色的江淮运河文化内涵,运河文化价值凸显。

三、社会价值

大运河遗址作为一种开放型的线性文化遗产,通过对遗产的保护利用展示,其社会公共文化服务功能也得到了较好发挥。近年来,大运河通济渠泗县段通过系列建设,主要是在运河沿线以建设遗址公园和公共文化场馆的形式进行保护利用,在立足文化遗产的保护与利用时,以遗址公园和博物馆式的开发管理模式进行建设,将运河自然生态、人文景观、文化内涵与社会主义国家教育等进行有机融合,提升区域人民的文化水平和素养。由于大运河通济渠泗县段沟通着县域内众多的河湖水系,与农田、城镇、乡村相关联,运河沿线众多村镇因河而兴,两岸居民依河而居,形成了滨河开放的地域空间形态,以及各具地域文化特色的水域生态空间。其自身既具有丰富的文化内涵,也具有自然生态属性。运河公园的社会公共服务功能的发挥,使得文化和公园有机融合,构建打造一种生态游憩网络空间,有利于修复生态环境,保护文化遗产,增进居民在游憩过程中的参与感和获得感。[①] 大运河通济渠泗县段文化遗产社会价值和功能的发挥利用,使广大居民在运河文化体验与日常休闲的空间中提升文化品位,在日常的休闲游乐中,感知文化、了解文化、品味文化,使大

[①] 王甫园、邓昭明、王开泳、王芳、郑鑫:《大运河国家文化公园生态游憩网络建设构想》,《中国旅游报》,2021年2月3日第3版。

第七章　泗县大运河文化遗产的保护、传承与利用

运河泗县段公共文化服务功能得到充分发挥和利用。

大运河文化遗产的保护利用是我国新时代自然文化遗产资源保护和开发的创新举措,它是以文化为核心要素,以文化产业、文化旅游融合、文化科技融合为主体的跨域融合发展。[①] 大运河作为我国历史上重要的经济和交通命脉,其主要功能是在历史上长期发挥漕粮等物资运输的作用,其自身所发挥的经济价值,赋予了运河更为现实的价值内涵。在经济变革的今天,大运河通济渠泗县段的实用功能日渐削弱,而其自身所蕴含的产业价值依旧比较突出,可以通过对大运河文化遗产保护利用建设,较好地推动其产业价值的发挥。大运河文化遗产自身所蕴含的文化属性和价值,对于城市形象的提升将产生重要的影响,可以通过创建泗县运河城市品牌,凝聚城市文化内涵,助推城市文化软实力提升建设等发挥重要的文化产业功能。一方面,大运河通济渠泗县段文化遗产保护利用建设对于泗县文明城市、园林城市的创建都有着直接性的作用,文化遗产的有效保护利用是城市创建的重要指标和内容,其对城市文化产业的建设有着直接的影响。另一方面,在大运河通济渠泗县段文化遗产保护利用建设过程中,可以提升城市品牌形象和影响力,营造舒适良好的城市环境,对于城市的招商引资、生态文明建设、乡村振兴建设都有着积极的辐射效应,文化氛围和内涵是城市发展前进的无形资产。此外,在大运河通济渠泗县段遗产保护利用过程中,依据文旅融合的建设原则,鼓励对遗址的延伸拓展利用,以其为纽带,发展休闲旅游、民宿餐饮、水上娱乐、非遗展演等一系列项目,通过大运河国家文化公园的建设探索,实施跨地域空间的文化遗产保护和开发,带动文化、生态、经济和社会四个方面协同发展[②],其所衍生的文化产业

[①] 付瑞红:《国家文化公园建设的"文化+"产业融合政策创新研究》,《经济问题》2021年第4期,第56—62页。

[②] 王健、王明德、孙煜:《大运河国家文化公园建设的理论与实践》,《江南大学学报》(人文社会科学版)2019年第5期,第42—52页。

水韵泗州——世界文化遗产隋唐大运河通济渠泗县段

链条将是城市绿色发展的一个重要引擎。

第三节 泗县大运河文化遗产保护、传承、利用的原则与策略

泗县大运河文化遗产保护利用是一项长期性、持续性文化建设工作,从县级层面来说,其自身力量有局限,难以有效开展工作,只有立足县域实际情况,借助多方力量,在体制机制、建设规划、人力资源和宣传管理方面进行探索,建立县域文化遗产的保护利用模式。

一、保护传承利用的原则

大运河文化遗产保护利用建设是一项复杂的文化建设工程,需要我们深刻把握其文化属性方面的一些原则,科学合理地做好相关规划建设工作。

(一)保护性与利用性原则

大运河作为一种巨型的线性文化遗产,具有极大的开放性和复杂性,大运河遗产与城市及周围环境又无时无刻不在进行着物质、能量和信息交流[1]。大运河通济渠泗县段穿城而过,在泗县城市开发建设与文化遗产保护方面还存在着一定的不协调性,所以把握其文化遗产的保护性与利用性的内在关系,对于大运河通济渠泗县段文化建设工作十分重要。在大运河通济渠泗县段文化遗产保护利用工作中,首先要立足于大运河文化遗产的本质属性,做好运河保护范围和建设控制地带的文物保护工作是最基本的要求和前提。大运河通济渠泗县段相关规划建设,一是要严格遵守联合国教科文组织的《保护世界文化和自然遗产公约》等规章制度,从宏观层面进行把控;二是在规划建设方面,要严格按照文物保护工程相关法律法规进行规划设计和建设,审慎做好大运

---

[1] 姚迪:《巨系统文化遗产保护的探究及现实困境的思索——以大运河保护规划为例》,《城市规划》2010年第34卷第1期,第48—51页。

第七章　泗县大运河文化遗产的保护、传承与利用

河通济渠泗县段文化遗产保护区和缓冲区的保护利用。大运河通济渠泗县段相关规划设计和建设,首先必须严格按照有关要求,履行相应的文物报批、审批程序。其次,在做好大运河文化遗产保护工作的基础上,要把握好其遗产的利用性,活化其遗产价值,发挥其遗产功能,让文物活起来,这样才能更好地进行文物的保护。在大运河通济渠泗县段国家文化公园的规划建设方面,要区别于一般性的景观园林公园建设,进一步深化大运河通济渠泗县段国家文化公园的传统利用区、文旅融合区、延伸拓展区的规划设计,充分发挥文化遗产的辐射效应。最后,大运河通济渠泗县段文化遗产的保护利用还要与泗县的城市规划及水利、环保、国土空间等的规划相结合,做到多规融合,合法合规,科学合理地做好大运河通济渠泗县段相关文化保护与利用建设工作。

（二）全域性与地域性原则

大运河文化遗产是一个巨系的线性文化遗产,涉及文化发展、遗产保护、城镇发展、生态建设、休闲旅游等范畴。[①] 大运河通济渠段上启河南洛阳,下承江苏扬州,全长650余千米,目前,洛阳、郑州、淮北、淮安、扬州等众多城市都在有序开展大运河相关建设工作,打造具有各自地域文化特色的大运河文化带。但是,大运河是一个有机的整体,其文化遗产保护利用建设着重体现的是国家文化元素,需要深入把握好其地域性与全域性的关系。

在大运河通济渠泗县段文化遗产保护利用建设工作中,既要对运河文化遗产区域内进行全面的把握,进行甄别和筛选,发掘具有代表性的文物和文化资源,重点和集中展现泗县大运河文化的内涵和价值,也要从全局性高度进行认识和统筹。对于大运河通济渠泗县段文化遗产保护利用工作而言,单一的泗县地域大运河相关规划建设如何体现整体隋唐大运河通济渠的文化价值和

[①] 路璐、王思明:《大运河文化遗产研究:现状、不足与展望》,《中国农史》2019年第4期,第137—145页。

内涵而又有别于其他城市的规划建设,避免造成千篇一律的局面?一方面,大运河通济渠泗县段文化遗产保护利用规划建设要从大运河通济渠全域层面进行考虑,把握好其与河南和江苏运河上下游城市之间的关系,不能仅仅局限于泗县这一段的河道,从而避免造成对大运河文化遗产的割裂。另一方面,大运河通济渠泗县段文化保护利用规划与建设还要展现地域文化特色,在注重地域性与全域性的内在联系的基础上,把握好不同地区运河文化遗产之间的关联性,注重突出展示其文化遗产的价值和特色。

(三)公益性与产业性原则

大运河文化遗产保护利用建设是具有特定开放空间的公共文化载体,也是全民共享的精神文化生活空间[1],具有公益服务性与文化产业性的双重性质。在大运河通济渠泗县段文化遗产保护利用规划建设过程中,对于文化遗产管控保护和主题展示的区划功能规划要注重社会公共文化空间的打造,而文旅融合和传统利用的区划功能主要是对文化遗产产业功能性的拓展和延伸。大运河通济渠泗县段文化遗产的公共服务空间建设重点是社会公益服务价值的发挥,其主要围绕大运河文化遗产的核心保护区和建设控制区进行文物本体的保护与利用,在此建设过程中,要立足于文化遗产的保护,切实维护文化遗产的真实性和自然生态价值,不搞大开发、大建设,不改变运河文化遗产的原真面貌,要始终严格按照文物和文化遗产的相关法律法规、规章条例进行区域规划设计。在大运河文化遗产核心管控区域的建设中,要彰显泗县文化元素,留足运河生态空间,发挥好运河文化遗产的公共文化服务性,使人们在观光旅游中领略运河文化遗产的文化魅力。大运河文化遗产公共文化体验空间的打造,还要立足大运河通济渠泗县段沿线居民的生产生活。从古至今

---

[1] 吴丽云、蔡晟:《国家文化公园建设应坚持三大原则》,《环境经济》2020年第16期,第65—67页。

第七章　泗县大运河文化遗产的保护、传承与利用

就有居民沿大运河而居,离开了人居环境的规划建设将是空洞乏味的静态遗址,只有融入人类的生产生活要素,才能使运河文化遗产真正地为人民所用,让人民受惠,形成人与自然和谐共生的文化遗产保护利用格局。而对大运河通济渠泗县段文化遗产的文旅融合和传统利用功能区的建设,应结合遗产地实际情况,因地制宜进行规划设计,避免过度进行开发建设,尤其是不宜进行大规模的人为造景。此外,要严格限制不利于文化遗产保护利用的项目实施,杜绝工业性、污染性建设,坚决避免变相的房地产开发建设。大运河通济渠泗县段文化遗产的保护利用工作中,对文化产业性的建设研发可以从泗县民俗民宿、特色餐饮、非遗展现、水上娱乐、休闲养生、观光旅游等方面进行规划设计,形成绿色生态、可持续的大运河文化产业发展集聚区,真正发挥大运河文化遗产的价值属性,使其历史文化价值和社会经济价值得到有效融合与充分发挥。

（四）长期性与短期性原则

大运河文化保护传承利用建设工作是一项长期而复杂的国家文化战略规划,其建设周期初步规划至2050年,是我国社会主义新时期一项具有国家意义的文化建设工程。围绕大运河通济渠泗县段文化遗产保护利用规划建设工作,泗县谋划了数十个相关建设项目,国家、省、市各类规划涉及内容更多,但是由于泗县经济发展水平较为落后,很难大规模进行相关的建设实施工作,这是一个长期推进的工作过程。因此,对大运河通济渠泗县段文化遗产的规划建设,要明确长期建设和短期建设的目标任务,把握重点的建设实施内容。在长期规划方面,要在国家和安徽省各类专项规划的基础上,编制长期可行的规划方案,然后逐年进行相应的保护利用建设。在短期规划建设方面,则要与泗县"十四五"发展规划相衔接与融合,根据泗县地方经济发展水平,本着科学、合理、生态、绿色等建设理念,不宜盲目开展大规模投资建设,而忽略了泗县运河文化遗产保护和利用的根本性要求。大运河通济渠泗县段文化遗产保护利

用工作不能一蹴而就,且运河文化遗产建设具有不可逆性。因此,在大运河通济渠泗县段文化遗产保护利用规划建设方面,要审慎规划和实施,如对于大运河通济渠泗县段国家文化公园规划建设,其建设周期短,工作任务却比较繁重。目前,大运河通济渠泗县段国家文化公园规划方案还存在诸多问题,所以在建设过程中,还需要立足地域的实际情况进行重点规划和建设,确保建设的可行性。可以先期在大运河通济渠泗县段延伸段的拓展区和文旅融合区实施一部分条件相对成熟的子项目,而对于文化遗产核心保护区和传统利用区的规划建设则需要慎重实施。

二、保护传承利用的策略

(一)立足运河文化遗产本体保护

运河文化遗产是线性的大型文化遗产,其管护具有较高的难度和复杂性,容易受到人为和自然多重因素的影响。对大运河通济渠泗县段文化遗产的保护利用,要始终坚持以文物本体的保护为前提,严格控制遗产保护区域和建设控制区域的保护工作,遵守相关法律法规,绝不能进行破坏式的开发性建设。

1. 制定分段分区的运河文化遗产管护方案

大运河是线性的文化遗产,其遗产构成和保护分区较为复杂。遗产构成方面,主要有河道、河堤、附属遗迹、相关遗存等;保护分区方面,主要划定为保护范围、建设控制地带等。对于大运河文化遗产的保护工作,不宜简单地采取"一刀切"的管护模式,而是要根据遗产现状制定分段分类分区的管护方案。大运河通济渠泗县段岸线长度较长,根据其文化遗产现状特点,主要有大运河通济渠泗县运河故道段、运河地下遗址段、世界文化遗产段、与新濉河重合的运河延伸段。大运河通济渠泗县运河故道段即泗县唐河口至西环城河的河段,沿线村庄分布普遍,人口较为密集,河道生态环境相对一般。对于该段的河道管护,其目标是维持运河的生产生活功能,在按照相关文物法律法规要求,做好运河遗址保护的同时,结合泗县乡村振兴和生态环境提升建设等工

第七章　泗县大运河文化遗产的保护、传承与利用

作,持续开展运河水体治理和堤岸环境的提升。对于大运河通济渠泗县运河地下遗址段,由于其位于城市道路之下,维持好原状,如后期涉及建设性行为,及时做好考古勘探,并制定好相应的保护措施。大运河通济渠泗县世界文化遗产段基本保持了隋唐大运河通济渠的原始风貌,文化遗产目前保存完好,且位于泗县城市核心区域,该段需结合泗县开展的运河遗址保护展示、运河国家文化公园建设等,重点进行运河文化遗产的保护与利用工作,充分挖掘展示大运河通济渠泗县段的自然风貌和历史文化内涵。在大运河通济渠泗县段与新濉河重合的延伸河段,虽然文物遗迹基本未有保持,但河道宽阔,自然生态环境保存较好,仍应按照文物保护要求做好遗产管护,并在满足新濉河河道功能的要求下,策划和开展相关的运河水上休闲娱乐项目。

大运河是我国重要的文物保护单位,同时也是重要的文化遗产。其保护区域分为保护范围和建设控制地带,并受相关文物法律的保护。对于大运河通济渠泗县段文化遗产,在其保护范围内,都要严格按照文物法律法规进行保护。要严控运河文化遗产保护范围的建设性行为,禁止进行房屋建设,确保遗产的完整性。而对于大运河通济渠泗县长沟老街和城市建设区域中因历史原因而占压河堤的建筑,要分段制定负面清单管控方案,结合老旧街区城区改造项目,有序清理占压运河本体的构筑物。对于运河河岸危旧桥梁、涵闸等交通水利设施,做好详细的统计调查和评估工作,在满足基本的生产生活条件的前提下,尽可能地进行拆并,或集中编制提升改造方案向国家文物局进行报批。对于大运河通济渠泗县段建设控制地带区域,尽量依照建设性规划,属于基本农田的,要做好管理与保护。对于泗县城镇及近郊区大运河沿岸非基本农田区域范围,可以实施防护林带建设,以生态护岸林和城镇生态绿地等建设模式为主,生态护岸林主要在地形改造、驳岸整理的基础上,营建由乔木、灌木、多年生地被和水生植物组成的植被带,沿岸森林修复选择耐水湿、枝条繁茂的植物。在城市及乡镇的重要节点,在确保生态功能发挥的基础上,结合慢行道

路体系,营造近自然生态效果的城镇生态绿地,增强城市公共服务功能。

2. 建立常态化的运河文化遗产管护队伍

大运河文化遗产岸线分布长,管护要求高,涉及部门众多,对运河文化遗产的管护工作,应长期坚持常态化的管理与保护,进一步加大人力管护力度,进行常态化的巡查监管。一是县文旅、公安、国土、城管、水利、市场监管、生态环保等部门联合,组建综合性的大运河文化遗产保护执法队伍。对于在大运河通济渠泗县段堤岸进行垦殖,甚至取土等可能造成文化遗产破坏和影响运河环境风貌等行为,文旅、国土、公安等部门和所属乡镇要严格进行文物执法,要加大文物保护宣传和处罚力度。对于大运河通济渠泗县段沿线关联水系及其沿线村庄生产生活污水排放问题,生态环保、水利部门要制定切实可行的治理方案:一是常态化开展运河水体及关联河道的环境整治工作,实施运河河道雨污分流工程;二是维持其运河河段水体的正常水位,使其能够进行活态流动。对于大运河通济渠泗县段城区部分沿岸的经营性商铺,尤其是餐饮行业的实体商业,城管和市场监管等部门要加大管理力度,坚决杜绝可能对运河遗产造成不良影响的行为。同时,结合泗县全国文明城市创建工作,优化运河沿岸经营商铺的布局,有序调退餐饮、洗浴、禽类交易等商业经营,尽可能引入服装、培训、书店、艺术品交易等经营行业。

同时,对大运河通济渠泗县段文化遗产的保护工作,还要结合泗县乡村人居环境提升、河道黑臭水体治理、运河保护展示等工程综合性开展,从河道本体、关联水系、景观绿化、道路基础设施等多方面开展运河遗产管护工作,使运河遗产环境能够持续性得到有效维护和治理提升。此外,对大运河通济渠泗县段文化遗产的本体保护,还应提升生态环境监测质量水平,加强大运河通济渠泗县段区域内生态环境质量监测,强化高新技术应用,加快编制大运河通济渠泗县段生态环境修复方案。

(二)探索建立健全运河文化遗产保护利用体制机制

线性文化遗产的有效保护牵涉面广,涉及区域众多,保护难度较大,一直是文物保护工作的一个难点,而大运河文化遗产的保护工作更是繁杂。建立运河文化遗产保护利用体制机制,一是加强相关法律法规的制定工作,二是建立有效的领导机构。

1.制定地方性的大运河文化遗产管理条例

对于其遗产保护工作,除了大运河申遗期间制定的《中国大运河遗产保护管理办法》以外,国家层面《中国大运河保护条例》虽然已列入有关计划中,但还需要一个过程,而在文物法难以满足大运河这样的巨型线性文化遗产保护的局面下,制定地方性的大运河文化遗产管理条例就显得尤为重要。目前,针对这一情况,河北省沧州市、江苏省淮安市、浙江省绍兴市、嘉兴市有关部门都已制定出台了相关的大运河遗产保护条例,取得了良好的保护效果。对于大运河通济渠泗县段文化遗产的保护利用工作,一是泗县人民政府应当积极同宿州市人大和宿州市人民政府进行沟通,争取及早制定相关的地方性的大运河遗产保护条例。在运河文化遗产的具体构成、各部门具体的管护职能要求和责任划定、保护利用建设的审查机制、建设性工程的审批规定、日常的管护巡查制度、相关的处罚事项标准等方面制定具体的条款,有针对性地加强大运河通济渠泗县段的保护工作。二是泗县地方政府应建立与完善相关法规,依据国家、安徽省、宿州市有关法律法规,制定出台大运河通济渠泗县段综合管理办法,进一步理顺管理体制、强化管理手段。如严格执行相关法律法规,加大大运河通济渠泗县段流域环境违法和文物违法行为的执法力度,对恶意排污和破坏文化遗产环境风貌的行为依法从严从重进行处罚。

2.建立健全大运河通济渠泗县段保护利用领导小组体制机制

从运河文化遗产的常态化保护利用角度来说,稳定有效的管理机构建设对于大运河通济渠泗县段文化保护传承利用工作的开展具有重要的现实意义,可以从不同层次探索成立长效性的固定化的工作机构,专项推进落实文化遗产的管护利用工作。

一是提升大运河文化保护利用工作领导小组建设。进一步加强各级层面的工作统筹,可以建立安徽省、宿州市、泗县三级联席会议制度。一方面,可以借鉴江苏省大运河文化带建设工作的先进经验,提高安徽省大运河文化带建设领导小组的规格,由各级党委、政府主要负责同志牵头负责。另一方面,明确大运河通济渠泗县段保护利用领导小组各成员单位的工作职责和任务分工,泗县县委宣传部作为领导小组办公室,要制定详细工作计划和实施方案,定期召开专题会议进行工作部署和任务调度,建立完善的领导小组议事制度。泗县文旅局和发改委作为领导小组办公室主要成员单位,应该做好具体事项的落实工作,文旅局应重点负责各类规划、方案等前期的业务性工作,发改委应重点负责后期各类项目的管理、实施和调度工作,其他相关成员单位进行协助配合。

二是建立大运河通济渠泗县段文化保护利用建设专家咨询制度。由泗县县委、县政府牵头,从国家、省、市、县范围内聘请高水平的专家学者,组建大运河通济渠泗县段文化保护传承利用和大运河国家文化公园建设工作专家咨询智库,同时从发改委、文旅、文物、规划、环保等部门选调专业性人员,开展定期的工作交流和研讨,根据各部门的日常工作实践,做好规划方案和建设内容的论证研究,科学地、合法合规地开展相关工作,实行动态化的咨询、研讨和评价、审查等服务,确保工作开展的科学性、合理性和规范性,及时解决建设工作中遇到的具体问题。

(三)加强运河文化遗产资源梳理与内涵挖掘研究

文化遗产资源的挖掘与利用是大运河文化保护利用建设工作的核心,通过对各类资源的系统性归纳与梳理,综合发挥文化资源的价值,才可以真正做到文化遗产的活化传承与利用。对于大运河通济渠泗县段文化遗产保护利用

第七章 泗县大运河文化遗产的保护、传承与利用

相关规划和建设,要充分利用其各类文化遗产资源,深入研究其文化遗产的历史、文化和社会价值,把握好其核心建设内容。

1. 系统调查梳理运河沿线文化文物资源,进行归纳分类

对于大运河通济渠泗县段沿线各类文化资源的综合性利用,首先,要对其文化遗产区域范围内的各类资源的调查统计,逐一进行系统归纳。物质文化遗产方面,如大运河通济渠泗县段遗产区域内的重要文物古迹,有戚庙、文庙大成殿、山西会馆、释迦寺等,重要的文物遗迹有朱桥古井古槐、东八里桥、土地庙、龙王庙、皇道码头、菜园井、十里井等。非物质文化遗产方面,如泗州戏、瑶剧、药物布鞋制作技艺、运河根雕技艺、水母娘娘沉泗州的传说、枯河头的传说、长直沟的传说等。其他关联性的文化文物资源有泗县墩集霸王城遗址、邓公墓、龙庙滩、杨家台遗址、蟠龙山地质奇石园、石龙湖国家湿地公园、石梁河暴动纪念园等。通过对文化文物的发掘利用,发挥泗县运河活态价值和产业功能,将非遗文化与创意产业进行结合,也是大运河文化保护与利用工作可持续性的一个现实路径。其次,在梳理归纳的基础上,进行系统研究,分析其与运河遗产的关联性,对于不同类型的文化资源的展示利用要把握其适用性和协调性。对于大运河通济渠泗县段文化遗产保护利用建设内涵的认识,既要立足于泗县地域文化特色,还应该注重其与大运河通济渠安徽段和隋唐大运河通济渠段的整体关系,如对文物资源的利用,宜对安徽运河沿线重要的柳孜运河码头遗址、埇桥遗址、宋代码头遗址、张氏园亭遗址、花石纲遗址等文物遗存元素进行展示,而非单一地展现泗县运河地域文化,做好与上下游运河沿线城市文化建设的有机衔接与融合,打造具有国家文化水平、安徽省域文化内涵、泗县地域文化特色的综合性的生态文化体验性的大遗址保护展示区。最后,泗县要充分利用大运河通济渠泗县段考古发掘的系列成果进行文化遗产价值阐释的展示和利用。由于大运河通济渠泗县段考古发掘遗址点均已进行原址回填,泗县应积极对接省级文物部门,向国家文物局争取进行大运河通济

渠泗县段考古遗址发掘展示项目,探索开展对运河河道的考古发掘展示性工作。对于大运河通济渠泗县段遗址出土的众多文物,除在泗县博物馆进行陈列展示以外,还应积极发掘文物的价值内涵,组织专家学者进行研究,出版系列专项研究成果。此外,还可以以大运河通济渠泗县段出土文物为原型,开发系列文创产品,提升运河文化遗产的产业价值。

2. 提炼运河文化遗产价值内涵,深入展示其遗产特色

运河文化遗产具有丰富的自然风貌,同时,其自身所富含的历史、文化、社会价值,更是展现了文化遗产的持续的生命力。提炼运河文化遗产的价值内涵,深入展示其遗产特色,是大运河文化遗产保护利用工作的基本路径。大运河通济渠泗县段作为隋唐大运河通济渠段唯一一段"活态"的运河遗址,至今保存着较为完好的隋唐大运河通济渠段的原有风貌,这是其最突出的价值特色所在。通过历史文献资料的挖掘,结合考古发掘成果,进一步梳理出大运河通济渠泗县段的历史发展与演变。通过对宿州、泗州城市文化的研究及运河对其所产生的历史影响,总结运河城市的文化内涵。泗县作为皖东北的门户城市,毗邻江淮,在隋唐以后,因运河水利交通的大规模应用,在江淮和中原地区的沟通方面,起到连接点的重要作用,形成了特殊的兼具江淮文化特征的古泗州地域文化。其具体文化内涵主要有运河农耕文化、商贸文化、饮食文化、民俗文化等诸多地域特征,而综合而言,都可以归结为泗州文化。泗县是古泗州的核心城市,因运河而兴,存续一千四百余年,是运河沿线的重要商贸文化重镇,至今仍与江淮地区其他运河城市交往密切。对大运河通济渠泗县段文化遗产价值内涵的把握,即需围绕泗州文化这一核心内容进行,一方面与其上游河南地区中原文化进行联系,另一方面与其下游淮安、扬州地区的淮扬文化进行比较,在兼容并包的情况下,深入展示其遗产特色,形成具有地域文化价值内涵的运河文化。

(四)科学进行文化遗产保护利用规划建设

大运河文化保护利用工作是高起点、高定位、高水平的文化建设工程,对于其规划建设,要注重功能和内在关系的把握,精心编制规划建设方案,把握规划建设内容的侧重点,制定合理的建设规划,避免贪多求全和大规模建设。

1. 高水平编制大运河通济渠泗县段文化遗产保护利用规划

规划是一切建设工作开展的前提和基础,是开展文化遗产保护利用工作的依据和支撑。大运河通济渠泗县段文化遗产保护利用规划的编制工作对其文化建设将起到基础性的价值和作用。通过立足长远,放眼全局,对其自然人文资源的逐步整合,形成建设合力,最终实现运河文化遗产保护传承利用的持续性的长效建设。一是立足泗县现有的自然人文资源,确立"三区一带多点"的整体规划思路。大运河通济渠泗县段位于泗县中心区域,横穿泗县东西境域,其北面通过泗县彩虹大道与之连通的为泗县蟠龙山文旅片区,分布着品类众多的奇石资源,形成了独特的石海石林景观。其南面是泗县国家级石龙湖湿地公园,通过石梁河与运河水系相连,是皖北最大规模的生态湿地,自然条件十分优越,目前正在集中建设打造泗县石龙湖文旅片区。通过资源的有机融合,与大运河通济渠泗县段文旅片区形成一个整体,通过运河文化展示带和泗县多个文旅资源点为支撑,整体性开展运河文化遗产的保护利用规划建设。二是对于大运河通济渠泗县段保护展示类项目,要进一步提升和优化项目设计和实施方案,充分保护利用好大运河沿线众多的文物文化遗迹遗存,坚持"生态优先"的原则,体现运河自然生态化和景观本土化,进一步细化文化遗产展示的内容和方式,充分挖掘其运河的文化价值内涵,在立足其运河文化遗产保护的基础上,彰显泗县地域特色。三是大运河通济渠泗县段文化遗产保护利用需要进行长期性的文化建设投入,受人力、财力等各方面因素制约,泗县难以长期有效落实开展如此浩大复杂的文化建设工程,如大运河通济渠泗县段国家文化公园和泗县运河小镇规划建设内容众多,基础性建设较多,投资规模巨大,短期内很难实施完成。一方面要选取一些成熟可行的项目进行重点建设,打造一批泗县精品特色文旅项目;另一方面还应积极主动与上级有关部门沟通协调,获得政策性帮助和资金、项目支持;最后,其建设工作还要与招商引资、乡村振兴、水利交通、环境整治提升等建设相结合,探索开展通过资源入股、产业研发、发行专项债等渠道进行各类资本的注入,形成多渠道、多途径共同开展大运河文化遗产保护利用建设工作模式。

2. 优化提升运河文化遗产保护利用建设项目的规划和实施

受县域层面诸多现实条件的限制,大运河通济渠泗县段文化遗产保护利用规划建设工作还处于一种较为浅显的基础性工作层面,一些已实施的项目在规划和实施方面存在着一些问题和不足。优化提升现有的建设项目规划,完善已实施的在建项目,对于文化遗产的保护利用工作是十分必要的。

科学规划运河国家文化公园建设项目。大运河国家文化公园建设是文化遗产保护传承利用的重要发展方向,对于其规划建设,要以运河为主线和引领,与娱乐、体育、航运、文化、教育、农业等进行多产业融合,将都市旅游、乡村旅游、工业旅游、研学旅游等与文化创意产业、工农业、节事会展业等进行有机融合,创新运河文化业态[1]。对于县域层面而言,在做好运河文化遗产保护的前提下,开展相关运河文化产业建设和研发,是建立长效性的遗产保护利用机制的重要方法。大运河国家文化公园主要有四个方面功能分区的划分,应深入理解其方案指导精神和建设,把握其内部关系。对于大运河通济渠泗县段国家文化公园规划的管控保护区要始终立足于运河文化遗产的保护,以提升运河生态环境为目的,大运河通济渠泗县段是隋唐大运河通济渠唯一的活态遗存段,其区域内水系相互关联而常态化流动,且依然保存着运河的原始自然

---

[1] 杨昀:《大运河遗产廊道的保护传承与活态利用——以苏州段运河为例》,《中国名城》2020年第4期,第76—81页。

风貌,自然轮廓和文化遗存清晰完整,集大运河自然、历史和生态价值于一身,是展示大运河价值内涵的重要载体。对于其主题展示区,以现有泗县运河人家景区和泗县运河小镇为依托,增加运河文化内涵和提升观赏性,与运河文化公园规划建设进行有机融合。在运河文化公园集中展示带以核心展示园为基点,利用现有的运河沿线中国古鞋博物馆、隋唐大运河博物馆、龙王庙、土地庙、考古挖掘点等文物文化资源点,进行整体保护利用和系统开发设计,融入文化元素,挖掘文化内涵展示,满足群众差异化的参观游览体验。而对于运河国家文化公园文化产业建设,要充分发挥文旅融合和传统利用区的功能定位,积极拓展建设内容,泗县作为长三角一体化的辐射区域,其城市定位为长三角城市群的康养休闲基地,地域饮食、民俗、戏曲、农业观光等极具绿色乡野气息。在文旅融合区,可由主题展示区及其周边的可览性的历史文化、自然生态、现代文旅优质资源组成,重点利用文物和文化资源外溢辐射效应,建设文化旅游深度融合发展示范区。如依托泗县大运河现有景区、遗址点、公共文化场馆、民宿酒店等文旅资源,发展康养休闲产业,利用新滩河现有河道资源优势,打造泛运河文化展示区,研发泛运河水上悠闲体验活动和项目。在传统利用区,以泗县曹苗社区为核心,合理保存传统文化生态,适度发展文化旅游、特色生态产业,规划设计泗县运河唐宋历史文化体验、传统农耕活动体验、传统漕运文化体验等动态感观体验区。

重点打造运河公共文化场馆群落。目前,安徽大运河通济渠泗县段博物馆群建设已初具规模,将公共文化场馆的文化展示、社会教育、文化研究等功能统筹进行,形成泗县地域文化百花齐放的局面。通过文化场馆的开放建设,与旅游、招商等相结合,使泗县大运河文化保护传承利用得到活态化的展示利用,运河文化价值日益凸显。泗县博物馆群落的打造主要依托大运河通济渠泗县段国家文化公园进行规划设计,但在场馆建设方面还需要很多提升和优化。泗县作为国家级非物质文化遗产泗州戏的发源地,戏曲文化底蕴深厚,具有突出地域文化特色的戏曲文化是泗县的一大亮丽名片,利用泗县虹乡剧场等文化场所,积极编排具有地域风情和时代特色的戏曲剧目,开展以泗县泗州戏、瑶剧、琴书、皮影等形式多样、内容丰富的非遗演出,形成功能完善的文化观赏教育场所。对于中国古鞋博物馆,通过场馆提升改造,开展古鞋制作技艺的展示与体验,进一步讲好泗县古鞋文化,展示泗县药物布鞋的独特制作技艺,体验我国传统的手工制作技艺,形成展、学、教、销为一体的非遗工艺产业区。依托泗县运河博物馆群丰富的公共文化场所和资源,研发相关的文创产品,打造具有地域运河风情的精品旅游路线,逐步形成具备品特色美食、观特色场馆、学特色技艺、看特色曲艺为一体的综合性的文化体验产业聚集区。此外,要积极鼓励和扶持民营经济参与博物馆体系建设,引入社会力量投入建设运河博物馆群文化产业体系,利用大运河通济渠泗县段岸边废弃的曹苗小学规划改造成为泗县运河民俗文化展览馆。最后,探索运河生态博物馆的建设,注重以运河自然文化遗产为核心,构建自然、原则、生态的运河人文景观,统筹进行规划打造,提升运河自然生态环境,使有形的运河文化遗产与无形的运河文化内涵得到有机融合与利用,将运河沿线村镇、社区等文化资源、生态环境、景观和社区作为一个整体纳入博物馆的范畴,使物质文化遗产和非物质文化遗产在原生态的运河自然历史环境中得到充分的保护与利用。

3. 优化运河城市规划建设

城市规划建设与运河文化遗产保护利用工作密切相关。对于大运河通济渠泗县段沿线密集的建设性行为,合规有效的城市规划建设则更加必要。一方面要严格按照文物法及《大运河遗产安徽段保护规划》及《大运河安徽段文化保护传承利用实施规划》《大运河安徽段核心监控区国土空间管控细则》等要求切实做好运河文化遗产的保护与规划工作。在泗县城市规划建设方面,要守住运河遗产保护的红线,严格科学制定泗县国土空间管控、城市发展建设、生态环境管护等系列规划,切实维护好运河文化遗产的真实性与完整性。

另一方面,结合泗县城乡建设工作,综合性开展运河文化遗产的保护利用,打造大运河通济渠泗县段文化遗产绿色空间和生态廊道休闲区,将运河沿岸建设成为城市绿廊,重点进行水体治理和绿化补植等生态建设。

(五)建立文旅专业人才培养机制

文旅人才培养是大运河文化遗产保护利用工作持续开展的又一重要支撑,要多渠道、多途径开展大运河遗产文化保护利用专业化文旅人才的培养工作。

1. 探索建立校地合作、运河沿线城市合作的人才交流培养模式

大运河通济渠泗县段文化遗产保护利用文旅人才培养工作要注重借助高校和科研院所的人力资源,开展以校地合作等多样化形式的研究合作。如联合安徽省社会科学院、安徽省文物考古研究所、安徽大学、淮北师范大学等专业研究机构以课题研究形式进行文物和文化领域的专题研究和合作,积极开展校地、院地等项目合作,人才交流培养机制,为大运河通济渠泗县段文化保护传承利用工作不断开拓人才智力资源。同时,积极拓展联络渠道,与大运河沿线工作开展较好的江苏省、浙江省、山东省等发达地区进行工作交流,如积极联系扬州大学、聊城大学、浙江大学等运河沿线运河研究机构,建立常态化的工作调研、交流研讨、挂职学习、专业培训等专项学习培训机制,学习借鉴大运河沿线地区成熟的工作方法和工作经验。

2. 制定出台泗县专业性文旅人才引进政策

文旅工作专业性较强,专业人才培养难度大,周期长。对于常态化、持续性的运河文化遗产保护利用工作而言,泗县目前的文旅队伍基本难以满足日常工作的开展,因此制定出台泗县专业性文旅人才引进政策,是其工作开展的一项重要保障。一是及时摸排泗县文旅机构人员空编空岗情况,面向社会进行专业人才引进,简化招聘入编程序,给予人才引进津贴补助和提供人才公寓,在政策允许的条件下,优化进行职称评审和认定。二是建立泗县文旅人才工作室,提供专业性的实践基地和研究中心,可以利用泗县运河小镇中的运河文化艺术街区,建设泗县文旅建设研发中心,在相关的文旅工作开展、文创产品研发、文旅项目调研等方面给予充分的政策、资金和场地保障。

（六）着力加强运河城市文旅品牌建设和宣传

运河文化是中国优秀文化的重要体现,而大运河通济渠泗县段作为安徽第三处世界文化遗产,在皖北文化旅游资源相对薄弱的情况下,显得尤为可贵。对于泗县运河城市的品牌创建,要建立系统的、长远的发展规划,结合泗县全域旅游开发、国家级文明城市创建、县域城市经济发展等方面,将泗县运河城市的文化内涵转化为城市发展建设的重要支撑点。

1. 制定运河城市宣传规划

大运河通济渠泗县段自然风貌保存完好,城市历史文化底蕴深厚,城市品牌优势比较突出,泗县要充分利用好这一文化优势,积极进行各种形式的城市推介和品牌创建工作,提升泗县运河城市形象价值。目前,大运河通济渠泗县段文化遗产保护利用工作已开展十余年,但至今尚未拍摄完整的运河城市宣传片,也未形成完善的运河城市宣传思路。在加强运河城市文旅品牌建设和宣传方面,泗县需要制定具体的宣传举措、宣传内容、宣传路径等具体工作,可以以"水韵泗州 运河名城"作为运河城市宣传口号,积极参加大运河沿线城市组织的各类运河城市文博会、运河城镇论坛、运河城市经济论坛等活动,加大泗县运河城市的外宣推介工作。

2. 组织编排各类运河主题文艺作品

泗县宣传和文旅部门应该积极组织策划和编排各类运河主题文艺作品。如进一步发挥泗县戏曲文化的价值内涵,精心编排大型的运河主题泗州戏曲,进行常年的专业性演出和巡演。利用泗县历史上的"虹乡八景",请国内名家进行创作,在文创产品研发、城市运河景观建设方面进行利用,还可以组织编排运河主题歌曲、舞蹈、快板等各类文艺作品。此外,加大对泗县传统运河龙舟赛暨民俗展演活动的组织和宣传推介工作,邀请运河沿线城市积极参与,结合城市招商引资工作扩大活动组织规模和影响力,通过增加运河商贸洽谈、运河文化论坛、运河文创研发等活动内容,进一步提升活动的影响力。

3. 注重群众性活动的组织和开展

大运河通济渠泗县段文化遗产的保护利用宣传离不开人民群众的参与,要充分发动泗县广大人民群众,组建大运河通济渠泗县段文化遗产保护利用宣传志愿者队伍,积极参与大运河相关推介活动,广泛深入开展泗县运河文化的宣传推介,使得全社会深切感受大运河泗县段的地域文化价值。泗县宣传部门要充分发挥新闻媒介的舆论监督和引导作用,广泛开展大运河通济渠泗县段文化遗产保护利用宣传教育,提高流域内群众的文物保护意识和法制观念,加强大运河通济渠泗县段文化遗产保护利用建设行动的参与意识,定期公布大运河通济渠泗县段文化遗产保护利用工作的开展情况,积极组织开展不同形式的大运河文化遗产宣传保护相关活动。

后 记

大运河文化保护传承利用是一项长期而复杂的工作，泗县大运河文化遗产的保护传承与利用，不仅需要借助国家宏观性的战略规划，同时也需要形成独具特色的地域发展模式。对于县域视角下的泗县大运河文化遗产的保护传承，需要在制度建设、发展规划、保护宣传等方面探索一套适用模式，科学有效持续地推动运河文化遗产的合理利用。在做好运河文化遗产保护利用的同时，将其与县域经济发展的协调融合，塑造具有安徽特色的泗县县域运河城市品牌。

一是泗县大运河文化建设工作受地域资源和人力、财力、物力等多方面限制，更具有挑战性，建设工作任重道远。对于泗县县域层面运河文化遗产保护利用的建设，需要立足地域实际，拓展文化遗产的保护利用思路和方式，在立足文化遗产保护的基础上，进行不断地探索与创新。通过不断深入发掘泗县运河价值内涵的同时，把握其复杂的、特殊的、综合性的多重关系，以整体和局部、理论与实践、创新和发展的多重视野去做好规划建设，打造区域化的运河文化遗产保护传承利用的示范区，形成具有县域特色的泗县大运河文化遗产保护传承利用新路径。

二是注重泗县大运河文化保护传承利用建设的重要探索，通过加大公共服务设施的建设，充分发掘展示运河文化遗产的历史文化内涵。对于泗县运河博物馆群建设，目前在理论构建和实践探索过程中，取得了一系列显著的成效，还有着较大的完善和提升空间。泗县大运河博物馆群的建设规划，在资源利用、建设规划、管理运行、文化产业等方面还有着诸多提升和完善之处，需要

后　记

进行不断地改进和提升。作为泗县县域运河文化遗产保护利用的重要建设探索，其在城市品牌形象创建、公共文化建设和地域旅游方面等均起到了十分重要的影响，也为大运河沿线城市文化建设工作提供了借鉴和思考。

此外，泗县大运河文化遗产的保护利用不是简单地对一条线性河道的保护与利用，而是以之为核心，统筹区域资源，进行全域性的活化与利用，与相关的城市产业相融合，助推城市的建设与发展。

从长远而言，泗县大运河文化遗产保护利用研究工作，一方面要立足于大运河文化遗产保护利用的整体规划建设，尤其是结合安徽省大运河文化建设工作，放眼整体，彰显特色。另一方面，要注重挖掘泗县大运河文化价值内涵，对大运河泗县段历年来的考古发掘成果，结合城市史、水利交通史、地域文化史等方面，综合深入地开展研究工作，为其文化遗产保护利用工作提供基础支撑。

本书绪言、第一章、第二章、第三章第二至第三节、第四章、第五章第二至第六节、第六章、第七章由张甦撰写，第三章第一节由任一龙、邱少贝撰写，第五章第一节由赵彦志、张甦撰写。本书部分照片由中共泗县县委宣传部、泗县文化和旅游局提供。安徽大学蒋晓春教授、淮北师范大学余敏辉教授、安徽省文物考古研究所陈超研究员、原泗县文广新局文物工作人员张伟及泗县地方文史专家柏立勤、吴德山、刘兴品、张永平、万涛等领导专家就本书结构内容给予诸多有益建议和指导。中共泗县县委宣传部、泗县文化和旅游局、泗县县委党史和地方志研究室、泗县文联、泗县融媒体中心、泗县博物馆、泗县文化馆、泗县摄影家协会等单位及领导、同事也给予大力支持和帮助。

本书是编著者在多年的工作和学习中对泗县大运河不断调查、思考、研究过程中的积累。由于大运河文化历史悠久，内容繁多，尤其是编著者对泗县大运河的认识研究水平有限，文中认识必然存在诸多不足，甚至错误之处，恳请各位读者、专家不吝赐教，批评指正！

编　者